バスケットボール学入門

内山　治樹
日本バスケットボール学会・会長

小谷　究 編著
流通経済大学バスケットボール部・ヘッドコーチ

AN INTRODUCTION TO THE BASKETBALL STUDIES

流通経済大学出版会

目　次

序 vii

1．日本におけるバスケットボール研究の歴史 1
　　　―バスケットボールの受容からオリンピック東京大会まで（1894～1964）―

　1．明治27（1894）～大正元（1912）年のバスケットボール研究 3
　　　―女子競技としてのバスケットボールの受容―

　2．大正2（1913）～大正9（1920）年のバスケットボール研究 5
　　　―バスケットボール競技の学校教材への採用と本格的な伝来―

　3．大正10（1921）～昭和4（1929）年のバスケットボール研究 6
　　　―全日本選手権の開催―

　4．昭和5（1930）～昭和10（1935）年のバスケットボール研究 8
　　　―大日本バスケットボール協会の設立―

　5．昭和11（1936）～昭和19（1944）年のバスケットボール研究 11
　　　―オリンピックベルリン大会参加と戦時体制への突入―

　6．昭和20（1945）～昭和30（1955）年のバスケットボール研究 13
　　　―日本籠球協会の再発足とハワイ2世チームの来日―

　7．昭和31（1956）～昭和35（1960）年のバスケットボール研究 16
　　　―オリンピックへの復帰―

　8．昭和36（1961）～昭和39（1964）年のバスケットボール研究 17
　　　―オリンピック東京大会に向けて―

　結　び 19

2．アダプテッド・スポーツ 35

　1．アダプテッド・スポーツとは 35
　2．研究対象 36
　3．研究方法 39
　4．執筆とデータのフィードバック 43

3．医科学 ……………………………………………………………………… 45
 1．医学研究の種類 ……………………………………………………… 45
 2．根拠に基づく医療 Evidence Based Medicine（EBM）の実践 ……… 55

4．運動学 ……………………………………………………………………… 57
 1．スポーツ運動学研究の核となる身体知 …………………………… 57
 2．方法論的基礎としての本質観取 …………………………………… 60
 3．まとめ ………………………………………………………………… 67

5．栄養学 ……………………………………………………………………… 69
 1．栄養学の基本 ………………………………………………………… 69
 2．研究の進め方 ………………………………………………………… 76
 3．バスケットボール競技における栄養学研究 ……………………… 87

6．教育学 ……………………………………………………………………… 89
 1．スポーツ教育学（体育科教育学）の問題関心 …………………… 89
 2．バスケットボールへのスポーツ教育学的アプローチ …………… 90
 3．ボールゲーム指導の新たな潮流 …………………………………… 93
 4．教育の場で研究するために ………………………………………… 97

7．経営学 ……………………………………………………………………… 101
 1．スポーツ経営学の視点 ……………………………………………… 101
 2．調査・分析 …………………………………………………………… 104
 3．執　筆 ………………………………………………………………… 109

8．社会学 ……………………………………………………………………… 111
 1．社会学の方法論 ……………………………………………………… 112
 2．インタビュー調査の種類 …………………………………………… 114
 3．インタビュー調査のサンプリング方法 …………………………… 116
 4．半構造化インタビュー調査の方法 ………………………………… 117
 5．「スポーツ生活史」調査 ……………………………………………… 118
 6．質的調査方法への批判に対するディフェンス …………………… 119

目　次

9. 心理学 ……………………………………………………… 123
　1．バスケットボール競技における心理学研究 …………… 123
　2．心理学研究の進め方 …………………………………… 129
　3．まとめ …………………………………………………… 132

10. 生理学 ……………………………………………………… 135
　1．バスケットボールに必要な体力とは ………………… 135
　2．バスケットボールの運動強度を知る ………………… 137
　3．バスケットボールで求められるエネルギー供給機構 … 139
　4．バスケットボールにおけるエネルギー代謝特性 …… 140
　5．筋力・筋パワー ………………………………………… 142
　6．プライオメトリクス …………………………………… 143
　7．睡眠とパフォーマンス ………………………………… 144
　8．ジュニア期（育成年代）のトレーニング …………… 144

11. 哲　学 ……………………………………………………… 149
　1．哲学的研究の前提要件 ………………………………… 150
　2．哲学的研究の方法と客観性 …………………………… 155
　3．方法の適用 ……………………………………………… 160
　4．おわりに ………………………………………………… 169

12. バイオメカニクス ………………………………………… 171
　1．バイオメカニクスとは ………………………………… 171
　2．スポーツ・バイオメカニクス研究の進め方 ………… 172
　3．データの収集 …………………………………………… 173
　4．データの解釈 …………………………………………… 176
　5．バスケットボールに関連したバイオメカニクス研究 … 177
　6．課題と展望 ……………………………………………… 181
　7．まとめ …………………………………………………… 183

13. 方法学 ·· 187
1. 方法学と本稿の位置づけ ·· 187
2. トラッキング・センサデータの計測技術 ······················ 188
3. 例1　トラッキング（位置）データを用いた自動識別・
       戦略に関する我々の分析手法 ································ 190
4. 例2　センサ（加速度・心拍）データを用いた激しさと
       負荷に関する我々の分析手法 ································ 195
5. 今後の展開とまとめ ·· 200

14. 翻　訳 ·· 203
1. バスケットボール研究関連の翻訳の種別 ····················· 205
2. 誤　訳 ··· 207
3. よりよい翻訳を行うために ······································· 209
4. 翻訳に役立つツール ·· 213

15. 歴史学 ·· 217
1. 学問体系 ·· 217
2. 研究対象 ·· 218
3. テーマの設定 ·· 219
4. 先行研究の検討 ·· 220
5. 史料探索 ·· 221
6. 史料収集 ·· 223
7. 史料批判 ·· 224
8. 解釈と執筆 ··· 225

16. 競技現場における科学の活用 ···································· 227

索　引 ·· 231

著者一覧 ··· 238

序

　リオデジャネイロ・オリンピックでの女子日本代表の躍進，Bリーグの誕生，3×3（スリーバイスリー）のオリンピック種目採用など，バスケットボール競技をめぐる明るい話題が連日メディアを賑わせている．また，取り巻く環境もこれまでとは異なる望ましい様相を呈している．リオデジャネイロ・パラリンピックにおける日本代表の活躍をきっかけに，車いすバスケットボールに大きな関心が寄せられるのもそうした変化の現れの一つである．
　一方，学術の世界でも2014年に「日本バスケットボール学会」が設立され，バスケットボール競技に特化した研究が発展の兆しを見せている．
　バスケットボール競技が学問や研究の対象となるパターンは大きく二つに分けられるであろう．一つは，バイオメカニクスや運動生理学といった各学問領域の専門家が自分たちの研究の対象に採り上げる場合，もう一つは，現場にかかわってきた人がその貴重な体験や経験を理論化させようとする場合である．特に最近は，後者のパターン，たとえば，大学までバスケットボール競技に携わってきて，もしくは社会人として競技を継続してきて，その後コーチの道を志して大学院に進学する人は年々増加の一途をたどっている．大学院では競技に特化したコーチングに有用な知識を新たに習得したり深めたりできるからである．その一方で，学位論文の執筆という大仕事が待ち受けてもいるのである．
　バスケットボール競技に固有の事物・事象をテーマに掲げ，その分析・究明を通して専門性をより一層高めたいと願う，こうした大学院生のために，あるいは，すでにバスケットボール競技の研究に従事しているが他のアプローチも試してみたいと考えている人のために，もちろん，バスケットボール競技をこれから学ぼうとする人のために，導入ないし道標の役割を担う「入門書」があってもよいのではないか，と考えたのが本書の構想の出発点である．それはまた，バスケットボール競技を思索する際の信頼

できる知的道具を提供する，という本書の目標につながっている。

　本書は，バスケットボール競技の研究者や関連諸分野の研究者によって執筆されたものである。もちろん，本書の内容をもって「バスケットボール競技研究」のすべてが把握できるわけではない。しかし，本書の刊行がバスケットボール競技の発展に少なからず貢献できるのなら，学術の世界はもとより，どのスポーツ界でも行われていない，この挑戦的で斬新な企画に取り組んだわれわれにとって望外の喜びである。

　バスケットボール競技という世界中で愛好されかつ非常に高い人気を博しているスポーツについて，本書ではさまざまな学問分野からさまざまな問題がさまざまな方法を用いて論じられていくことになるが，読者には，その一つひとつを楽しみ，考え，あるいは，それらを踏み越えてさらに考えを進めたり深めたりしていただければ幸いである。もし本書の目標が達成されたなら，読み終えたとき，読者の前にはバスケットボール競技の新しい学的風景が立ち現れているはずである。どうか，ぜひ，われわれとともにこれを見てもらいたい。

　最後に，本書を世に送り出す機会を与えて下さった流通経済大学出版会の齋藤哲三郎氏に深甚なる感謝を申し上げる。

著者一同

1．日本におけるバスケットボール研究の歴史
―バスケットボールの受容からオリンピック東京大会まで(1894〜1964)―

　平成26（2014）年，日本バスケットボール学会が設立された。これによって，「バスケットボール」に興味関心を寄せる日本の研究者たちが，専門諸学の枠を越えて一堂に会する場が生まれたのである。

　今後は，バスケットボールをテーマとした多様な視点からの個別研究が，学会の知的資源として蓄積されていくことが期待される。しかしその一方で，総論的な把握の仕方にも関心が払われるべきである。従来，日本のバスケットボール研究は多様に分化発展してきたが，それらを串刺しにする統合的な理論の構築が検討の俎上に乗せられたことはなかった。スポーツ史・スポーツ哲学・バイオメカニクス・スポーツ心理学・運動生理学などといった「専門諸学」別ではなく，バスケットボールという「種目」別に仕切りを設けた場合，果たして「バスケットボール学」[注1]なるものが成立し得るのか，し得るとすればそれはどのような学問なのか，活発な議論が展開されねばならない。

　バスケットボール研究が学問[注2]としての体裁を整えるためには，バスケットボールを対象とした研究のパースペクティブが見通せていなければならない。しかし，これまで，バスケットボール研究にまつわる学問体系が整理されたことはなかった。

　立花は学問体系を知る手法のひとつとして，関連分野の「学問史」の把握をあげている。学問の成り立ち（＝学問史）を紐解くことが，当該学問の現状の姿そのもの（＝学問体系）を知ることに連なるというのである[1]。これは，福井が歴史学全般について「過去を問うことは，じつはその根において現在を問うことにつながっているのである。」[2]と指摘したことと軌を一にしている。

　先行研究によって，比較的近い時代のバスケットボール研究の動向は取り上げられてきたが[3]-[6]，学問史的な視点から見れば，日本にバスケットボールなるものが渡来してからしばらくの間，当時の有識者たちが当該運動競技を

どのように研究してきたのか，その成り立ちの解明も求められるところである。かつて，スポーツの科学的な研究について「分化と総合」が問題にされたことがあったが[7]，日本のバスケットボール研究が「総合」的な見通しを得るためには，まずは当該研究分野が多様に「分化」していった過程をスポーツ科学[注3)]の学問史[8]-[15]上に位置付けながら捉えることが当を得た手法であると考える。そのためには，例えば「バスケットボールの技術指導の研究概史」や「バスケットボールに関する生理学的研究の学説史」などといった個別の専門研究分野に分け入っていくよりも，バスケットボール研究全般を巨視的に見渡す総合的な学問史がまずもって素描されるべきであろう[注4)]。

そこで本稿では，日本におけるバスケットボール研究の学問体系を把握する試みの一環として，日本のバスケットボールにまつわる研究が何を対象としてどのように行われてきたのかを時系列で検討することにしたい。したがって，本稿は日本の「バスケットボール研究の歴史」を素描するものであって，近年になって取り組まれた「バスケットボール史研究」の足跡を振り返ろうとするものではない。

ところで，本稿が意図する日本のバスケットボールの「研究」とは，今日でいうところの科学的な手続きに基づいた学術論文を必ずしも意味するものではない。世界的に見ても，スポーツ科学の研究が数々の専門諸学をともなう総合科学として発展していくのは1970年代以降だといわれているので[16]，それまでの日本でいくらバスケットボールを対象とした研究がなされていても，そこに今日に比肩し得る学術的な水準を期待すべきではないためである。ゆえに，論拠となる基本史料として，当時の専門書や論文のみならずスポーツ全般ないしバスケットボールの専門誌に投じられた雑誌記事まで広く取り扱うこととした。

本稿では，総合科学としてのスポーツ科学が興る以前のバスケットボール研究の歴史を見通すべく，オリンピック東京大会が開催された昭和39（1964）年までを対象期間とする。時代区分として，日本のバスケットボール史を象徴する出来事を基準に，次の8つを画期とした。すなわち，①成瀬仁蔵を先駆者に女子競技としてバスケットボールを受容した時代（1894〜1912年），②女子バスケットボールが学校教材に採用されると同時にBrownの来日によって現行競技に連なる本格的なバスケットボールが伝来した時代（1913〜1920年），③日本

人のバスケットボール熱が高まり全日本選手権が開催されはじめた時代（1921～1929年），④大日本バスケットボール協会が設立され日本のバスケットボール界が国際化への足掛かりを築いた時代（1930～1935年），⑤オリンピックに初参加しながらも戦火に飲み込まれていった時代（1936～1944年），⑥日本籠球協会が再発足しハワイ2世チームの来日によって日本のバスケットボール界に技術革新が起こった時代（1945～1955年），⑦オリンピックへの復帰を果たしたものの欧米諸国との実力差を突き付けられた時代（1956～1960年），⑧オリンピック東京大会に向けてバスケットボールを含む日本のスポーツ界が欧米由来のスポーツ科学の研究成果に触れるようになった時代（1961～1964年），である。

1．明治27（1894）～大正元（1912）年のバスケットボール研究
―女子競技としてのバスケットボールの受容―

Naismith が考案したバスケットボールを日本にはじめて伝えたのは大森兵蔵である[17]-[19]。明治41（1908）年に東京神田のYMCAで会員に教授したのが最初で，慶應義塾大学や日本女子大学にも指導に出向いていたという[20]。アメリカ留学時の大森は，明治38（1905）年より国際YMCAトレーニングスクールに在学し，バスケットボールを含む各種のスポーツ実技や運動生理学・測定評価・運動処方・衛生学・健康診断法・体育史・体育哲学・体育経営管理・文献研究法などを学び，当時としては最先端の知識や技能に接触した経験を持つ[21]-[22]。したがって，彼は多様な観点からバスケットボール研究に邁進するだけの素養を備えた人物であった可能性がある。しかし，大森がバスケットボールに対して行った研究の足跡は，文献等では窺い知ることはできない。

一方，日本におけるバスケットボールの移入は，女子競技として早々に行われた。日本で最初の女子バスケットボールの紹介者は成瀬仁蔵である[23]。成瀬がアメリカの女子大学からバスケットボールを持ち帰り，明治27（1894）年に梅花女学校校長となって同校の女子学生に「球籠遊戯」を指導したことをもって嚆矢とする。明治34（1901）年，成瀬は日本女子大学を設立し，第1回運動会で彼が独自に考案した「日本式バスケットボール」を披露している。しかし，当時の女子競技としてのバスケットボールは，コートを横に三等分する「ディビジョンライン」を引き，各人のプレイをそれぞれの区域内に制限する

など，女子の運動服（和装）にも配慮して現行よりも運動量が抑制された競技であった[24]。

このように，Naismith考案の競技とは趣を異にするとはいえ，時系列でみれば大森に先立って成瀬がバスケットボールなるものを日本に紹介したことになる[注5]。したがって，成瀬による教材研究[注6]は，日本における最初期のバスケットボール研究であったといえよう。

間もなくして，成瀬に続く女子バスケットボールの教材研究の試みが現れる。小野泉太郎の「毬籠」[25]，佐竹郭公の「女学生とバスケットボール」[26]，日本体育会の『新撰遊戯法』[27]，白井規矩郎の「Basket ball」[28]および『体操と遊戯の時間』[29]，松浦政泰の「女子遊戯バスケット，ボール（籠球戯）」[30]などがその好例である。そこには，当時の日本の女子教育に適うバスケットボールを考案すべく，特に規則面での試行錯誤が垣間見える。

ほかにも，バスケットボールを取り扱った初期の書籍として，川井和麿編集の『実験新体操遊技』[31]，佐々木亀太郎・高橋忠次郎の『競争遊戯最新運動法』[32]，高橋忠次郎・松浦政泰の『家庭遊戯法』[33]，坪井玄道・可児徳の『小学校運動遊戯』[34]，晴光館編集部による『現代娯楽全集』[35]，上原鹿之助編集の『実験ボール遊技三十種』[36]，渡辺誠之の『最新ボール遊戯法』[37]などの教科教育のテキストに類する文献をあげることができる。しかし，いずれも項目の1つとして成瀬の系譜に連なる簡易的な女子用のバスケットボールを競技規則を中心に紹介したに過ぎない。このうち，『実験ボール遊技三十種』には，2チームに分かれて1個のボールを争奪するゲームと合わせて，2個のボールを準備して各々の定められたゴールに入れる早さを競うゲームが紹介されており，当時の女子バスケットボールに複数のバリエーションがあったことが窺える。また，『最新ボール遊戯法』には，ゲームの紹介のみならず女子バスケットボールの沿革や指導法にも僅かながら言及されている点は注目に値する。

明治37（1904）年には，本邦初のバスケットボールの単行書『籠球競技』[38]が刊行される。著者は女子高等師範学校教師の高橋忠次郎であった。本書の序文に「今左に記述せんとする方法は数年間実地に経験したるものにして而も各種学校の現時の要求に応ぜんことを期せり」[39]とあるように，ここに取り上げられた競技とは女子高等師範学校の実践事例であって，Naismith考案のバスケットボールは紹介されていない。

以降，大正期に至るまでは，日本のバスケットボールは女子競技として普及していく。当時の新聞紙面には「バスケットボールは各女學校に普及せぬ，（中略）此の遊技は運動としては遥かにテニスなどよりも有益で興味も多い，そして多人数（双方合して十六人）が同時に遊ぶ事の出來る遊技であるから實益と趣味では遥かにテニス等に優つて居る」[40]との記事が掲載され，学校教材としての有効性が認知されていたことがわかる。

明治期のスポーツ界は「指導者養成のほうにのみ努力が集中され，体育は体操の技術や遊戯の方法を教える所謂実技的色彩が強かったので，研究のほうが余り進まなかった」[41]と評されているが，バスケットボールについては女子競技としての教材研究に終始していた時代であったと見なすことができよう。

2．大正2（1913）～大正9（1920）年のバスケットボール研究
—バスケットボール競技の学校教材への採用と本格的な伝来—

大正2（1913）年，我が国初の『学校体操教授要目』が公布されるが，その「競争ヲ主トスル遊戯」の中にバスケットボールが採用されている[42]。しかし，時勢を意識した『体操教授要目に準拠したる新定遊戯』[43]，『最新小学校遊戯解説』[44]などの文献に登場するバスケットボールは，現行競技とは異なるいわば「玉入れ」の様相を呈するものであった。『学校体操教授要目』に採用されたバスケットボールとは，成瀬に由来する女子バスケットボールやそれを簡易化した教材を念頭に置いていたのである。

『学校体操教授要目』の公布と時を同じくして，大正2（1913）年にアメリカ人のBrownが来日し，神戸・東京・京都・横浜のYMCAでバスケットボールを指導した。ここに，それまでの女子競技としてではなく，現行競技に連なる本格的なバスケットボールが日本に伝えられることになった[45]-[46]。

大正6（1917）年には，極東選手権大会が東京芝浦で開催され，日本のバスケットボール界ははじめての国際大会参加を経験する。同年，極東体育協会が編集した『バスケット，ボール規定』[47]が佐藤金一の訳で出版された。この頃になると，女子競技あるいは簡易的なゲームではなく，書物においてバスケットボールが比較的正しく伝えられるようになった。平本直次の『オリンピック競技法』[48]においては，技術的な記述こそ見られないものの，コートの図面と

ともに競技規則が詳細に解説されている。

　国民に欧米のスポーツが普及するに連れて、スポーツの科学的研究も解剖学や生理学の分野を中心に僅かながら試みられるようになった。例えば、大正5（1916）年刊行の吉田章信の『運動生理学』[49]は、実験や調査に基づく初期の研究として注目すべきものがある。また、バスケットボールを対象としたものではないが、指導法として先駆的な研究も登場する。野口源三郎の『オリムピック競技の実際』[50]などがこれに該当する。

3．大正10（1921）～昭和4（1929）年のバスケットボール研究
　　―全日本選手権の開催―

　1920年代に入ると、日本人のスポーツ熱はいよいよ高まりを見せはじめる。すると、日本のスポーツ科学の中で「明治以来、最も研究の進んだ分野」[51]であるスポーツ医学がまず台頭する。その内訳は、体力測定・発育発達・運動生理・運動生化学・疲労・衛生学・スポーツ外傷・女子スポーツなどに細分化し、関連学会において積極的に研究発表が行われるようになった[52]。ただし、当時のスポーツ医学の研究対象に、バスケットボールがどの程度含まれていたのかは定かではない。

　大正13（1924）年、国立体育研究所が設立された。この研究所は、解剖・生理・衛生・心理・教育・体操・遊戯・競技・運動医事相談の部門からなり、各部門に専門的な研究者を配置した総合的な研究機関である[53]。開設当初より遊戯部門の中で「球技」が取り扱われ、バスケットボールもこの範疇に含まれていた。昭和2（1927）年発行の『体育研究所概要』という冊子には、研究所内の設備として「籠球ゴール（Basket-Goal）」があげられており、バスケットボールを対象とした講習会事業の実施報告も散見される[54]。したがって、盛んであったか否かはともかく、国立体育研究所の設立によって日本のバスケットボール研究が公的機関において実施される道が拓かれたといえよう。

　遡って大正10（1921）年、第1回の全日本選手権が開催される。Brownの来日から数年が経過し、日本の各地に本格的なバスケットボール競技が普及していった頃である。

　当時、バスケットボールを冠した単行書といえば、『女子バスケットボール

規定』[55],『バスケットボール規定 1923年改定』[56]など，概ね規則書の類に限られていた。

　大正13（1924）年，この状況に変化の兆しがあらわれる。藤山快隆によって，待望のバスケットボールの専門書『バスケツトボール』[57]が上梓されたからである。その記述内容は，競技規則の解説，ポジションごとの役割，技術面の記述やその練習法に至るまで幅広くカバーされている。とりわけ，シュートについてはバックボードを使用する際の入射角・反射角の問題にまで踏み込んで詳細に論じられ，かつ合理的にシュートに至るためのフォーメーションも数パターン解説されるなど，当時としては高水準のバスケットボールの専門書であった[注7]。Wardrawら[58]の文献をはじめアメリカの専門書に依拠する部分が随所に見られ，当時の最先端のバスケットボール事情を紹介した点でも本書の果たした役割は大きい。この類の書籍の刊行は，Brownの来日から約10年が経過し，日本人の間に本格的なバスケットボール競技が着実に根を下ろしていった状況を反映しているといえよう。

　これ以降，荒木直範の『最新バスケットボール術』[59]，鈴木精一の『バスケットボール』[60]，三橋義雄の『バスケットボール』[61],『最も要領を得たるバスケットボール 段階的指導法と最新規則の解説』[62]，外山愼作の『バスケットボール法大要』[63]，鈴木重武の『籠球コーチ』[64]，バスケットボール研究会の『籠球必携』[65]，小瀬峰洋の『籠球競技』[66]などが相次いで刊行される。いずれも，丹念に技術・戦術面や指導法の解説がなされた専門書であった。なかでも秀逸だったのは，安川伊三の『籠球競技法』[67]である。本書におけるシュート技術の解説は，同時期の専門書と比べて質量ともに群を抜いており，ゴール付近のシュート技術に関してはそれまでの両手ではなく片手のリリース（片手短距離投射）を推奨した点でも新規性が見られる。また，あらゆる状況に対処し得る攻防の戦術が詳述され，さらには審判法についても一定の紙幅が割かれていた。

　ところで，1920年代にはスポーツの専門雑誌が次々と創刊されるが，その中にはバスケットボールに関する記事が散見される。大正14（1925）年頃までは，バスケットボールを競技として紹介する記事[68]-[80]，規則の解説[81]-[83]，大会の観戦記[84]-[89]が目立つが，大正15（1926）年以降は鈴木重武の「防御法の研究」[90]-[92]や元原利一の「バスケットボールアウトオブバウンズプレイ」[93],「平

均配置からのティップオフ・プレイ」[94]，安川伊三の「バスケット・シューティング」[95]-[97]といった技術・戦術的な研究成果が紙面を賑わすようになる。また，李想白の「ドリブルの制限について」[98]-[99]，「籠球審判の心得について」[100]-[101]，安川伊三の「バスケットボール審判法」[102]-[104]など競技規則や審判法への関心も顕著に示されている。やがて，長田博翻訳の「バスケットボール誌上コーチ」[105]-[111]，加治千三朗の「籠球の律動的指導に就いて」[112]-[113]，中島海の「籠球基本練習の指導」[114]など，指導法にも目が向けられるようになり，倫理的側面からも李想白の「籠球に於けるスポーツマンシップ」[115]などが発表されるに至った。鈴木重武の5回におよぶ連載「攻撃システムの研究」[116]-[120]は，練習法にまで踏み込んだ当時を代表する戦術研究である。

この頃，前述の国立体育研究所においてもバスケットボールに幾分関係する研究が行われるようになった。その1つが，佐々木等の「ボールの内圧に就て」[121]である。

昭和2（1927）年頃になるとスポーツの施設・設備に関する研究が進展する。文部省編集の『運動競技場要覧』[122]，相川要一の『運動遊戯設備』[123]，進藤孝三の『理想の体育設備と用具設計並に其の解説』[124]といった研究書には，バスケットボールの項目が設けられている。多くの場合，当時のバスケットボールは屋外で実施されていたが[125]，運動場の整備やコートの区画の注意点が詳らかにされた。この種の研究は，後に安田弘嗣の『運動の施設経営』[126]，大屋霊城の『計画・設計・施工公園及運動場』[127]，文部省編集の『現代体育の施設と管理』[128]，早川良吉の「体育館の計画指針」[129]などに引き継がれていく。

なお，1920年代末葉には，スポーツ全般に関する心理学的な研究[130]-[131]が専門誌に寄稿されるようになった。

4．昭和5（1930）～昭和10（1935）年のバスケットボール研究
―大日本バスケットボール協会の設立―

昭和5（1930）年，大日本バスケットボール協会が設立される。ここに，日本のバスケットボール界は，国内を統括し，なおかつ海外との窓口となる組織的基盤を手に入れた。

同年，戦前のバスケットボール研究を代表する専門書が上梓される。李想白

が著した『指導籠球の理論と実際』[132]である．本書は，当時深刻な指導者不足であった日本のバスケットボール界に寄与すべく，「技術に対する正しい認識」を示す意図で出版された背景があるという[133]．619頁から成るこの大著は，技術・戦術の解説に費やした分量が実に435頁，写真は423枚，プレイヤーの動きを示した図は255枚に及ぶ[134]．とりわけ，基礎技術を説く部分では当時としては珍しい連続写真を多用し，読み手に彼が意図する運動技術への理解を促そうとする工夫が随所にみられる．李想白は，同年の雑誌記事においても「近時籠球戦策余談」[135]，「籠球攻陣余談」[136]-[138]，「籠球競技概評」[139]を次々と発表し，技術・戦術的な傾向に強い関心を示している．

同時期のバスケットボールの専門書としては，Meanwell の著作を翻訳した『籠球の原理』[140]，大日本球技研究会が編んだ『籠球研究』[141]，宮田覚造・折本寅太郎の『籠球競技の指導』[142]をあげることができる．その他，大日本バスケットボール協会の設立を契機に同協会編集の『バスケットボール競技規則』[143]-[148]がほぼ毎年出版された．

この時代には，審判に関する研究も進展した．大日本バスケットボール協会の審判委員会は，審判技術の向上と判定基準の全国的統一をはかるべく，昭和 7 (1932) 年に「第 1 回審判技術エキジビション会」なる研究会を開催している[149]．

昭和 6 (1931) 年，大日本バスケットボール協会の機関誌『籠球』が創刊される．李想白が同誌の創刊号～第 6 号までに連続寄稿したのは，「競技の精神」[150]，「アマチュアリズムについて」[151]，「スポーツと社会生活の本質」[152]，「戦闘精神とその純化」[153]，「勝敗に対する一つの見方」[154]，「ティーム・プレーとその意義」[155]といった，競技者の倫理観を問うような体育原理的な論稿であった．

『籠球』の創刊初期は，小林豊の「籠球試合後に於ける尿蛋白に就いて」[156]，永井隆の「何故コンディションが悪かつたか」[157]，岩田正道の「女子運動選手と月経」[158]，「女子運動競技者と月経に就て」[159]など，医学的見地からの研究が目立って掲載されている．執筆者はいずれも医師である．関連して，バスケットボール選手には「鎖骨が削り取られる」という特異性があるとする研究成果が新聞紙面に発表されたこともあった[160]．また，バスケットボールの競技歴を有する者は死亡率が高いとするアメリカの学説に対して，反論記事が掲

載された一幕も確認される[161]。

　岸野は「『スポーツ』科学は歴史的にみて，『スポーツ』医学を基盤にして発展し国際化してきた科学である。」[162]と指摘するが，これは取りも直さず日本のスポーツ科学史にも当てはまる傾向であった。すでに昭和2（1927）年には東京でスポーツ医学研究会が，大阪ではスポーツ医事協会が設立されている。なお，この時期には，キネシオロジー的な研究の萌芽が見られるという[163]。

　同じ頃，スポーツ専門雑誌には加治千三朗の「籠球の基礎に対する暗示」[164]，「籠球の基礎指導」[165]-[166]など，技術的な関心は示されていたが，『籠球』誌においてゲームそのものに目が向けられるようになったのは第3号（1932年）からである。とりわけ，鈴木俊平の「数字より見たるリーグ戦」[167]や土肥冬男の「籠球試合の図表」[168]からは，バスケットボールのゲームを数量化して理解しようとする従来にはない視点がみられる。これを，日本のバスケットボール研究におけるゲーム分析の嚆矢と見なしておきたい。その後も，同誌には阪勘造の「公式記録に現れたる数字の統計」[169]，松本幸雄の「女子に於ける投射統計」[170]，覚張一郎の「競技に関する統計的研究」[171]，池上虎太郎の「数字より見たるリーグ戦」[172]，三浦靱郎の「全国高等籠球大会に於るフアウルの統計」[173]，李想白と池上虎太郎の「数字より見たる関東大学リーグ」[174]，「数字による関東大学リーグ戦」[175]が相次いで寄稿され，数量的な見地からの研究データが蓄積されていく。こうして，『籠球』はバスケットボールの専門誌として，他誌とは一線を画した新展開を生み出していったといえよう(注8)。

　遡って昭和8（1933）年，大日本バスケットボール協会はアメリカの南カリフォルニア大学からGardnerとAndersonを招聘し，彼らを講師とする巡回指導を日本各地で実施した。これが1つの契機となって，日本のバスケットボール界に「システムプレー」を使った攻撃法が普及していく(注9)。その意味で，巡回指導の内容をまとめて出版した『ガードナー籠球講習要録』[176]には，当時の方向性を知る上で貴重な情報が盛られているといえよう。各誌に寄稿された林公一(注10)の「クリスクロス攻撃法」[177]，宮崎正雄の「籠球指導セット，オフェンス」[178]，竹内虎士の「籠球に於けるシステムプレイの考察」[179]-[183]は，この流れを受けた研究であると見なすことができる。

　また，昭和9（1934）年には松本幸雄編集のバスケットボール専門誌『籠球研究』が創刊の運びとなる。同誌は松本が翻訳したアメリカの文献を中心に

掲載したもので，日本国内に最新のバスケットボール事情をいち早く持ち込む役割を果たした。そこには，競技規則や技術指導の解説も含まれているが，Lonborgの「ピィヴォット・プレイ攻撃法とその防禦法」[184]などをはじめ攻防の対峙関係を意識した誌面構成となっていたり，池田廣三郎の「シューティングの心理」[185]など，当時としては珍しいバスケットボールを対象とした心理学的研究が盛り込まれている点に注目されたい。

同じく昭和9（1934）年，国立体育研究所による本邦初の体育研究誌『体育研究』が創刊される。同研究所で球技の研究に従事していた佐々木等は，バスケットボールの基礎技術にまつわる論稿「籠球の指導」[186]-[190]を創刊号から連載した。とりわけ，佐々木のドリブル技術の研究は，当時の日本のボールやコート（屋外）の性能にまで注意が払われ，現場での実践を意識した叙述がなされている[191]。

昭和10（1935）年，アメリカのオールスターチームが来日して招待試合が行われているが，その見聞から成る李想白の「日米競技所感」[192]は，日米の比較を通じて当時の日本人の技術レベルを浮き彫りにした論稿である。

5．昭和11（1936）〜昭和19（1944）年のバスケットボール研究
―オリンピックベルリン大会参加と戦時体制への突入―

昭和11（1936）年開催のオリンピックベルリン大会では，バスケットボールがはじめて正式種目に採用され，日本もナショナルチームを派遣することとなった。関連雑誌もオリンピックを意識した誌面構成で彩られ，『籠球』の第18号は「オリンピック号」と銘打たれている。結果は第9位（参加21カ国中）であったが，オリンピック出場という事実は，日本バスケットボール界にとって大きな足跡として刻まれた。

同じ頃，北村直躬の「籠球の練習についての医学的考察」[193]，立花角五郎の「籠球医学談片」[194]など，医学的な研究論文が『籠球』誌に複数投じられているが，当時のバスケットボールを含む競技スポーツ界は医学といよいよ強固な関係を結びつつあった。日本でも運動生理学やスポーツ外傷の研究がにわかに活発化し，昭和7（1932）年のオリンピックロサンゼルス大会からは競技種目ごとに医師が役員として加わるようになった。ベルリン大会に合わせて開催さ

れた"International Congress of Sport Medicine"には，日本の研究者も出席している[195]。

当時のバスケットボール研究は，芦田伸三の「戦法より見たる加奈陀チーム」[196]，「速攻法の展開」[197]，李性求の「戦法的見地よりの東亜競技大会」[198]，元原利一の「バスケットボールアウトオブバウンズプレイ」[199]，「フリースローに於ける競技者の配置」[200]，竹崎道雄の「地域防御に対する攻撃法」[201]といった戦術研究と合わせて，畑龍雄の「関東大学リーグ戦を数字より見る」[202]，都新聞社の「数字より見たる関東大学リーグ戦」[203]など，統計データの蓄積も引き続き進められていた。

また，基礎技術に立ち返り，その練習法に光が当てられたのもこの時代の特徴である。大橋貞雄の「僕の籠球日記より」[204]，芦田伸三の「小学校指導者講習会雑感」[205]，吉井四郎の「バスケットボール『基礎技術』私見」[206]，林公一の「攻撃の練習法に就いて」[207]，佐藤儀平の「初級中級者における籠球基礎技術の指導法」[208]-[210]，西本正一の「ドリブル覚え書」[211]といった諸研究がこれに該当する。国立体育研究所においても，佐々木等の「籠球自由投練習曲線に就て」[212]など，練習法の研究が進展を見せていた。このほか，佐々木は『学校球技』[213]，『競技運動各論』[214]においてバスケットボールの指導法を取り上げている。

1930年代末になると，昭和12（1937）年の日中戦争勃発を契機に日本は戦時体制に突入する。戦時下にあっては，国民の体力の向上が当面の課題として取り上げられ，スポーツ競技の実施はそれに支障のない範囲に限定されることとなった。昭和13（1938）年，「国民体力の国家管理の中核」[215]として厚生省が新設される。昭和14（1939）年には厚生省体力局によって体力章検定がはじまり，総力戦体制下における全国規模での体力の具体的指標が示された。昭和16（1941）年，第12回明治神宮国民体育大会の出場選手資格が体力章検定合格者に限られるなど[216]，バスケットボールとも無関係ではなかった。吉田章信の『日本人の体力』[217]は，日本人の体力低下を警告した研究として知られている。

ところで，厚生省体力局は国民の体力向上のために全国各地のスポーツ施設の調査研究に乗り出し，その成果を『体力向上施設参考資料』[218]，『武道場及體育館』[219]，『体力向上施設調』[220]として編集している。これによって，バスケットボールをプレイできる施設の設置状況が明らかとなった[注11]。

1．日本におけるバスケットボール研究の歴史

　当時のバスケットボール関係者を悩ませていたのは，物資の節約問題である。昭和13（1938）年，バスケットボールを含む7団体は，全国の関係下部団体に対して物資（特に皮革）の使用制限に係る通達を出している[221]。これを受けて，『籠球』誌にも鈴木重武の「物資の愛護に就いて」[222]，李想白の「倹にして余りあれ物資節約問題とスポーツ」[223]，妹尾堅吉の「統制運動用具の配給に就いて」[224]など，時勢を捉えた話題が寄稿されるところとなった。こうした時局下にあって，大日本バスケットボール協会主導で「日本製球をオリムピツク競技使用球とするために必要なる研究」[225]が進められていたことは特筆しておきたい。

　昭和16（1941）年，大日本バスケットボール協会は大日本籠球協会に改称され，さらに昭和17（1942）年には大日本体育協会が政府の外郭団体（大日本体育会）になったことにともない，バスケットボールも同会の「籠球部会」として国家の管理下におかれた。同年，全日本選手権は中止に追い込まれ，昭和19（1944）年には籠球部会理事会で学生のバスケットボール競技の禁止が決定している。

　こうして，日本のバスケットボール界の近代史は，戦火の煽りを受けてあえなく終焉を迎えることとなった。

6．昭和20（1945）〜昭和30（1955）年のバスケットボール研究
　　―日本籠球協会の再発足とハワイ2世チームの来日―

　第二次世界大戦終結後，ほどなくして熱意あるバスケットボール関係者が動き出し，早くも昭和20（1945）年12月には日本籠球協会が再発足した。翌年，新体制として最初の公式試合「協会復活記念大会」が兵庫県西宮に阪急が設えた屋内コートで開催されている[226]。

　日本籠球協会は昭和22（1947）年3月に日本バスケットボール協会に生まれ変わると，同年6月には機関誌『バスケットボール』が創刊の運びとなった。同誌編集部が創刊号に投じた「終戦後の斯界展望」には，「もつと技術について根本的に研究してその水準をせめて戦前にまで持ち上げる様努力すべきだ。」[227]と現状報告がなされ，戦争による中断を経て，日本のバスケットボール界の技術レベルが著しく低下していたことが窺える。こうした事情を反映し

てのことか，創刊からしばらくの間は，畑龍雄の「練習の基礎的諸問題」[228]-[229]，牧山圭秀の「基礎技術について」[230]，田中俊次の「ドリブルの研究」[231]-[232]，竹崎道雄の「シュート技術」[233]など，基礎技術やその練習法に関する寄稿が目立つ。一方，戦前に引き続き，バスケットボールのゲームを数量的な見地から把握しようとする試みも行なわれていた[234]。

戦争を挟んで比較的早期に出版されたバスケットボール関連書籍として，大村泰三の『籠球競技法』[235]があげられる。「スポーツ・ハンドブック」と銘打たれた本書は，前編には「規則と解説」，後編には「技術と練習法」が簡潔にまとめられたハンディ版のテキストであった。

戦後，バスケットボールが学校体育の教材として復活したのは昭和22（1947）年の『学校体育指導要綱』からであった。雑誌『新体育』に投じられた佐々木茂の「籠球における二三の問題」[236]や小沢久夫の「中学校籠球競技規則」[237]は，バスケットボールが再び教材としての立場を取り戻すための試みでもあった。この流れを受けて関連の研究が進展し，「バスケットボールの教材内容確立の黎明期」[238]が到来する。

昭和25（1950）年，日本におけるバスケットボールの技術史上の転換点が訪れる。ハワイ2世チームの来日である。中・長距離からのワンハンドシュートは，昭和20年代初頭の日本ではアメリカの技術として紹介されていたけれども，これは体の小さな日本人には習得が不可能だと考えられていた。しかし，日本人と同等の体格を有するハワイ2世チームが来日してワンハンドシュートを披露したことは，後の日本人がその種の技術を習得する可能性を示唆するものとなった。ここに，中・長距離からのワンハンドシュートの一般妥当性[注12]が日本人の間でも認められたのである[239]。

こうして，日本人の間でもこの「新しい」シュート技術の習得を目指して研究が進められるようになった。その頃，日本バスケットボール協会の技術委員であった前田昌保は「ドリブルで鋭く突込み急激にストップして両足を揃え，眞上に飛んで手を充分伸ばしスナップ丈けでするワンハンドショット，これが出来る様になればガードのオフェンス力は倍加する。」[240]と述べ，ワンハンドシュートの応用技の発達に期待を寄せていたことがわかる。また，小沢久夫は中学1年生に対するバスケットボールの指導法をまとめた「バスケットボール四週間」において，ワンハンドシュートの解説を盛り込んでいる[241]。

ハワイチームがもたらしたものは，ドリブル技術にも及んでいた。それまでの日本人のドリブル技術は，ボールを注視して身体の正面で操作するものであったが，ハワイチームの選手がボールを見ずに縦横無尽にドリブルで動き回る模様は，当時の日本人にとっては衝撃的であった。両者の技術の違いは，日頃用いていたボールの性能とも大いに関わっていたため，昭和25（1950）年に日本国産のバスケットボールの製造法に技術革新が起こると，昭和30年代にかけて日本人もボールを視界から外して操作するドリブル技術を身につけていった[242]。この間のドリブル技術の研究成果は，牧山圭秀・前田豊[243]，小沢久夫[244]，井上一男[245]，畑龍雄[246]，佐々木茂[247]，青井水月[248]などの文献に垣間見ることができる。

昭和24（1949）年，日本体育協会医事部のメンバー，そして全国各地の大学や研究機関でスポーツ医学に関心を持つ研究者が結集して日本体力医学会が発足する[249]。翌年には学会の機関誌『体力科学』が創刊されている。創刊当初の同雑誌には川北宇夫の「籠球の投射を解剖する」[250]が掲載されており，日本体力医学会にもバスケットボールの研究に従事する者がいたことがわかる。ただし，川北の論文は，理想的なシュートの軌道を定量的に解明しようとしたもので，医学よりもバイオメカニクスに寄った研究であった。

時を同じくして，昭和25（1950）年には，体育・スポーツ科学の研究者や指導者らが寄り集まって日本体育学会が結成される。それまで，スポーツをまじめな研究対象として扱うことは国際的に見ても"Academic Taboo"（アカデミックタブー）であった[251]。しかし，日本では昭和24（1949）年の学制改革で新制大学に「体育」が正課科目として採用されたことも手伝って，他の学問領域に大幅な遅れをとりながらも，全国規模の専門学会の設立が希求されるに至ったのである。日本体育学会の初代理事長に就いた大谷武一が，学会設立によって「これまでわが体育が背負わされていたハンディキャップの一つは除かれた」[252]と述べたように，日本の体育・スポーツ科学研究は大きな一歩を踏み出したといってよい。ただし，当時の日本に定着していった「体育」（physical education）という名辞はあくまで教育概念であったため，「体育学」や「体育科学」と言った場合にも，それは身体運動を対象とした科学であると同時に，教育学や教育科学に包摂される科学として捉えられていた[253]。したがって，今日でいうところの「スポーツ科学」とは，その含意するところに若干の相違

があるといわねばならない。

　昭和26（1951）年には，日本体育学会第1回大会における報告内容を収めた『体育学研究』第1号が世に送り出されるが，この栄えある創刊号に玉野勝郎の「バスケットボールの観察と実際」[254]が掲載されている。ゲーム分析を通してシュートの効果的な練習法を導き出そうとする研究であった。

　その後，大学教員養成のための大学院が東京大学に設置され，運動生理学者の猪飼道夫が「体育学講座」の教授に就任して以降，身体運動に関する自然科学的な研究が日本でも盛んになった[255]。猪飼が海外での発表内容を中心にまとめた「筋力の生理的限界と心理的限界の筋電図学的研究」[256]は，後世に大きな影響を与えている。

　当時，全国各地でバスケットボールの研究会が立ち上がり，研究成果を世間一般に還元しようとする動きも見られた。その一つが，兵庫県バスケットボール教室が編んだ雑誌『バスケットボールダイジェスト』である。昭和30（1955）年1月，オニツカ株式会社を発行元に創刊した同雑誌には，Bee[257]をはじめアメリカの著名な指導者の訳文が収載されている。

7．昭和31（1956）〜昭和35（1960）年のバスケットボール研究
―オリンピックへの復帰―

　戦後，日本のバスケットボール界がオリンピックの舞台に復帰したのは昭和31（1956）年のメルボルン大会からである。15カ国が参加し，日本は第10位という成績を収めた。ただし，不安定な国際情勢を受けた相次ぐボイコットや，初の南半球開催という事情も手伝って，参加国の顔ぶれは必ずしも世界の強豪国を網羅していなかった[258]。日本が勝利した相手はアジア諸国ばかりで，欧米勢には1勝もしていない[259]。

　当時，攻撃面での日本の欠点は，フォーメーションプレイ[注13]に固執し過ぎるあまりにディフェンスにプレイを遮断されると対応できず，アウトサイドでのパス回しに終始してしまうところにあると認識されていた[260]。そのため，国内トップ層の現場レベルでの喫緊の課題は，チーム戦術よりもグループ戦術や基礎技術の向上に置かれるようになったのである。事実，昭和35（1960）年のオリンピックローマ大会における日本代表のハーフコートオフェンスは，オ

ンボールスクリーン[注14]を中心に組み立てられた。また，ゴール下の攻撃は相手の長身選手に阻まれてしまうために，オリンピックに向けて中距離からのジャンプシュートの習得に勤しんだという[261]。

上述の攻撃法にプレスディフェンスと速攻という武器を携えて臨んだローマ大会であったが，日本は7戦全敗で15位（参加16ヵ国中）と惨敗を喫した。メルボルン大会からの4年間，欧米のバスケットボール界の急速な進歩に対する調査研究を欠いていたがために，特に日本と欧州勢の技術レベルの乖離を認知しないままにオリンピック本番を迎えてしまったのである[262]-[263]。

この時期のバスケットボール研究は，小沢久夫の「バスケットボール指導に関する二三の問題」[264]，鈴木正三の「中学校のバスケットボール指導法」[265]，青井水月の「バスケットボール 女子チームの指導」[266]，稲垣安二の「正課時のバスケットボール指導」[267]など，指導法の研究が多勢を占めていた。他方，日本体育学会では，指導法[268]，ゲーム分析[269]-[271]，運動生理学[272]，授業評価法[273]，歴史学[274]など研究内容が多様化し，バスケットボールにまつわる学術研究が活況を呈していった。

当時代にあって先進的な思考を世に送り出していたのが吉井四郎である。吉井はゲームのスコア分析に基づき，「勝敗因」というアプローチからバスケットボールの深層に迫ろうとしていた[275]-[276]。吉井の眼差しは，日本が世界で勝てない要因にまで及んでいる。当時，日本の国際大会における敗因は，概ね身長を含む日本人の相対的な体格の劣勢に求められていた。しかし，吉井は雑誌『バスケットボール』に寄せた「感じを分析する」という論稿において，日本のバスケットボールに最も欠けているのは技術的な要素で，体格の不利を憂うよりも技術面に秀でることこそ重要課題であると強調し，一歩進んだ見解を提示したのである[277]。

こうした吉井の思考は，自身が監督を務めたオリンピック東京大会に向けての日本代表チームの強化策に大きく影響を与えることになった。

8．昭和36（1961）～昭和39（1964）年のバスケットボール研究
　　―オリンピック東京大会に向けて―

この時期は，本邦初のオリンピック開催を控え，日本国内でスポーツの科学

的な研究が本格的に根を下ろしていった。昭和35（1960）年に日本体育協会の選手強化対策本部の中に設けられたスポーツ科学研究委員会を中心に，抜本的な改革が推し進められていく。最も急速に進歩を遂げたのは，スポーツトレーニングの分野である。従来，日本のスポーツ界では，その競技の練習に一生懸命取り組めば，自ずと競技力が向上するという考え方が支配的であった。しかし，競技に必要な各種体力を強化するためには，自然科学の研究成果を反映した特別なトレーニングを別途実施すべきであることが強調され，体力養成を意図したトレーニングや測定法が普及していく。諸外国の影響下で「スポーツと科学との結合」が積極的に図られていったのである[278]。

　こうした潮流にあって，バスケットボール界でも体力トレーニングの必要性が叫ばれ，昭和37（1962）年には日本バスケットボール協会にトレーニングドクターの制度が発足した。初代トレーニングドクターには，内科医でありながら国際審判員としても活躍した古川幸慶が就任している。選手の身長は人為的には伸ばせないという前提から，大型選手を集めて「なんらかの方法によって体重をふやし，力強いバスケットをやる方向にもってゆきたい」[279]との考えを発端に，古川による代表チームへのトレーニング処方がはじまった。水準の問題はともかく，日本のバスケットボール界において現場の指導者と医学・生理学・心理学などの研究者が手を携えはじめたのは，およそこの頃であったと推察されよう。

　当時，選手強化の一環として筋力トレーニングや全身持久系のトレーニングが導入されるが，オリンピック東京大会でバスケットボール日本代表の監督を務めた吉井四郎は，これを技術習得の練習と切り離して実施する方法に疑念を抱いていたことを付言しておきたい[280]。吉井の見解は，定量化し得る限りでのスポーツ現象やトレーニング法を礼讃する当時のスポーツ界全般の傾向から外れるものではあったが，今日のバスケットボール研究においてもなお一考の余地がある問題を孕んでいる。

　ともあれ，オリンピック東京大会に向けた強化策として日本代表チームが最初に取り組んだのは，惨敗に終わったローマ大会の敗因を突き止めることであった。同大会のスコア分析に着手した吉井は，日本の敗因をフィールドゴール成功率の低さに求めている[281]。こうして，吉井が牽引する日本代表チームの強化は，ゴール下での有効なシュートチャンスを生み出す攻撃法の考案，相

手のシュート前にミスを誘発し得るプレスディフェンスの習得，速攻を極力控えたスローなゲームテンポの掌握などを目掛けて進められていった[282]。それは最新の科学的な研究成果を後ろ盾にするものというよりは，むしろ現場における実践の蓄積から醸された方途であるといってよい。

　オリンピック本番で日本は第10位という結果を残した。目標は6位以内（入賞）であったが，最下位を免れれば御の字で10位以内なら大成功と世間から評価されていたことを思えば[283]，十分な好成績であったといえよう。

　ところで，客観的に把握できる運動分析のみがスポーツの科学だと讃えられた時勢にあって，吉井四郎の思考はMeinelが提唱した現場の実践的関心に基づく「運動学」[284]に幾分重なるものがあった。しかし，日本にMeinelの理論が紹介されるのは，昭和43（1968）年発行の『序説運動学』に所収された岸野雄三の論稿「運動学の対象と研究領域」[285]を待たねばならなかった。昭和36（1961）年にバンの『コーチングの科学的原理』（原題は"Scientific principles of coaching"で1955年にアメリカで出版）が翻訳出版されるが，それは力学的な自然法則をスポーツの現場に援用した労作ではあったものの，人間のスポーツ運動を客観的な「物体の移動」と捉える視点から解放されてはいなかったのである[286]。

　この期間のバスケットボール研究は，エネルギー代謝[287]-[289]，心肺機能[290]，運動強度[291]-[292]などの医学的な関心に加えて，選手の性格に着目したアプローチ[293]-[296]，指導法の追求[297]-[299]，さらには測定機器を用いて選手・監督・観客の生理反応を読み解く心理学的な試みまで登場している[300]。シュートにまつわるバイオメカニクス的な研究[301]-[302]や習熟過程に目を向けた研究[303]-[304]が盛んになりはじめたのも，この頃であった。

結　び

　本稿は，日本におけるバスケットボール研究の学問体系を把握する試みの一環として，日本のバスケットボールにまつわる研究が何を対象としてどのように行われてきたのかを時系列で検討するものであった。その結果は，以下のように整理することができる。

1. Naismithが考案したバスケットボールを明治期の日本に最初に伝えたのは大森兵蔵であったが，日本人が受容したのは成瀬仁蔵がアメリカから持ち込んだ女子バスケットボールの方であった。当時のバスケットボール研究は女子競技としての教材研究に終始している段階にあった。
2. 大正期に入ると，女子バスケットボールが学校教材に採用され，関連の教材研究が引き続き行われた。一方，Brownの来日を契機に日本人は本格的なバスケットボールに触れはじめた。また，スポーツの科学的研究が萌芽したことで，バスケットボール研究が後代に活発化する素地が作り上げられていった。
3. 大正末期，日本人にバスケットボールが普及して全日本選手権が開催されはじめた頃，本格的な専門書が相次いで刊行されるようになった。また，当時創刊のスポーツ専門雑誌に投じられたバスケットボールの記事は，はじめは競技の紹介，規則の解説，大会記録，戦評に終始していたが，やがて技術・戦術面，競技規則への対応，審判法，倫理的側面の研究成果が目立つに至った。さらに，スポーツ施設の研究が進展すると，その中でバスケットボールの項目が取り上げられた。
4. 大日本バスケットボール協会が設立された頃，李想白を中心にバスケットボールの研究が蓄積されていた。同協会の機関誌『籠球』の創刊当初は，体育原理や医学的な研究が大半を占めたが，やがてバスケットボールを数量化して理解しようとするゲーム分析の先駆的な研究が登場する。また，Gardnerらの全国的な指導者講習会の内容を受けた戦術研究も取り組まれている。さらに，松本幸雄編集の『籠球研究』誌によってアメリカの最新バスケットボール事情がいち早く持ち込まれるようになった。
5. オリンピックベルリン大会への参加を果たした日本のバスケットボール界は，医学的な研究との関係性を一層強めていった。また，戦術研究や統計データの蓄積も引き続き進められ，基礎技術に立ち返った指導法の研究も活発化した。しかし，日中戦争の勃発を契機に日本のスポーツ界の目標が国民体力の向上に傾いていくと，バスケットボールの研究も国策と関わる施設・設備的な研究を除いて停滞の一途を辿り，専門誌への寄稿内容も時局下の物資の節約問題が主になっていった。
6. 戦後，ほどなくして日本籠球協会が再発足した。協会の機関誌『バスケッ

トボール』の創刊当初には基礎技術やその練習法に関する論稿が目立ち，戦前に続いてゲームを数量的に分析する研究も寄稿されていた。また，『学校体育指導要綱』(1947)よりバスケットボールが学校体育の教材として復活すると，関連の研究が活発化し，教材内容確立の黎明期が到来した。

7．ハワイ2世チームの来日をきっかけに，日本人の間にも中・長距離からのワンハンドシュートやボールを視野に入れずに操作するドリブル技術が普及し，関連の基礎技術の研究が試みられるようになった。また，日本体力医学会や日本体育学会が相次いで設立され，日本の体育・スポーツ科学研究は大きな一歩を踏み出した。両学会の機関誌『体力科学』および『体育学研究』には，創刊当初より本格的なバスケットボールの学術研究の成果が報告されている。

8．日本のバスケットボール競技がオリンピックの舞台に復帰したのはメルボルン大会からである。同大会の日本の成績は第10位（参加15カ国中）であった。しかし，次のローマ大会では欧州勢の急速な進歩に対する調査研究を欠いたがために，日本は全敗で第15位（参加16カ国中）に沈んでいる。この時期になると，指導法の研究が多勢を占めながらも，ゲーム分析，運動生理学，授業評価法，歴史学など，バスケットボールにまつわる学術研究が多様化していった。また，吉井四郎による先進的なバスケットボール研究も萌芽した。

9．オリンピック東京大会を控え，日本国内では欧米を範とするスポーツの科学的な研究が本格的に根を下ろしていった。とりわけ進歩したのがスポーツトレーニングの分野であった。バスケットボール界でもトレーニングドクターが制度化され，選手強化の一環として筋力トレーニングや全身持久系トレーニングが導入されるに至っている。こうした時代の要請を受けて，バスケットボール研究は自然科学系の分野に偏りながらも，漸次バリエーションを広げていった。

10．オリンピック東京大会に向けた日本代表の強化方針は，ゴール下での有効なシュートチャンスを生み出す攻撃法の考案，相手のシュート前にミスを誘発し得るプレスディフェンスの習得，速攻を極力控えたスローなゲームテンポの掌握などを目掛けて進められた。監督の吉井四郎が打ち出した強化策は，最新の科学的な研究成果を背景にしたものというよりは，むしろ

現場における実践の蓄積から醸されていた。

　以上より，日本におけるバスケットボール研究は，その時々の学問の動向や競技の普及状況，スポーツ界の潮流，社会背景などに影響を受けて多様に分化しながら，今日に連なる下地を作り上げていったと結ぶことができよう。

注
注1）ここでいう「バスケットボール学」とは，バスケットボールを対象とする個別研究の寄せ集めではなく，総合科学として捉えていこうとする意味合いが込められている。したがって，今ここで仮に，この暫定的な学問名称に英訳を当てはめてみるならば，"Basketball Science"などと単数で表記することになろう。
注2）ここでいう「学問」とは，「一定の理論に基づいて体系化された知識と方法。」（新村出編（2008）学問．広辞苑 第六版．岩波書店，p.503）のことを指す。
注3）本稿における「スポーツ科学」とは，以下の定義に基づいている。
　「一般的には，スポーツ哲学，スポーツ教育学，スポーツ史学，スポーツ心理学，スポーツ社会学，スポーツ経営学，スポーツ施設学，スポーツ法学，スポーツ運動学，バイオメカニクス，スポーツ医学，スポーツ生理学，スポーツ衛生学などの諸領域からなる学際科学であり，方法的には複数の専門諸学を駆使して運動遊戯から競技スポーツにいたる〈スポーツ運動〉現象を総合的に研究する科学であるとみなされている。」（岸野雄三・谷釜了正（1987）スポーツ科学．日本体育協会監，最新スポーツ大事典．大修館書店，p.536）
注4）スポーツ科学の研究史に関連して，岸野の次の見解を引いておきたい。
　「学説史の研究が分化すればするほど，それは後学の研究者に示唆するところも大きいが，それだけに，この面の研究には専門知識を必要とし，専門研究者でないと学説史の研究も困難になるといった特殊事情も生じてくる。しかし研究史は専門的に分化すると同時に，巨視的な側面からも研究され，学問史上に位置づけることも必要になってくる。したがって，今日われわれの試みる学説史的研究も，その研究の分化と対比的に総合的考察も必要となってくる。」（岸野雄三（1973）体育史：体育史学への試論．大修館書店，p.103）
注5）Naismithが「バスケットボールが，創案後まもなく，日本に伝えられたのはまちがいないことだが，一九一三年（大正二）ごろまでは，男子のスポーツとは，みなされていなかったようだ。」（ネイスミス：水谷豊訳（1980）バスケットボール：その起源と発展．日本YMCA同盟出版部，p.202）と述べるように，日本人は女子競技としてバスケットボールを受容した。ただし，成瀬の手によるバスケットボールとは，彼がアメリカで触れた，Naismith考案のバスケットボールを女子用に改良した競技を基にしているため，現行競技に連なる意味でのバスケットボールそのものを日本で最初に正確に紹介した人物は，やはり大森兵蔵とすべきである。
注6）成瀬の教材研究の足跡や体育観については，彼の主著「女子教育」（成瀬仁蔵著作集編集委員会編（1974）女子教育．成瀬仁蔵著作集 第1巻．日本女子大学）や成瀬の人物

思想史を描いた馬場の研究（馬場哲雄（2014）近代女子高等教育機関における体育・スポーツの原風景：成瀬仁蔵の思想と日本女子大学校に原型をもとめて．翰林書房）などに詳しい．
注7）同年刊行された三橋義雄の『女子競技』は，バスケットボールに特化した書籍ではなかったが，そこには200頁を超える紙幅を割いてバスケットボール競技が紹介されている．質量ともに，当時のバスケットボールの単行書に比肩し得る貴重な文献として位置づけておきたい（三橋義雄（1924）バスケットボール．女子競技．廣文堂書店，pp.403-615）．
注8）他誌に掲載された数量的な見地からの考察として，宮崎正雄の論稿がある（宮崎正雄（1935）籠球競技の計数的考察．体育と競技，14（1）：24-29．）．
注9）及川は，Gardner来日以前より「システム」を使った攻撃法は李想白によって日本に紹介されていたけれども，実際に「システムプレー」という言葉が日本人の間に普及し受け容れられた画期は，やはりGardnerの講習会にあったと指摘している（及川佑介（2011）松本幸雄と『籠球研究』（昭和9～11年）：日本バスケットボール史の一齣．叢文社．pp.139-145）．
注10）この「林公一」とは，松本幸雄のペンネームであったことが確認されている（及川佑介（2011）松本幸雄と『籠球研究』（昭和9～11年）：日本バスケットボール史の一齣．叢文社，p.44）．
注11）この手の調査研究は，すでに昭和9（1934）年に文部省主導で実施されており，日本全国のバスケットボール競技が実施可能な施設の設置状況が明らかにされていた（文部大臣官房体育課（1934）本邦一般社会ニ於ケル主ナル体育運動場調．文部大臣官房体育課）．
注12）このことについて，佐藤徹は「ある選手が新しい仕方で優れた成果をあげたとしても，それをただちに運動技術と呼ぶわけにはいかない．ある方法が運動技術と呼ばれるためには，他の選手への転移可能性（一般妥当性）が条件となる．」（佐藤徹（1990）技術の運動学的認識．運動学講義．大修館書店，p.70）と説明している．
注13）この用語は「プレイヤーの配置や動きのパターンを決めて行うオフェンス．」（小野秀二・小谷究監（2017）フォーメーションプレイ．バスケットボール用語辞典，廣済堂出版，p.158）と定義されている．
注14）この用語は「ボールマンがスクリーナーもしくはユーザーとなるスクリーンプレイ．」（小野秀二・小谷究監（2017）オンボールスクリーン．バスケットボール用語辞典，廣済堂出版，p.35）と定義されている．

文献
［1］　立花隆（1999）ぼくはこんな本を読んできた．文藝春秋，p.77
［2］　福井憲彦（2006）歴史学入門．岩波書店，p.11
［3］　岩本良裕・関四郎・波多野義郎（1977）日本体育学会におけるバスケットボールに関する研究報告の文献調査．東京体育学研究，（4）：59-64．
［4］　関四郎・松浦義行・岩本良裕・波多野義郎・峯村昭三・石村宇佐一・梅ヶ枝健一（1984）バスケットボールの科学．浅見俊雄・宮下充正・渡辺融編，現代体育・スポーツ大系　第26巻．講談社，pp.136-152

［5］ 内山治樹・加藤敏弘（1985）日本におけるバスケットボール研究の動向に関する一考察：スポーツ教材としての地平から．埼玉大学紀要 教育科学，34（3）：107-123.
［6］ 佐々木三男（2000）バスケットボール競技における研究成果と指導現場の関連について．21世紀と体育・スポーツ科学の発展 第2巻．杏林書院，pp.82-88
［7］ 体育原理研究会編（1972）体育学研究の分化と総合．不昧堂出版
［8］ 加藤橘夫（1957）体育研究の歴史．日本体育学会編，体育学研究法．体育の科学社，pp.1-13
［9］ 辰沼広吉・依田隆也（1972）日本におけるスポーツ科学の発端と現況．慶應義塾大学体育研究所紀要，11（1）：13-17.
［10］ 前川峯雄・片岡睦夫（1972）日本における体育学研究の発展．前川峯雄・猪飼道夫ほか編著，現代体育学研究法．大修館書店，pp.40-51
［11］ 岸野雄三（1972）学問の分化と総合．体育原理研究会編，体育学研究の分化と総合：体育の原理 第7号．不昧堂出版，pp.37-48
［12］ 岸野雄三（1974）スポーツ科学とスポーツ史．体育学研究，19（4・5）：167-174.
［13］ 岸野雄三（1977）スポーツ科学とは何か．朝比奈一男・水野忠文・岸野雄三編著，スポーツの科学的原理．大修館書店，pp.77-133
［14］ 岸野雄三・谷釜了正（1987）スポーツ科学．日本体育協会監，最新スポーツ大事典．大修館書店，pp.536-540
［15］ 樋口聡（1995）スポーツ科学論序説（Ⅱ）イメージの生成：わが国におけるスポーツ科学の誕生．広島大学教育学部紀要 第二部，（44）：113-123.
［16］ 髙橋幸一（2015）スポーツ科学の誕生と発展．中村敏雄・高橋健夫・寒川恒夫・友添秀則編，21世紀スポーツ大事典．大修館書店，pp.218-220
［17］ 日本体育協会編（1958）スポーツ八十年史．日本体育協会，p.283
［18］ 日本バスケットボール協会編（1981）バスケットボールの歩み：日本バスケットボール協会50年史．日本バスケットボール協会，p.42
［19］ 水谷豊（2011）バスケットボール物語．大修館書店，p.105
［20］ 斉藤実（1980）東京キリスト教青年会百年史．東京キリスト教青年会，p.145
［21］ 水谷豊（1982）バスケットボールの歴史に関する一考察（Ⅷ）：大森兵蔵略伝．青山学院大学一般教育部会論集，（23）：179-180.
［22］ 水谷豊（2011）バスケットボール物語．大修館書店，pp.106-107
［23］ 興水はる海（1968）女子バスケットボールに関する研究（2）．お茶の水女子大学人文学紀要，（31）：92.
［24］ 谷釜了正（1978）「球籠遊戯」から「バスケット，ボール」へ：大正3年以前のバスケットボール導入過程の一考察．日本体育大学紀要，（7）：1-11.
［25］ 小野泉太郎（1902）毬籠．日本婦人，（31）：20-22.
［26］ 佐竹郭公（1902）女学生と「バスケットボール」（毬籠）．女学世界，2（9）：110-116.
［27］ 日本体育会編（1903）バスケット，ボール．新撰遊戯法．育英舎，pp.71-75
［28］ 白井規矩郎（1903）Basket Ball．婦人界，2（4）：144-150.
［29］ 白井規矩郎（1910）バスケット，ボール．体操と遊戯の時間．啓成社，pp.818-837
［30］ 松浦政泰（1905）女子遊戯 バスケット，ボール（籠遊戯）．女学世界，5（12）：161-166.
［31］ 川井和麿編（1901）籠毬．実験新体操遊戯．秀英舎，pp.6-8

[32] 佐々木亀太郎・高橋忠次郎（1903）バスケツトボール．競争遊戯最新運動法．藜光堂，pp.51-53
[33] 高橋忠次郎・松浦政泰（1909）バスケット，ボール．家庭遊戯法．博文館，pp.170-176
[34] 坪井玄道・可児徳（1909）バスケットボール．小学校運動遊戯．大日本図書，pp.94-101
[35] 晴光館編集部編（1910）バスケットボール．現代娯楽全集．晴光館，p.998
[36] 上原鹿之助編（1910）バスケットボール．実験ボール遊技三十種．平本健康堂，pp.21-28
[37] 渡辺誠之（1912）競技的バスケット，ボール．最新ボール遊戯法．研文館，pp.185-216
[38] 高橋忠次郎（1904）籠球競技．榊原文盛堂
[39] 高橋忠次郎（1904）籠球競技．榊原文盛堂，p.9
[40] 著者不祥（1907）今の女學生の体育．読売新聞，明治40年4月23日（朝刊）
[41] 加藤橘夫（1957）体育研究の歴史．日本体育学会編，体育学研究法．体育の科学社，p.10
[42] 開発社編（1913）学校体操教授要目：文部省制定．開発者，p.15
[43] 佐川永三郎（1913）バスケットボール．体操教授要目に準拠したる新定遊戯．健康堂体育店，p.76
[44] 国民教育研究会編（1913）最新小学校遊戯解説：学校体操教授要目準拠．東京出版社，pp.51-52
[45] 日本バスケットボール協会編（1981）バスケットボールの歩み：日本バスケットボール協会50年史．日本バスケットボール協会，p.43
[46] 水谷豊（2011）バスケットボール物語．大修館書店，p.116
[47] 極東体育協会編・佐藤金一訳（1917）バスケット，ボール規定．極東体育協会
[48] 平本直次（1917）バスケットボール．オリンピック競技法．健康堂，pp.1-13
[49] 吉田章信（1916）運動生理学．南江堂書店
[50] 野口源三郎（1918）オリムピック競技の実際．大日本体育協会出版部
[51] 岸野雄三（1973）体育史：体育史学への試論．大修館書店，p.103
[52] 日本体力医学会編（1964）日本におけるスポーツ医学研究．明治生命厚生事業団，p.9
[53] 前川峯雄・片岡睦夫（1972）日本における体育学研究の発展．前川峯雄・猪飼道夫ほか編著，現代体育学研究法．大修館書店，p.43
[54] 体育研究所編（1927）体育研究所概要 第二版．体育研究所，pp.19-34
[55] 増田健三（1921）女子バスケットボール規定．水野利八
[56] 大日本体育協会編（1923）バスケットボール規定1923年改定．大日本体育協会
[57] 藤山快隆（1924）バスケットボール．目黒書店
[58] Wardraw., and Morrison.（1922）Basket ball. Charles Scribner'
[59] 荒木直範（1924）最新バスケットボール術．美満津商店
[60] 鈴木精一（1925）バスケットボール．教文書院
[61] 三橋義雄（1926）バスケットボール．廣文堂
[62] 三橋義雄（1926）最も要領を得たるバスケットボール：階段的指導法と最新規則の解説．木下製作所出版部
[63] 外山愼作（1926）バスケットボール法大要．外山愼作

[64]　鈴木重武（1928）籠球コーチ．矢来書房
[65]　バスケットボール研究会編（1928）籠球必携．東京運動社
[66]　小瀬峰洋（1929）籠球競技．教文書院
[67]　安川伊三（1929）籠球競技法．目黒書店
[68]　石橋蔵五郎（1919）バスケットボール．新体育，1（4）：61-64．
[69]　近藤茂吉（1921）バレーボールとバスケットボール．運動界，2（4）：62-65．
[70]　（1921）バスケットボール．運動界，2（6）：54．
[71]　荒木直範（1922）バスケットボール講話（一）．ATHLETICS，1（6）：14-19．
[72]　荒木直範（1922）バスケットボール講話（二）．ATHLETICS，1（7）：14-21．
[73]　荒木直範（1922）バスケットボール講話（三）．ATHLETICS，1（8）：23-28．
[74]　荒木直範（1922）バスケットボール講話（四）．ATHLETICS，1（9）：22-29．
[75]　山本芳松（1922）女子のバスケットボール競技．体育と競技，1（9）：74-77．
[76]　ワイ・アイ生（1924）女子バスケットボール．体育と競技，3（12）：85-93．
[77]　ワイ・アイ生（1925）女子バスケットボール．体育と競技，4（1）：60-70．
[78]　ワイ・アイ生（1925）女子バスケットボール．体育と競技，4（2）：74-81．
[79]　ワイ・アイ生（1925）女子バスケットボール（続き）．体育と競技，4（2）：63-72．
[80]　ワイ・アイ生（1925）女子バスケットボール（続）．体育と競技，4（3）：44-52．
[81]　西村正次（1924）バスケットボール規定の変更．体育と競技，3（3）：75-77．
[82]　村山正明（1925）バスケットボール規則及罰則の説明．体育と競技，4（5）：63-72．
[83]　桐翠倶楽部（1925）バスケットボール規定の抜粋．体育と競技，4（10）：66-70．
[84]　金栗生（1922）極東競技大会雑感．体育と競技，2（8）：80-82．
[85]　荒木直範（1922）バスケットバレーボール大会印象記．ATHLETICS，1（5）：35-39．
[86]　西村正次（1923）極東大会とバスケットボール競技．ATHLETICS，2（5）：43-45．
[87]　荒木直範（1923）バスケットヴァレイボールの戦跡：此の両球技の普及を図れ．ATHLETICS，2（7）：142-147．
[88]　金栗生（1923）極東競技大会雑感．体育と競技，2（8）：80-82．
[89]　薬師寺尊正（1925）バスケットボール・ゲームを観る（上）．ATHLETICS，3（2）：85-95．
[90]　鈴木重武（1926）防御法の研究．運動界，8（1）：25-28．
[91]　鈴木重武（1926）防御法の研究．運動界，8（2）：35-40．
[92]　鈴木重武（1926）防御法の研究．運動界，8（3）：21-24．
[93]　元原利一（1926）バスケットボールアウトオブバウンズプレイ．体育と競技，5（6）：81-86．
[94]　元原利一（1927）平均配置からのティップオフ・プレイ．体育と競技，6（5）：64-70．
[95]　安川伊三（1927）バスケット・シューテイング．体育と競技，6（2）：75-79．
[96]　安川伊三（1927）バスケット・シューテイング（続）．体育と競技，6（3）：45-53．
[97]　安川伊三（1927）バスケット・シューティング．体育と競技，6（5）：53-64．
[98]　李想白（1928）ドリブルの制限について（一）：バスケットボールの重要なる規則改正．運動界，9（7）：11-14．
[99]　李想白（1928）ドリブルの制限について（二）：バスケットボールの重要なる規則改正．運動界，9（8）：6-10．

[100] 李想白（1928）籠球審判の心得について．運動界，9（10）：6-9．
[101] 李想白（1928）籠球審判の心得について（続）：ダブル・レフエリー・システム．運動界，9（11）：18-21．
[102] 安川伊三（1927）バスケットボール審判法．体育と競技，6（11）：65-73．
[103] 安川伊三（1927）バスケットボール審判法．体育と競技，6（12）：53-59．
[104] 安川伊三（1928）バスケットボール審判法．体育と競技，7（1）：83-88．
[105] 長田博訳（1928）バスケットボール誌上コーチ．体育と競技，7（2）：82-99．
[106] 長田博訳（1928）バスケットボール誌上コーチ．体育と競技，7（3）：49-62．
[107] 長田博訳（1928）バスケットボール誌上コーチ．体育と競技，7（4）：70-74．
[108] 長田博訳（1928）バスケットボール誌上コーチ．体育と競技，7（8）：70-74．
[109] 長田博訳（1928）バスケットボール誌上コーチ．体育と競技，7（10）：74-79．
[110] 長田博訳（1928）バスケットボール誌上コーチ．体育と競技，7（12）：76-79．
[111] 長田博訳（1929）バスケットボール誌上コーチ．体育と競技，8（1）：74-78．
[112] 加治千三朗（1929）籠球の律動的指導に就いて（其の一）．体育と競技，8（11）：76-81．
[113] 加治千三朗（1929）籠球の律動的指導に就て（其の二）．体育と競技，8（12）：60-63．
[114] 中島海（1929）籠球基本練習の指導．教育研究，（337）：235-241．
[115] 李想白（1929）籠球に於けるスポーツマンシツプ．運動界，10（5）：19-23．
[116] 鈴木重武（1929）攻撃システムの研究（一）．ATHLETICS，7（3）：30-34．
[117] 鈴木重武（1929）攻撃システムの研究（二）．ATHLETICS，7（5）：59-65．
[118] 鈴木重武（1929）攻撃システムの研究（三）．ATHLETICS，7（6）：30-33．
[119] 鈴木重武（1929）攻撃システムの研究（四）．ATHLETICS，7（10）：12-18．
[120] 鈴木重武（1929）攻撃システムの研究（五）．ATHLETICS，7（11）：16-20．
[121] 佐々木等（1929）ボールの内圧に就て．体育研究会々誌 第1回．山海堂編集所，pp.27-29．
[122] 文部省編（1927）運動競技場要覧．日本体育聯盟，pp.27-31．
[123] 相川要一（1928）運動遊戯設備．雄山閣，pp.47-50．
[124] 進藤孝三（1928）理想の体育設備と用具設計並に其の解説．文書堂，p.93．
[125] 谷釜尋徳（2009）日本におけるバスケットボールの競技場に関する史的考察：大正期～昭和20年代の屋外コートの実際に着目して．スポーツ健康科学紀要，（6）：21-26．
[126] 安田弘嗣（1930）運動の施設経営．一成社，pp.22-28．
[127] 大屋霊城（1930）計画・設計・施工公園及運動場．裳華房，pp.499-501．
[128] 文部省編（1932）現代体育の施設と管理．目黒書店，pp.111-120．
[129] 早川良吉（1932）体育館の計画指針．籠球，（5）：6-19．
[130] ルーブル：鶴岡英吉訳（1928）競技者の心理学的研究．体育と競技，7（8）：33-41．
[131] 今村嘉雄（1928）競技の心理学的根拠並社会的価値．体育と競技，7（8）：60-63．
[132] 李想白（1930）指導籠球の理論と実際．春陽堂．
[133] 及川佑介（2011）松本幸雄と『籠球研究』（昭和9～11年）：日本バスケットボール史の一齣．叢文社，p.126．
[134] 及川佑介（2011）松本幸雄と『籠球研究』（昭和9～11年）：日本バスケットボール史の一齣．叢文社，p.127．
[135] 李想白（1930）近時籠球戦策余談（其の一）．運動界，11（1）：97-100．

[136] 李想白（1930）籠球攻陣余談：リーグ・ゲームに現はれた攻撃陣形について．運動界，11（2）：14-17．
[137] 李想白（1930）籠球攻陣余談（其の二）：リーグ戦に現れた攻撃陣形に就て．運動界，11（3）：20-23．
[138] 李想白（1930）籠球攻陣余談（其の三）：リーグ戦に現れた攻撃陣形に就て．運動界，11（4）：14-17．
[139] 李想白（1930）籠球競技概評技術方面より見たる（1）．運動界，11（7）：148-154．
[140] ミーンウェル：星野隆英・柳田享訳（1931）籠球の原理．三省堂
[141] 大日本球技研究会編（1934）籠球研究．一成社
[142] 宮田覚造・折本寅太郎（1935）籠球競技の指導．日本体育学会
[143] 大日本バスケットボール協会編（1930）バスケットボール競技規則 昭和五年度．大日本バスケットボール協会
[144] 大日本バスケットボール協会編（1930）バスケットボール競技規則 昭和六年度．大日本バスケットボール協会
[145] 大日本バスケットボール協会編（1932）バスケットボール競技規則 昭和八年度．大日本バスケットボール協会
[146] 大日本バスケットボール協会編（1933）バスケットボール競技規則 昭和八・九年度．大日本バスケットボール協会
[147] 大日本バスケットボール協会編（1934）バスケットボール競技規則 昭和九・十年度．大日本バスケットボール協会
[148] 大日本バスケットボール協会・坂勘造編（1935）バスケットボール競技規則 昭和十・十一年度．大日本バスケットボール協会
[149] （1932）審判技術の研究会 籠球協会の新試み．読売新聞，昭和7年5月13日付（朝刊）
[150] 李想白（1931）競技の精神．籠球，（1）：8-10．
[151] 李想白（1931）アマチュアリズムについて．籠球，（2）：4-14．
[152] 李想白（1932）スポーツと社会生活の本質．籠球，（3）：4-9．
[153] 李想白（1932）戦闘精神とその純化．籠球，（4）：2-5．
[154] 李想白（1932）勝敗に対する一つの見方．籠球，（5）：2-5．
[155] 李想白（1933）ティーム・プレーとその意義．籠球，（6）：2-5．
[156] 小林豊（1931）籠球試合後に於ける尿蛋白に就いて．籠球，（2）：17-23．
[157] 永井隆（1931）何故コンディションが悪かつたか．籠球，（2）：23-27．
[158] 岩田正道（1932）女子運動選手と月経．籠球，（3）：10-11．
[159] 岩田正道（1932）女子運動競技者と月経に就て．籠球，（4）：6-14．
[160] （1934）鎖骨が削り取られる：籠球選手の特異性．読売新聞，昭和9年2月24日付（朝刊）
[161] 李想白（1932）籠球は危険ではない 死亡率も極少い．読売新聞，昭和7年3月1日付（朝刊）
[162] 岸野雄三（1974）スポーツ科学とスポーツ史．体育学研究，19（4・5）：170．
[163] 前川峯雄・片岡睦夫（1972）日本における体育学研究の発展．前川峯雄・猪飼道夫ほか編著，現代体育学研究法．大修館書店，p.47
[164] 加治千三朗（1931）籠球の基礎に対する暗示．体育と競技，10（1）：46-48．

[165] 加治千三朗（1931）籠球の基礎指導．体育と競技，10（2）：58-62．
[166] 加治千三朗（1931）籠球の基礎指導．体育と競技，10（3）：58-62．
[167] 鈴木俊平（1932）数字より見たるリーグ戦．籠球，（3）：20-27．
[168] 土肥冬男（1932）籠球試合の図表．籠球，（3）：63-65．
[169] 阪勘造（1933）公式記録に現れたる数字の統計．籠球，（6）：17-23．
[170] 松本幸雄（1933）女子に於ける投射統計．籠球，（6）：24-27．
[171] 覚張一郎（1933）競技に関する統計的研究．籠球，（8）：26-29．
[172] 池上虎太郎（1934）数字より見たるリーグ戦．籠球，（9）：40-47．
[173] 三浦靭郎（1935）全国高等籠球大会に於るフアウルの統計．籠球，（11）：28-30．
[174] 李想白・池上虎太郎（1935）数字より見たる関東大学リーグ．籠球，（11）：68-74．
[175] 李想白・池上虎太郎（1935）数字による関東大学リーグ戦．籠球，（15）：86-93．
[176] 大日本バスケットボール協会編（1933）ガードナー籠球講習要録．動文社
[177] 林公一（1934）クリスクロス攻撃法．籠球，（9）：32-39．
[178] 宮崎正雄（1935）籠球指導セット，オフェンス（1）．体育と競技，14（5）：61-66．
[179] 竹内虎士（1935）籠球に於けるシステムプレイの考察：特に偶発法との価値の比較に就て．体育と競技，14（5）：17-22．
[180] 竹内虎士（1935）籠球に於けるシステムプレイの考察：特に偶発法との価値の比較に就て．体育と競技，14（6）：32-63．
[181] 竹内虎士（1935）籠球に於けるシステムプレイの考察．体育と競技，14（7）：22-25．
[182] 竹内虎士（1935）籠球に於けるシステムプレーの考察（続）．体育と競技，14（8）：81-88．
[183] 竹内虎士（1935）籠球に於けるシステムプレーの考察（完）．体育と競技，14（9）：22-29．
[184] ロンボーク：松本幸雄訳（1935）ピィヴォット・プレイ攻撃法とその防禦法．籠球研究，（4）：3-7．
[185] 池田廣三郎（1936）籠球心理：シューティングの心理．籠球研究，（8）：22-24．
[186] 佐々木等（1934）籠球の指導．体育研究，1（1）：106-111．
[187] 佐々木等（1934）籠球の指導（二）．体育研究，1（3）：80-87．
[188] 佐々木等（1934）籠球の指導（三）．体育研究，1（4）：62-69．
[189] 佐々木等（1934）籠球の指導（四）．体育研究，1（5）：112-117．
[190] 佐々木等（1934）籠球の指導（五）．体育研究，1（6）：61-63．
[191] 佐々木等（1934）籠球の指導（二）．体育研究，1（3）：86．
[192] 李想白（1935）日米競技所感：技術方面を中心として．籠球，（13）：3-27．
[193] 北村直躬（1936）籠球の練習についての医学的考察．籠球，（16）：2-3．
[194] 立花角五郎（1936）籠球医学談片．籠球，（18）：108-110．
[195] 日本体力医学会編（1964）日本におけるスポーツ医学研究．明治生命厚生事業団，pp.10-11
[196] 芦田伸三（1939）戦法より見たる加奈陀チーム：馬蹄型攻撃法に就いて．籠球，（24）：3-7．
[197] 芦田伸三（1940）速攻法の展開．籠球，（25・26）：71-72．
[198] 李性求（1940）戦法的見地よりの東亜競技大会．籠球，（27・28）：48-56．

[199] 元原利一（1940）バスケットボールアウトオブバウンズプレイ．体育と競技，19（6）：81-86.
[200] 元原利一（1940）フリースローに於ける競技者の配置．体育と競技，19（12）：57-60.
[201] 竹崎道雄（1941）地域防御に対する攻撃法．籠球，（32）：17-24.
[202] 畑龍雄（1938）関東大学リーグ戦を数字より見る．籠球，（21）：17-25.
[203] 都新聞社（1940）数字より見たる関東大学リーグ戦．籠球，（25・26）：66-71.
[204] 大橋貞雄（1936）僕の籠球日記より．籠球，（16）：4-8.
[205] 芦田伸三（1937）小学校指導者講習会雑感．籠球，（20）：73-76.
[206] 吉井四郎（1940）バスケットボール「基礎技術」私見．大塚学友会籠球部部報，（12）：40-63.
[207] 林公一（1938）攻撃の練習法に就いて．籠球，（21）：4-11.
[208] 佐藤儀平（1939）初級中級者に於ける籠球基礎技術の指導法（一）．体育と競技，18（9）：76-82.
[209] 佐藤儀平（1939）初級中級者に於ける籠球基礎技術の指導法（二）．体育と競技，18（10）：52-58.
[210] 佐藤儀平（1939）初級中級者に於ける籠球基礎技術の指導法（三）．体育と競技，18（12）：112-119.
[211] 西本正一（1941）ドリブル覚え書：初心者の為に．籠球，（31）：44-46.
[212] 佐々木等（1937）籠球自由投練習曲線に就て．体育研究所概要 第1巻．体育研究所，pp.155-156
[213] 佐々木等（1937）学校球技．目黒書店，pp.170-239
[214] 佐々木等（1937）籠球．競技運動各論 下巻．建文館，pp.1-26
[215] 木下秀明（1970）スポーツの近代日本史．杏林書院，p.212
[216] 岸野雄三ほか編（1999）近代体育スポーツ年表 三訂版．大修館書店，p.174
[217] 吉田章信（1939）日本人の体力．藤井書店
[218] 厚生省体力局編（1938）体力向上施設参考資料 第四輯 運動場及運動公園．厚生省体力局，pp.71-74
[219] 厚生省体力局編（1939）武道場及體育館．厚生省体力局
[220] 厚生省体力局編（1940）武道及體育館一覧表．体力向上施設調．厚生省体力局
[221] 日本体育協会編（1963）日本体育協会五十年史．日本体育協会，p.177
[222] 鈴木重武（1938）物資の愛護に就いて．籠球，（22）：31-33.
[223] 李想白（1938）倹にして余りあれ物資節約問題とスポーツ．籠球，（22）：28-30.
[224] 妹尾堅吉（1941）統制運動用具の配給に就いて．籠球，（31）：49-52.
[225] 鈴木重武（1938）規格委員会報告．籠球，（22）：84-85.
[226] 日本バスケットボール協会編（1981）バスケットボールの歩み：日本バスケットボール協会50年史．日本バスケットボール協会，p.124
[227] 編集部（1947）終戦後の斯界展望．バスケットボール，（1）：26-33.
[228] 畑龍雄（1947）練習の基礎的諸問題（一）．バスケットボール，（1）：3-9.
[229] 畑龍雄（1947）練習の基礎的諸問題（二）．バスケットボール，（2）：2-19.
[230] 牧山圭秀（1947）基礎技術について．バスケットボール，（1）：10-21.
[231] 田中俊次（1947）ドリブルの研究．バスケットボール，（2）：37-41.

1. 日本におけるバスケットボール研究の歴史

[232] 田中俊次（1948）ドリブルの研究（続）．バスケットボール，（3）：30-38．
[233] 竹崎道雄（1948）シュート技術．バスケットボール，（4）：41-49．
[234] 桂正之（1948）統計的研究：或る試み．バスケットボール，（3）：2-7，63．
[235] 大村泰三（1946）籠球競技法．体育日本社
[236] 佐々木茂（1946）籠球における二三の問題．新体育，（4）：18-20．
[237] 小沢久夫（1947）中学校籠球競技規則．新体育，（2・3）：11-4．
[238] 内山治樹・加藤敏弘（1985）日本におけるバスケットボール研究の動向に関する一考察：スポーツ教材としての地平から．埼玉大学紀要 教育科学，34（3）：111．
[239] 谷釜尋徳（2010）大正期〜昭和前半期の日本におけるバスケットボールのシュート技術の変遷：中・長距離からのワンハンド・シュートの受容過程．体育学研究，55（1）：1-16．
[240] 前田昌保（1953）今後の技術に期待するもの．バスケットボール，（13）：5．
[241] 小沢久夫（1953）バスケットボール四週間．体育科教育，2（1）：40．
[242] 谷釜尋徳（2008）日本におけるバスケットボールの専用球の改良とそれに伴うドリブル技術の発達に関する技術史的考察．スポーツ運動学研究，（21）：45-59．
[243] 牧山圭秀・前田豊編（1948）籠球・排球．旺文社，pp.40-48
[244] 小沢久夫（1949）學校籠球．明星社，pp.65-85
[245] 井上一男（1949）バスケットボール：ティームプレーの練習法．金子書房，pp.27-34
[246] 畑龍雄（1950）ハワイ・チームに学ぶ．バスケットボール，（9）：2-7．
[247] 佐々木茂（1959）図説バスケットボール．不昧堂書店，pp.92-95
[248] 青井水月（1959）バスケットボール．ベースボール・マガジン社，pp.44-50
[249] 日本体力医学会編（1964）日本におけるスポーツ医学研究．明治生命厚生事業団，p.15
[250] 川北宇夫（1950）籠球の投射を解剖する．体力科学，1（2）：36-42．
[251] 岸野雄三（1977）スポーツ科学とは何か．スポーツの科学的原理．大修館書店，p.79
[252] 大谷武一（1951）序文．体育学研究，（1）：1．
[253] 岸野雄三（1999）中間報告：体育科学（仮称）の課題と展望．体育大学協議会体育科学（仮称）検討特別委員会，p.15
[254] 玉野勝郎（1951）バスケットボールの観察と実際．体育学研究，（1）：13-16．
[255] 宮下充正（2006）スポーツ科学：草創期から21世紀．学術の動向，11（10）：10．
[256] 猪飼道夫・石井喜八（1962）筋力の生理的限界と心理的限界の筋電図学的研究．体育学研究，5（4）：154-165．
[257] ピー：訳者不詳（1930）フットワーク・フェインティング・カッティング．バスケットボールダイジェスト，（1）：1-9．
[258] 日本体育協会・日本オリンピック委員会編（2012）日本体育協会・日本オリンピック委員会100年史：PART1 日本体育協会・日本オリンピック委員会の100年．日本体育協会・日本オリンピック委員会，pp.253-254
[259] 前田昌保（1961）ローマオリンピック報告．バスケットボール，（47）：5．
[260] 前田昌保（1962）バスケットボール．第17回オリンピック競技大会報告書．日本体育協会，p.122
[261] 前田昌保（1962）バスケットボール．第17回オリンピック競技大会報告書．日本体育協会，p.122

[262] 森沢誠一（1961）ローマオリンピック帰国挨拶．バスケットボール，（47）：3．
[263] 植田義己（1961）ローマオリンピック雑感．バスケットボール，（47）：27．
[264] 小沢久夫（1956）バスケットボール指導に関する二三の問題．新体育，26（5）：47-51．
[265] 鈴木正三（1957）中学校のバスケットボール指導法．新体育，27（1）：49-53．
[266] 青井水月（1957）バスケットボール：女子チームの指導．体育の科学，7（9）：382-384．
[267] 稲垣安二（1955）正課時のバスケットボール指導．新体育，25（11）：68-72．
[268] 富永好松（1957）大学体育の正課時におけるバスケットボールの指導の在り方．体育学研究，2（7）：34-35．
[269] 江橋慎四郎・滝沢英夫・青井水月（1958）バスケットボールに関する一考察（第3報）：野投率とボール保持による攻撃可能率について．体育学研究，3（1）：133．
[270] 加藤橘夫・青井水月・滝沢英夫（1959）バスケットボールにおける1考察（第4報）：アジア大会における各国ショットの傾向．体育学研究，4（1）：42．
[271] 安在武八郎（1959）現代バスケットボール試合の分析（大学の部）．体育学研究，4（1）：41．
[272] 森屋鷲男（1958）バスケットボールゲームに於けるエネルギー代謝に関する研究．体育学研究，3（1）：239．
[273] 野口義之・森屋鷲男・山崎秋則（1959）ボールゲームの知識検査について：第1報 バスケットボール．体育学研究，3（4）：113-119．
[274] 佐々木茂・三輪守男（1958）バスケットボールの発明，発展に影響を与えたと思われる諸要因について：第1報 バスケットボールの誕生．体育学研究，3（1）：9．
[275] 吉井四郎（1956）バスケット・ボール ゲームの勝敗を決するもの．体育科教育，4（12）：61-80．
[276] 吉井四郎（1960）バスケットボール 勝敗因の研究（一）：野投試投数増減に関するプレー．一橋大学研究年報 人文科学自然科学研究，（2）：223-264．
[277] 吉井四郎（1960）感じを分析する．バスケットボール，（43）：17．
[278] 著者不詳（1965）スポーツ・トレーニングの革命と進歩．東京オリンピック選手強化対策本部報告書．日本体育協会，pp.163-164
[279] 古川幸慶（1965）バスケットボール．東京オリンピックスポーツ科学研究報告．日本体育協会，p.245
[280] 吉井四郎（1966）東京オリンピック 日本バスケットボールチームの選手強化および対戦スコアーの実態報告と，その検討について（その1）．一橋大学研究年報 自然科学研究，（8）：96-111．
[281] 吉井四郎（1961）オリンピック代表チームの対戦記録より探る．バスケットボール，（47）：53．
[282] 吉井四郎（1965）バスケットボール．東京オリンピック選手強化対策本部報告書．日本体育協会，pp.322-334
[283] 牧山圭秀（1964）東京大会への見通しはどうか：石に嚙りついてもベスト6へ．東京オリンピック，（24）：6．
[284] マイネル：金子明友訳（1981）スポーツ運動学．大修館書店
[285] 岸野雄三（1968）運動学の対象と研究領域．序説運動学．大修館書店，pp.1-47
[286] バン：石河利寛訳（1961）バスケットボールの技術の分析．コーチングの科学的原理．

ベースボール・マガジン社，pp.234-252

[287] 広田公一・和泉貞男・佐藤良子・浅見俊雄・山本隆久・田中純二・豊田博・吉井四郎・広沢昭男（1961）バスケット・ボール・ゲームのエネルギー代謝に関する研究．体育学研究，6（1）：111.

[288] 鈴木慎次郎・長嶺晋吉・手塚朋通・久我達郎・山川喜久江・大島寿美子・原実（1961）スポーツ栄養に関する研究（第3報）：水泳，ホツケー，サツカー，ラグビー，卓球，バスケットボール及びバレーボールの R. M. R. 栄養学雑誌，19（5）：196-203.

[289] 家治川豊（1963）バスケットボール競技審判員のエネルギー需要量について：球技審判員のエネルギー代謝に関する研究第2報．神戸大学教育学部研究集録，(29)：87-92.

[290] 大木勝夫・稲垣安二・入野進・中山隆治・角田泰造（1961）バスケツトボール選手の心肺機能について．体育学研究，6（1）：116.

[291] 伊藤文雄（1962）バスケットボール競技審判員の運動強度に関する研究1．論攷，(9)：147-156.

[292] 伊藤文雄（1963）バスケットボール競技審判員の運動強度に関する研究1．論攷，(10)：65-76.

[293] 青井水月（1963）バスケット・ボール選手の性格特性および得点とボール処理能力と性格との関係：女子バスケット・ボール選手の指導に関する一考察．体育学紀要，(2)：9-15.

[294] 西尾貫一・青井水月・平田久雄・田中鎮雄（1961）MMPIによる女子バスケット・ボール選手の性格に関する一考察．体育学研究，6（1）：354-355.

[295] 青井水月・西尾寛一・平田久雄（1963）バスケットボール選手の性格に関する1考察：ナショナルチームについて．体育学研究，8（1）：132.

[296] 青井水月・平田久雄（1964）MMPIによるバスケット・ボール選手の性格に関する一考察．体育学研究，9（1）：296.

[297] 丹下保夫・吉崎高広・荒木豊（1963）バスケツトボールにおける技術指導の問題点．体育学研究，7（1）：242.

[298] 鈴木善雄・丹下保夫・松島悟（1963）バスケツトボールにおける技術指導の問題点（第2報）．体育学研究，8（1）：127.

[299] 松島悟・永井久子・鈴木善雄・丹下保夫（1964）バスケツトボールにおける技術指導の実験的研究．体育学研究，9（1）：279.

[300] 辻村恂・大本治人・杉本功介・岡本健・川井昂（1963）ポリグラフによるバスケツトボール試合場面の分析．体育学研究，8（1）：189.

[301] 石原文吉（1961）バスケットボールに於けるフリー・スローの研究（第3報）．体育学研究，6（1）：61.

[302] 塚越克己・岸仁一（1963）バスケットボールにおけるシユートについての一研究：ねらいとボールを離す関係について．体育学研究，7（1）：196.

[303] 塚越克己・笠井恵雄・小川新吉・岩崎義正・多和健雄・鯛谷隆・寄金義紀・勝田茂・春山国広（1963）運動の習熟過程に関する基礎的研究：バスケットボールのセツトシユートについて．体育学研究，8（1）：323.

[304] 鶴岡英吉（1964）運動の習熟過程に関する基礎的研究：バスケットボールのセツトシュートについて．東京教育大学体育学部紀要，(4)：61-66.

2．アダプテッド・スポーツ

　ここではアダプテッド・スポーツとしての視点からバスケットボールを研究しようとした場合の対象や方法について考える。

1．アダプテッド・スポーツとは

　近年，スポーツ科学の分野において「アダプテッド・スポーツ」という言葉がある程度浸透してきたように感じられるが，まずはこの「アダプテッド・スポーツ」という言葉について確認しておきたい。

　日本アダプテッド・体育スポーツ学会によれば，「アダプテッド・スポーツ」は，adapted と physical activity を合わせた日本語の造語であることが示されている。1993年に横浜で開催された9[th] International Symposium on Adapted Physical Activity の準備を進める際に「Adapted Physical Activity」にどのような日本語訳を充てるかを検討したことが，「アダプテッド・スポーツ」という言葉を作り出す契機となったことが示されている。この過程においては，特に「adapted」をどのように解釈し，どのように翻訳するかという点で困難があったとのことである。検討の結果，adapted はリハビリテーションやレクリエーションなどの言葉と同様に英語の発音のまま表記することとし，physical activity については「主体的に取り組む」という意味合いから「スポーツ」を充てたことが説明されている。「physical activity」に対して「スポーツ」という訳を充てたのは，直訳に相当する「身体活動」では学術用語風で馴染みにくいこと，仮に「体育」とした場合には学校教育現場における先生と生徒という関係を想起させ，実践者の主体性をイメージしにくいと考えたことが理由とされている。

　アダプテッド・スポーツは，障がいなどのある人がスポーツを楽しむには，

その人自身とその人を取り巻く人々や環境をインクルージョンしたシステムづくりこそが大切であるという考え方に基づいた概念である。具体的には，スポーツのルールや用具を実践者のさまざまな状態（たとえば障がいの有無やその程度）に合わせたスポーツのことであり，「その人に合ったスポーツ」という意味合いとなる。

　アダプテッド・スポーツについては，「アダプテッド・スポーツ＝障がい者スポーツ」という構図で理解されていると感じることもあるが，ここまで述べてきた通り，必ずしも障がい者だけを対象とした考え方ではなく，高齢者や子どもなども含まれる。アダプテッド・スポーツに類似した意味を持つ言葉として，たとえば「障がい者スポーツ」や「パラ・スポーツ」などがあるが，研究を進めるに当たっては，それぞれの言葉が持つ由来や概念について一度吟味し，その上で当該の研究にとって適切な言葉を使用していくことが重要となる。

2．研究対象

　アダプテッド・スポーツの視点からバスケットボールの研究を進めるに当たって，その研究対象を考える場合，主に次の2つについて検討することが必要となるであろう。1つは「どのような人が対象となるか」という視点であり，もう1つは多様なバスケットボールが存在する中で，たとえば「どのようなバスケットボールが対象となるか」を検討する視点である。

2．1　どのような人が対象となるか

　アダプテッド・スポーツとは，スポーツのルールや用具を実践者のさまざまな状態に合わせたスポーツのことであり，その人に合ったスポーツという意味合いであるから，基本的にこのような視点の持ち込まれているスポーツ活動のすべてが研究対象となる。しかし，実際にはすでに与えられている国際ルールや最小限のローカル・レギュレーションのもとでスポーツを行なうことが難しい人に対して，ルールや用具をアレンジしていることが多く，そのような意味から，主な対象者としては障がい者，高齢者，子どもが想定されることとなるだろう。また，障がい者についてはパラリンピックや車いすバスケットボール

2. アダプテッド・スポーツ

などのような，割合華やかなスポーツ活動や競技場面を目の当たりにする機会も多いだろう。そのため，身体障がい者が実施しているスポーツを想起することも多いかもしれないが，障がい者には身体障がい者のみならず，知的障がい者，精神障がい者等さまざまな人がおり，それらすべての人が研究対象となりうる。

今日，人を対象とする研究を進める場合，対象者の人権や個人情報の管理等に関する倫理面での配慮を必須とする点は言うまでもない。しかし，アダプテッド・スポーツの視点からバスケットボールの研究を進めようとした場合で，特に障がい者や子どもに対して実験，測定および調査を実施しようとする際には，特段の倫理的配慮を要することが多いことを強調しておきたい。このため，各研究者の所属先の倫理審査を受けて，承認を得たのちに研究を進めることが望ましい。

2．2　アダプテッド・スポーツとバスケットボール

アダプテッド・スポーツの概念に基づいて実施されているバスケットボールとしては，パラリンピックでも花形種目として取り上げられることの多い車いすバスケットボールが代表的である。しかし，その他にもさまざまに工夫の施されたバスケットボールがある。それらを紹介するとともに，研究上の視点の一例を提示したい。

2．2．1　車いすバスケットボール

主に下肢に障がいのある人が車いすに乗って行なうバスケットボールでパラリンピックの花形種目でもあり，国内外ともに比較的多くの研究が進められている。

2．2．2　車椅子ツインバスケットボール

従来の車いすバスケットボールに使用されている正規のゴールの他に，正規のゴールまで届かない選手のためのゴールとしてもう1つの低いゴール（高さ1.20メートル）をセットし，文字通り「ツイン」，2組のゴールが設けられているバスケットボールである。車椅子ツインバスケットボールは，下肢障がいのみではなく，上肢に障がいを持つ重度障がい者でも参加できるように考案され

た。従前の車いすバスケットボールをアレンジして行なわれている車椅子ツインバスケットボールの面白さがどこにあるのかという視点から行なわれた人文社会学系の研究が散見されるが，まだ量的には少ない。

2．2．3　デフバスケットボール

聴覚障害者（デフ）によるバスケットボールのことである。デフバスケットボールを含むデフ競技の特徴としては，チームメイトの動いた音や声，ドリブルの音，審判の音などが聞こえない状態でプレイするという点にある。そのため，デフバスケットボールの大会などでは審判は黄色い手袋を着用したり，コートの対角で審判の笛がなると旗を振って合図するなど，主に視覚を有効に活用したコミュニケーション方法を採用している。デフ競技そのものの歴史はパラリンピックのそれ以上に長いが，歴史学的な研究も少なく，デフバスケットボールを含めてデフスポーツの歴史的変遷を明らかにするような研究にも大きな期待が寄せられる。聴覚障がい者に対して実験や調査を行う場合，口話や筆談を必要とする場面もあることだろう。そのためコミュニケーションの方法については工夫が必要となる。

2．2．4　知的障がい者バスケットボール・精神障がい者バスケットボール

知的障がい者や精神障がい者の行なうバスケットボールのことで，ルールについては一般に行なわれているバスケットボールと基本的に同じである。身体障がい者スポーツの研究に比べると，知的障がい者のスポーツについて関心を持つ研究者が少ない傾向にあり，研究上の蓄積も身体障がい者のそれと比較すると少なめである。近年，発達障がいや自閉スペクトラム症などへの社会的な関心が高まっていることもあり，今後の発展が大いに期待されるところである。一方で知的障がい者や発達障がい者を対象とした研究を円滑に進めようとする場合，その性質上配慮すべき点も少なくないため，対象者本人や周囲の関係者および共同研究者（指導教員含む）との適切な連携を保持できるよう，特に細心の配慮を持って研究を進める必要がある。

3. 研究方法

アダプテッド・スポーツの視点からバスケットボールの研究を進める場合も，一般的なバスケットボールの研究を行う際とアプローチの方法は同様のものが多いと考えられる。すなわち，本書で詳細が述べられている哲学，歴史学，生理学，バイオメカニクス，方法学，医科学，経営学，運動学，心理学，教育学，栄養学などの方法論に添ってアプローチしていくことが基本となるだろう。他のスポーツ科学的な研究や一般的なバスケットボールの研究同様，理論研究，実践研究ともに遂行可能である。しかし，アダプテッド・スポーツの実践者の場合，障がいの有無に代表されるように，比較的大きな個人差を伴うことも多い。このため丁寧に計画，実施された事例研究については，唯一無二のものとして非常に大きな価値を持つことも多い。他方，矢部（2004）によればアダプテッド・スポーツに関連する分野や専門領域として，「運動療法・スポーツ療法・精神運動療法」，「医学」，「社会学」，「建築学」，「レクリエーション」，「歴史学」，「スポーツ科学・運動生理学・運動科学」，「マネージメント」，「心理学」，「教育学・社会教育・総合教育」および「リハビリテーション・理学療法」が挙げられている。アダプテッド・スポーツがスポーツのみならず医療福祉や工学とも密な関係にあることが示されており，研究方法を検討する場合や共同研究者を求める場合に近視眼的にならないことも重要となる。

3．1　先行研究の検討と関連学会等の紹介

アダプテッド・スポーツとしてのバスケットボールをどのような学問的な枠組みからアプローチして研究を進めていこうとするかによって，先行研究の検討方法も異なってくる。「アダプテッド・スポーツ」をキーワードとして先行研究の全体像を概観しようとする際には，『アダプテッド・スポーツの科学―障害者・高齢者のスポーツ実践のための理論―』（矢部京之助，草野勝彦，中田英雄，2004）を一読してみるとよいだろう。多数の著者によってアダプテッド・スポーツが内包するさまざまな対象者についての研究や，多様なアプローチによる研究の成果がわかりやすくまとめられている。

アダプテッド・スポーツ，特に障がい者スポーツに関わる学会等については，代表的なものとして，日本障がい者スポーツ学会，日本体育学会アダプテッ

ド・スポーツ科学専門領域，日本アダプテッド体育・スポーツ学会，医療体育研究会，日本障がい者体育・スポーツ研究会，日本リハビリテーション医学会などが挙げられる。研究者を中心に構成されている学術研究団体から障がい者スポーツセンターや福祉施設で関連業務に従事する人を中心に組織している団体まで，それぞれが歴史と特徴を有する。各団体ともにホームページを立ち上げている他，機関誌や情報誌を発刊しており，それらを概観することも重要になる。また，日本障がい者スポーツ協会のホームページや機関誌にもさまざまな最新情報が掲載されていくことから，定期的にこれらに目を通しておくことも必須となろう。車いすバスケットボールなど個別競技に関する情報が必要であれば，各競技団体のホームページにアクセスをしてさまざまな情報あるいは，欲しい情報につながる可能性のある問い合わせ先等を見つけていくとよいだろう。

3．2 研究協力者が必要な場合

　アダプテッド・スポーツに対してどのような方法論でアプローチするにせよ，多くの場合，共同研究者や資料（史料）提供者等の協力者や，実験や調査の対象者としての協力者を必要とする場面がほとんどだろう。まずは共同研究者や資料（史料）提供者等の協力者を必要とする場合について考えてみたい。

　歴史学をはじめとする人文社会学系アプローチで研究を進めようとする場合，多くの資料や史料が必要となることだろう。基本的な資料（史料）に関しては国立国会図書館や大学図書館を活用することで概ね収集できるだろう。しかし，アダプテッド・スポーツ領域の場合，その歴史が比較的短いことや長くマイナーな存在であったことから，ごく少ない人びとによって領域全体が運営，発展してきた。このため，各種の資料（史料）が必ずしも理路整然と残されている訳ではない。報告書類等についても大会や事業ごとに必ず発行されてきたとは限らず，事業開催当時に比較的予算のゆとりがあったときには報告書が残り，そうでないときには報告書が残っていないということも割と頻繁に起こる。仮に報告書が残っていたとしても，それがどこで保管されているのかが不明なことも少なくない。こうした状況に遭遇した場合には，さまざまな人のつながりの中から当該の資料（史料）が保管，保有されている場所へとたどり着く以外

にないことになる。研究を進めていく中では社会にある資料検索のシステム等では得られない資料（史料）が重要となることも多く，この場合には個人レベルでのつながりが非常に重要となる。関連する学会等に所属をして活動することが専門的な見識を高めていくことの契機となることはもちろんである。しかし，個人レベルでの人的なつながりを頼りに資料（史料）収集する状況を考えてみると，頼ることのできる個人に出逢うという意味からも学会活動の重要性を改めて指摘しておきたい。

3．3　調査協力者や被験者が必要な場合

　調査協力者や実験を必要とする場合について考えてみたい。アダプテッド・スポーツの研究を進めていくのに当たって調査協力者や被験者が必要な場合には，多くの倫理的配慮を要することとなる。たとえば，知的な障害を持つ人を対象に研究を進める場合，当人と直接のコミュニケーションをとることや，当人の意思を当人から直接得ることが難しいことも少なくない。こうしたことから，研究の目的を達成するための適切な調査協力者や被験者に出逢うことは必ずしも容易ではない。調査協力者や被験者を求める場合には，すでに知り合いの関係者がいれば，その人を介して人や団体を紹介してもらうのがよいだろう。そのような当てがないとき，あるいは人を通じて紹介してもらう方法が不調だった場合には，各競技団体の問い合わせ窓口を活用して打診してみる方法もあるだろう。さらには，日本障がい者スポーツ協会や各地域の障がい者スポーツ協会などが募集しているボランティアなどに参加をしながら，関係者との人的なつながりを構築していくことも有効かもしれない。この場合，ボランティア活動がそもそもは研究協力者を探すためのものでないことに対して終始自覚的であるべきで，研究協力者を得たいばかりに利己的な判断や行動に陥るようなことがあってはならない。

　アダプテッド・スポーツに関わる研究に限らず研究を進めていく過程では，共同研究者や資料（史料）提供者等の協力者や，実験や調査の対象者としての協力者との間での信頼関係がきわめて重要となる。先述した通り，アダプテッド・スポーツに関わる研究では倫理的配慮を要する事項も少なくないことから，常に誠実に取り組むことが必要である。

3．4　調査や実験の実施

　共同研究者や資料（史料）提供者等の協力者や，調査や実験の対象者を得ることができて，実際に調査や実験を行なうことができる段階になったときには，どのようなことに配慮する必要があるだろうか。

　アンケートやインタビュー等の調査について考えてみる。まず，どのような調査方法を用いることが当人たちの混乱を最小限に留めた，より精確な調査を実現することができるかを検討する必要があるだろう。視覚障がい者であれば，多くの場合，紙媒体によるアンケート調査を行なうことは難しい。聴覚障がい者であれば，口頭によるインタビュー調査を行なうことは難しいこともあるだろう。障がいの種類や症状によっては字を書くことが容易でないこともあるだろうし，記憶障がいを伴うことから対面でのインタビュー調査が難しい人もいる。このように研究者が「紙媒体によるアンケート調査を実施したい」あるいは，「口頭によるインタビューで詳細を聞きたい」と構想しても，それを実施することが困難な場合も少なくない。もし可能であるならば，調査方法を検討する段階において調査対象者の特性に関する詳細を把握して，その特定を考慮した上で，当初の調査目的が確実に達成できるような方法を吟味したい。より適切な調査方法を探り当てていくためにも，関連する先行研究を検討する際には，その研究で用いられた「方法」について繰り返し読んでいくこともきわめて重要となるだろう。そして，実際にアンケート調査やインタビュー調査を行なう際には，それを実施する環境についても一考を要する。競技的に車いすバスケットボールに取り組んでいる身体障がい者等であれば，特段の配慮を要しない場合も多いだろう。一方で，子どもや知的障がい者および発達障がい者等の場合であれば，普段と異なる空間や人（研究者ら）と会うことが引き金となってとり乱すこともあるので，予め配慮事項の検討が必要となろう。

　次に実験を行なう場合について考える。基本的にはアンケート調査やインタビュー調査を行なう際と同様で，どのような実験方法を用いることが当人たちの混乱を最小限に留めた，より精確な実験を実現することができるかを検討することとなる。検討の際に先行研究の「方法」を熟読することも必須となる。子どもや知的障がい者および発達障がい者等の場合には，予め実験場所等の設定について検討を必要とする点も，調査方法を検討する場合と同様である。発達障がい者の中にはたとえば音に対してきわめて敏感な人もいることから，体

育館でバスケットボールに関する実験を行なう場合には，実験実施者以外はプレイしないこと（球をつかないこと）を徹底するような配慮も，時には必要かもしれない。また，脊髄損傷者の中には体温調節がスムーズにいかない人も含まれている。車いすバスケットボール選手には脊髄損傷の人が多いという状況を鑑みると，車いすバスケットボール選手を対象とした実験を行なうような場合には，実験場所の室温の調節などにも気を配ることが必要となるだろう。

4．執筆とデータのフィードバック

　得られた調査や実験結果の具体的な処理方法については，本書の各学問分野におけるアプローチ方法を参照して欲しいが，いずれにしても，得られたデータを適切な方法で分析し，それに基づいて執筆を進めることとなる。

　執筆に際しては，ここまでに再三触れている通り，十分な倫理的配慮を持って公表方法を検討することが重要となる。アダプテッド・スポーツの分野では少数を対象とした研究や事例研究も多くなることから，公表の仕方によっては研究対象者が特定できることも少なくない。こうした状況を鑑みると，場合によっては公表前に一度，研究対象者とともに公表方法，公表内容および記述方法等について検討，確認する時間を持ってもよいだろう。また，調査や実験の結果を協力者にフィードバックすることは，研究者の態度として非常に重要である。たとえば研究対象者が競技選手であれば，競技力向上に活用できる何らかの示唆がないかとデータのフィードバックに期待をしている。たとえば研究対象者が子どもや知的障がい者等であれば，本人ももちろんだが，家族がデータのフィードバックを待っていることも多い。データのフィードバックについても，その方法や時期について予め同意を得ておくとともに，最後まで誠実にそれを果たせるよう努めたいものである。

文献

日本アダプテッド・体育スポーツ学会（http://www.adapted-sp.net/yan-jiu-qing-bao/adaputeddo-supotsuno-you-lai）
日本車椅子ツインバスケットボール連盟（http://www.jwtbf.com）
日本車いすバスケットボール連盟（https://www.jwbf.gr.jp）
日本デフバスケットボール協会（http://jdba.sakura.ne.jp）

日本ドリームバスケットボール協会（http://chibadreambasket.web.fc2.com/index.html）
矢部京之助，草野勝彦，中田英雄編著，2004，アダプテッド・スポーツの科学―障害者・高齢者のスポーツ実践のための理論―．市村出版．

3. 医科学

　スポーツ，バスケットボールを学問として捉え，さらに医学研究としてのアプローチに関して概説する。

　バスケットボールは競技参加者数がとても多いスポーツで，平成28年度には34,218チーム，63万人以上が公益財団法人日本バスケットボール協会（2016）に登録しており，授業や研修などを除いた，バスケットボールを楽しむ人口は総務省統計局の平成23年度社会生活基本調査（2011）によると，年間395万人であった。競技者数が多いと同時にバスケットボールによって発生する外傷も多く，地域のクラブチームなどが加入する公益財団法人スポーツ安全協会（2016）による外傷発生率は3.75％で，アメリカンフットボール，ドッジボール，ラグビー，柔道，レスリング，硬式野球に続き，全スポーツの第7位となっている。学校保険を管理する公益財団法人日本スポーツ振興センターによる報告（2016）では，小学生から高校生における授業と部活動におけるバスケットボールにおける外傷はおよそ19万件発生しており，その発生率は全外傷の20.4％を占める。こうした統計は病院を受診した急性外傷を対象にしており，病院に行かなかったものや腱鞘炎やオスグッド病，疲労骨折など慢性障害などは対象外となっており，データに含まれないため，実際にはもっと多くの外傷・障害が発生しているだろう。

　バスケットボールに対する医科学的な関与は，こうした背景を踏まえた外傷・障害に対する疫学調査，予防，診断，治療，予後，医療経済などが該当する。

1．医学研究の種類

　一般に医学研究は基礎研究と臨床研究に分けられる。基礎研究は遺伝子，分子，細胞，組織，動物，屍体などを対象とした，解剖学，生理学，生化学，生

体力学，薬学，免疫学，病理学などの研究である。ゲノム研究や，抗菌薬や骨粗鬆症治療薬の開発研究，iPS細胞などの再生医療研究など，様々な臨床医学の基礎となる研究がそれに当たる。臨床研究は人を対象にした研究である。

　臨床研究には，(1)実際に生じた現象を報告する観察研究，(2)ある集団にある一定の条件を加えて結果を評価する介入研究，(3)過去の研究をまとめて再評価する二次研究に分けられる（図3-1）。

　それぞれの研究論文を研究の質の高さに基づき分類し，より意義の大きなものを抽出して，得られた科学的根拠 evidence に沿って実際の治療の選択を行うことを Evidence Based Medicine（EBM）という。研究の質の高さによってエビデンスレベルに分類され（図3-2），この手法を元に多くの診療ガイドラインが作成されている。ただし臨床の現場では，観察研究でも効果が大きなものは，clinical question によってはその答えであることも往々にしてある。診断，検査，予後などの目的によって研究の質の順位は異なり，必ずしも図3-2の通りではない。

・基礎医学
　―解剖学，生理学，生化学，薬学，免疫学，微生物学などの各分野の分子，細胞，組織，動物，屍体を用いた臨床医学の基になる研究

・臨床医学
　1）観察研究（実際に生じた現象を記述し報告する）
　2）介入研究（集団に介入した結果を解析する）
　3）二次研究（過去の研究を再構築・再評価する）

図3-1　医学研究

レベル	内　容
Ia	ランダム化比較試験のメタアナリシス・システマティックレビュー
Ib	少なくとも1つのランダム化比較試験
IIa	前向きコホート研究
IIb	後ろ向きコホート研究
III	後ろ向き症例対照研究
IV	前後比較研究
V	症例報告，ケースシリーズ
VI	専門家の意見

Minds ガイドライン　2005年

図3-2　エビデンスレベル

3. 医科学

1．1 観察研究 Observational study
1．1．1 外傷・障害調査：Injury Survey

　本稿の最初にあげたような外傷統計などが該当する。外傷や障害の頻度や分布を調べることで，その特性や発生要因を推定することができる。国際オリンピック委員会（IOC）では競技大会毎に外傷・障害調査を行なっており，日本選手団もそのフォーマットに基づき外傷・障害管理をしている（図3-3）。

　日本バスケットボール協会では，IOCの外傷・障害報告書を参考に男子トップリーグである旧NBL，現Bリーグ，女子のWJBLでの外傷・障害調査を支援している。男子のNBLの3シーズンの調査では下肢の外傷・障害が63％（うち足関節24％，膝関節13％）を占める（図3-4）が，接触損傷も多く，53.9％に発生していた。女子では8シーズンで下肢の外傷・障害が73％（うち足関節34％，膝関節20％）に発生していた（図3-5）。重症化しやすい頭部顔面外傷は男子で7.5％，女子で5％であった。障害発生率は1000時間あたりの発生率1000PH（player hour），あるいは1000回参加あたりの発生率1000AE（athlete exposure）で求められるが，厳密な暴露時間に関しては定義がはっきりしていないのと，外傷・障害発生の定義と対応が研究毎に一致しないことがあり，他研究との単

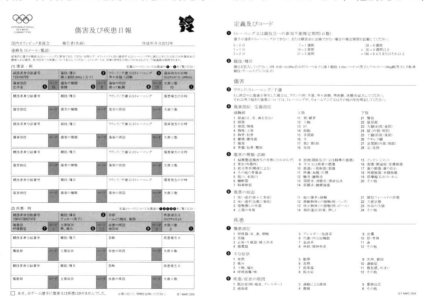

図3-3　IOCの外傷・障害報告（日本語版）

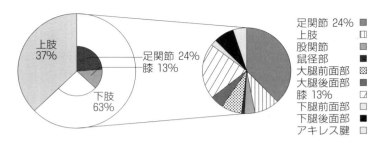

図3－4　NBLの外傷・障害統計　2013-14－2015-16シーズン

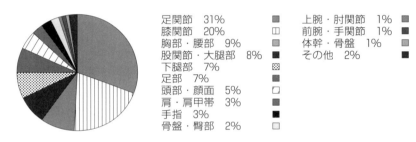

図3－5　Wリーグの外傷・障害統計　2008-09－2015-16シーズン

純な比較が難しいのが欠点である。

　女子で喫緊の課題である膝前十字靭帯損傷に関しては，関東労災病院スポーツ整形外科からのバスケットボールで損傷した手術患者集計が特徴的な年齢，性別分布を占めていて興味深い（図3-6）。後述する女子トップリーグにおける外傷予防の介入研究は，将来的には14－18歳の女子を対象にしなければならないことがわかる。

1．1．2　症例報告：Case Report

　我々が研究をしようと思った時に最も身近にあるものが観察研究である。古くから新しい発見に基づく症例や症例群の報告，症例群の比較の報告などが数多くあった。

　例えば，バスケットボール選手に非常に珍しいタイプの膝内側側副靭帯損傷（MCL：Medial collateral ligament）があったとする。文献検索をしても過去に報告がない。これについて「バスケットボール選手に生じた＊＊＊の一例」と報告する（case report）。本当に世界で最初の報告であれば，そのcase report

3. 医科学

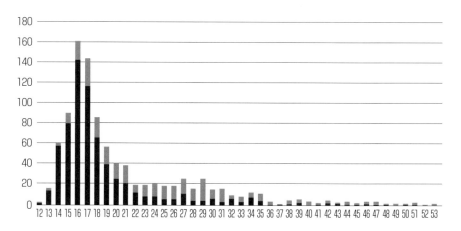

図3－6　2000－2014年間のバスケットボールによるACL手術症例983件の内訳

はとても価値が高い。

1．1．3　症例集積研究：Case Series

では，10例集まったらどうだろう。この症例群の治療経過，例えば，治療方法，リハビリテーションの開始期間，リハビリテーションの方法，復帰時期などの治療予後に特徴的項目はないか。または患者群の人種，年齢，身長，体重，体格指数（BMI）などの身体的・生物学的特徴（biography），あるいは競技に関しては練習時間や練習回数などの暴露時間（exposure），ポジション，ディビジョン，スキル（athlete level）などによる違いが焦点になるかもしれない。ある複数例の報告（case series）は治療の参考・指標にはなる可能性があり，一例報告（case report）に比べれば価値は上がる。

例えば膝のMCLは解剖学的には「大腿骨と脛骨を繋ぐ，膝関節の内側にある線維の束」であるが，大腿骨側での損傷と脛骨側での損傷ではその受傷起点や治癒過程の違いがあるのだろうか？　実際，MCL損傷は膝関節の靭帯損傷で最も頻度が高く，ありふれた損傷だが，そのほとんどは大腿骨側で生じる。一方，脛骨側で損傷したものは稀で，引き抜けてしまったものはMRI検査で特徴的な所見（wave sign）を呈し，手術をしない治療（保存治療）では無効の場合が多い（Taketomi, 2014）。Taketomiらによって報告された本論文はMCL

の脛骨側での損傷の比較的珍しい一形態と wave sign という特徴的画像所見と治療について報告した論文である。

1．1．4　症例対照研究：Case Control Study

さて，バスケットボールにおいて MCL の損傷群と非損傷群には違いがあるだろうか？　どのような要因がその外傷（転帰）を生むのだろうか？　先の，biography, exposure, athlete level などとの関連を見たい。この問いには損傷した選手群に対して，損傷していない選手（対照）群が必要となる。このような対照群を含んだ症例対照研究（case control study）では，受傷（転帰あり）群と対照の非受傷（転帰なし）群のもつ背景因子（要因）を振り返って，その要因の関与の程度をオッズ比（図3-7）として調べることができる（川村，2016）。残念ながらこの clinical question に答えられる論文は検索できなかったが，Ahn ら（2016）は，152件の膝前十字靭帯損傷患者の術後の安定性の違いから二群にわけた case control study から，受傷から受傷後3ヶ月（12週）以降に手術を受けたものと，MCL 損傷の合併症例の術後の安定性が有意に劣ると報告した。

1．1．5　コホート研究：Cohort Study

練習環境の異なる集団，例えば北海道のバスケットボールチームと沖縄のバスケットボールチームを継続的に観察（追跡）して，その後の MCL 損傷の発生率を調べることができれば，その集団の持つ特性（気温，湿度，練習量など）の違いから MCL 損傷の相対危険度（relative risk）を特定できる（コホート研究 cohort study（図3-8）川村，2016）。注意しなくてはいけないのは，上記のようなコホート（共通した性質を持つ集団）は例えなので本当に練習環境が違うかどうか，コホートの設定には注意が必要である。また，コホート研究は比較的大きい集団の長期間の経過をしらべる必要があり，費用や期間，マンパワーの点で負担が大きくなる。しかし，その一方でその集団を利用して，発生した別の外傷（転帰）について遡及的にその要因の関与を調べることもできる。

東京大学の22世紀医療センターでは，都市（東京都板橋区）と山村（和歌山県日高川町）と漁村（和歌山県太地町）の3つのコホートにおける一般住民3,040人を対象とした大規模なコホート研究を行なっている。ベースラインの調査だ

3. 医科学

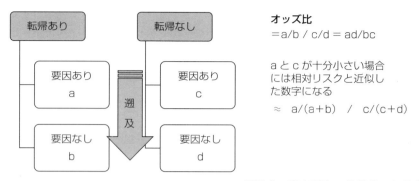

図3－7　症例対照研究の仕組み

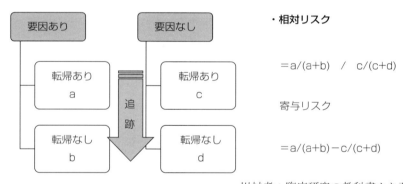

図3－8　コホート研究の仕組み

けでも，レントゲン上の老化（変形性膝関節症）の人口は本邦に2,530万人おり，痛みを伴う患者が820万人いると推定された。さらに女性では関節裂隙（レントゲンでの骨と骨の隙間）が狭くなることが，ひざ痛の発生と変形性関節症の進行の予測因子であることを示唆した（Yoshimura, 2009）。現在10年目の調査を終えてなお進行中であり，新たなデータが蓄積されている大変意義の大きな大規模コホート研究である。

1．1．6　横断研究：Cross Sectional Study

日本バスケットボール協会では全国大会に出場した高校生を対象に足関節外

51

側靱帯損傷に対する超音波診断装置（エコー）を使用した集団検診を行なっている。"いわゆる捻挫"により受傷する足関節外側の主要要素である前距腓靱帯（ATFL）のエコーによる損傷程度の検査と柔軟性やバランス能力などの身体測定，疾患に関連するアンケート調査を同時に行い，ATFL損傷の有病率や損傷群と非損傷群の比較からその発生素因や特性，あるいはATFL損傷発生群が後天的に陥った不全状態を調査している。2016年のインターハイにおける調査では，全国クラスの高校生バスケットボール選手のおよそ63%にすでにATFL異常があり，4割に軟骨の変化が始まっていることがわかった（図3-9）。

このように集団に対して行う，要因と結果に対する調査を横断研究（cross sectional study）という。概して，対照群範囲が広く，調査数が多いほど研究には人的・金銭的負担が大きく，研究の継続が困難になる場合が多いが，得られるデータには普遍性が高く，より価値が大きくなる。

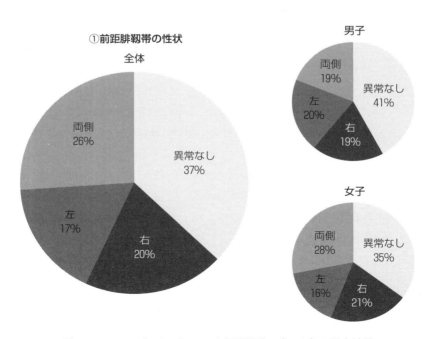

図3-9　2016年インターハイ出場選手の内512名の調査結果

1．2　介入研究

我々は医療者として，治療を加える（介入する）ことができる。投薬，手術，予防トレーニングなどの介入に対する効果判定研究がこれに相当する。同じ集団に介入し，介入前後の変化を調査することで目的にあった効果がえら得たかどうかを統計的に判断するものである。

1．2．1　前後比較研究（Before-After Study）

例えば，ノルディックハムストリングという訓練（図3-10）を行うと下肢のハムストリングの肉離れとその再発が減少する，との報告がある（Anderson, 2008）。また，現在女子のトップリーグ WJBL で行なっている外傷予防トレーニングは，介入前後での外傷数の変化を見ることで，効果判定が可能である。外傷の減少がなければ，その要因を解析し，新たなリスクを検討し，それに対する対策を立てて介入し，再び調査する。現在の予防医学研究の骨組みは，上述した(1)調査，(2)リスクの抽出，(3)予防介入，(4)検証，そして再び(1)調査のサイクルを回していく（図3-11）ことが必要である。

A Anderson. Scand J Med Sci Sport 2008
図3-10　Nordic Hamstring Exercise

1．2．2　ランダム化対照試験（RCT：Randomized Controlled Study）

ただ，治療や予防の介入の本当の有効性の評価のためには，介入群を無作為に選択するランダム化対照試験（RCT: randomized controlled trial）が必要となる。無作為での介入研究では選手や患者に不利益のない範囲での介入方法である必要があ

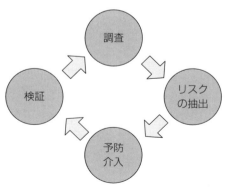

Van Mechelen. Sport Medicine 1992
図3-11　予防のスキーム

り，介入にあたり選手や患者の同意が必須である。現実問題として，このような臨床研究を行うことはかなり困難を伴う。なぜなら，我々は差があると考えて介入研究を想定するのに，患者には介入の効果，あるいは介入しなかった効果を説明し，現在ではその違いがわかっていないから研究するのだと理解を得なければならないからである。

それでも，近年では多くの RCT が組まれている。筆者の所属する JR 東京総合病院の Tanaka ら（2017）が発表した RCT では，人工膝関節置換術の術後リハビリテーションにロボットスーツを使用する群と使用しない群とに乱数表によって振り分け，ロボットスーツ使用群に初期の歩行スピードが早かったことを示した。また Sihvonen ら（2013）は加齢変化要素の強い変性断裂をきたした内側半月損傷に対して，半月板部分切除手術を行う群と（なんと！）手術はするけど半月自体には何もしない偽手術（Sham operation）群に分けて，患者にも術者にもどちらの群かわからないように手術を行ない（二重盲検），術後12ヶ月までのいかなる臨床結果にも有意差を示さなかったことを報告した。このようなランダム化がなされた介入試験は，患者の同意を得ることが難しい反面，得られた知見には相当な説得力があり，加齢変化が中心の内側半月変性断裂に対しては，過去に多く行われた手術療法より保存療法が主体となっている。

1.3　二次研究

二次研究とは，一つの問題に対して既に発表された過去の多くの研究を，総覧，評価して，最適な回答を得るように再構成するものである。論文のデータベースを使用して，対象の語句をキーワードとして検索し，その中で質の高い研究を選択した上で総括することを**系統的レビュー systematic review** という。さらに，結果を統合して再分析を行うものを**メタ解析 meta-analysis** という。先に述べた質の高い RCT などの研究を集め，さらにそれらのデータの統合の図ることができれば，さらに質の高い知見が得られるだろう。近年は多くの系統的レビューがなされており，バスケットボールで多い膝前十字靭帯損傷"anterior cruciate ligament"と"systematic review"と入力して pubmed で検索すると300を超える文献がヒットし，"meta analysis"を入力すると200を超える論文がヒットする。我々はこれらの論文を自らの clinical question に沿って，選択・評価することができる。

2．根拠に基づく医療 Evidence Based Medicine（EBM）の実践

　我々が行う医療は，個々の経験のみで行われるべきではなく，現在利用できる最も信頼のおける情報を把握した上で，目の前の患者さんや選手に提供されるべきである，という考え方がある。これを実践するためには，その患者 Patient の持つ問題 clinical question に対して，治療，あるいは介入 Intervention をするにあたり，他の治療法あるいは介入と比較 Comparison すると，どうなる Outcome のかを考えて，情報を検索する。この問題の定式化を，それぞれの頭文字をとって PICO という（川村，2016）。そうして，集まった知見の中から不備のあるものを除き，さらに目の前の患者にとって最善の選択をすることで EBM が達成される。近年，コンピューターとインターネットの発達と普及とともに急速に発展している領域であり，EBM の持つ意義を十分に理解し実践する必要がある。ただ，EBM には論文化の過程において，種々の臨床的要素が棄却されていることも多くあるので，現実の患者を前にした時には，EBM を踏まえた上で，臨床的経験や患者の実情を加味した最後の選択に最も重きが置かれることを忘れてはならないだろう。

文献
川村孝（2016）臨床研究の教科書：研究デザインとデータ処理のポイント．医学書院．
公益財団法人スポーツ安全協会（2016）
　　http://www.sportsanzen.org/content/images/1about_us/yoran.pdf（閲覧日：2017.9.12）
公益財団法人日本スポーツ振興センター（2016）
　　http://www.jpnsport.go.jp/anzen/anzen_school/tabid/1819/Default.aspx（閲覧日：2017.9.12）
公益財団法人日本バスケットボール協会（2017）
　　http://www.japanbasketball.jp/jba/data/enrollment/（閲覧日：2017.9.12）
総務省統計局社会生活基本調査（2011）
　　http://www.e-stat.go.jp/SG1/estat/List.do?bid=000001039111&cycode=0（閲覧日：2017.9.12）

Ahn, JH, Lee, SH., (2016), Risk factor for knee instability after anterior cruciate ligament reconstruction. Knee Surg Sport Traumatol Arthrosc, (24): 2936-42.
Anderson, A, et al., (2008), Prevention of hamstring strain in elite soccer: an intervention study. Scand J Med Sci Sport, (18): 40-8.
Sihvonen, R, et al., (2013), Arthroscopic partial menisectomy versus sham surgery for a degenerative meniscal tear. N Eng J Med, (26): 2515-24.

Taketomi, S, et al., (2014), Clinical features and injury pattern of medial collateral ligament tibial side avulsions: "Wave sign" on magnetic resonance imaging is essential for diagnosis. Knee, (21): 1151-5.

Tanaka, Y, et al, (2017), Improvement of walking ability during postoperative rehabilitation with the hybrid assistive limb after total knee arthroplasty: A randomized control study. SAGE Open Medicine, (5): 1-6.

Yoshimura, N, et al, (2009), Prevalence of knee osteoarthritis, lumbar spondylosis, and osteoporosis in Japanese men and women: the research on osteoarthritis/osteoporosis against disability study. J Bone Miner Metab, (27): 620-628.

4．運動学

　スポーツ運動学の研究対象は，映像に収められない，測定できない「動きの感じ」，すなわち質である。そのため，測定方法を学べば研究ができる，ということにはならない。また，動きの感覚を研究することの意義を理解せず方法だけを学べば，方法（手段）そのものが目的化され，極めて表層的な考察内容となることが危惧される。

　なぜ，動きの感じを研究することが必要なのか。コーチング現場にどのような示唆を与えることができるのか。本章では，これらの問題について再考するとともに，方法の基礎となる本質観取について紹介する。

　なお，本章ではスポーツ運動学に関する基礎知識は必要最低限に留め，研究独自の用語等に関しても可能な限り平易な言葉で紹介することに努めた。しかし，初学者にとっては方法だけでなく，スポーツ運動学に関する知識や方法論等に関する理解も必要であるため，章末の参考文献を参考にしてほしい。

1．スポーツ運動学研究の核となる身体知

1．1　身体知とは何か

　先述したように，スポーツ運動学研究の核は人間の「動きの感じ」である。動きの感じとは，運動をしたときに生じる筋感覚など，生理学的な意味での運動感覚ではない。ここでいう動きの感じを，バスケットボールのシュートで考えてみる。

　未経験者がシュート練習をはじめたときはシュートが入らない。何度かシュートを繰り返すうちに，あるとき偶然にもシュートが入る。そのとき，「こんな感じで打てばいいのか！」と，動きの感じの要点（コツ）を掴みはじめる。しかし，もう一度その動きの感じを再現しようとしても，全く同じよう

にはできない。まだはっきりとコツを掴み切れておらず，偶発的にシュートを決められるという段階から，徐々に「シュートを決められるときのコツ」がはっきりと感覚されてくる。コツを掴み，練習を繰り返していくと，やがてはシュート時の動き方について特段意識していなくても，シュートを決められるようになる。

　上記のようなシュート練習による動きの感じの変化は，バスケットボール経験者であれば自らの身体経験から了解することは難しくないであろう。このように，人間が運動をするときに感じられる「動きの感じ」を，スポーツ運動学では「動感」という。そして，このような動感能力を備えた身体は，論理的思考を経ず，状況に応じて適切に動くことができるため，「身体知」を備えているともいうことができる。

　例えば，体育館で誰かと話しているとき，死角からバスケットボールが早いスピードで向かってきたとき，「危ない！」という声に反応し瞬時にキャッチハンドを構えてボールを取ることができる。このようなキャッチを可能にするのは，論理的思考ではなく「身体知」である。身体知を有していることとは，運動に関する様々な知識，例えば，技術の名前やチーム戦術の動き方の手順を理解していることではない。ある運動を実践することができる，あるいは，状況に応じて適切に動くことができるといった実践能力を備えているといえる。

　スポーツ運動学では，このような動感を備えた身体（身体知）を，研究のテーマとしていくのである。

1.2　コーチング現場に不可欠な指導者による選手の動感把握

　バスケットボールのコーチング現場でシュート指導をする際，指導者が選手の動感内容を把握できるかどうかは極めて重要になる。先述したように，未熟練者がシュート練習をはじめてから，シュート技術が熟達していく過程において，動感は様々な変容過程を経ている。ある選手がシュートを打ったとき，その選手はコツを掴めていない状態でシュートを打ったのか，それとも，コツを掴んだ状態で確信をもってシュートを打つことができたのかは決定的な違いがある。前者のような動感状態にも拘らず，結果的にシュートが入ることもある。しかし，選手がまだコツを掴んでいない段階であれば，より高度な課題を与え

るよりも，コツを掴むための練習法や指導を実施すべきである。つまり，指導者は選手の動感が理解できて初めて，選手に合った的確な指導や練習法を考案することができる。

　また，指導者は，ゲーム時における選手の戦術行為が，どのような意識のもと実行されたのか（動感意識）を読み解くことが重要となる。ボールを保持していない選手がカッティングし，パスを受けてシュートにつながった場面を想定してみる。その選手が周囲の状況などを特段意識せずにカッティングをし，偶発的にうまくいったのか。あるいは，自らをマークするディフェンスがボール保持者に集中しており，自らに意識が向いていないことを読んだ上でカッティングし，シュートにつながったのか。両者の動感意識には大きな隔たりがある。無論，たまたまカッティングがうまくいった選手は，ディフェンスの意図を読み解けているわけではないことから，別の場面で同様のプレーをした際には，カッティングをディフェンスに妨害されてしまうことも少なくない。当然，戦術行為時の動感意識によっても指導内容は変わってくる。

1．3　身体知を研究する意義

　選手がシュートや戦術行為を実施している際の動感は，ビデオに映ることはないし，計測できることもない。しかし，上記で示したように，コーチング現場において指導者が選手の技術力や戦術力を向上させようとする際には，動きの外形的特徴や結果だけをもとに指導することはできない。指導者が選手の動感内容を把握することが指導の成果に決定的な意味を持つ。

　しかし，技術指導の場面では，指導者が選手の動感内容を把握できずとも，技術的要点を伝えるだけでうまくいく場合もある。また，動きがうまくいっている時は，選手の動感意識の変容をきたすような指導をあえてせずにプレーを実施させた方がいい場合もある。ところが，今までのように動きがうまくいかなくなった時，選手は自分の動きを意識せざるを得ない。熟練したコーチは，選手の不調の本質的要因を動感的視点から見抜き，的確な指導を実施する。

　したがって，スポーツ運動学では「なぜ，優れたプレーヤーは驚くべきプレーが実施可能なのか」「なぜ，優れた指導者は選手の不調を見抜き，改善することができるのか」など，コーチングに関する様々な問題について動感論的視点から考察し，理論化を目指す。「理論を引き出すことの意味は，新しい

見方を取り入れることによって，これまで見えていなかった事象を見えるようにするということにある。」(佐藤，2016)理論化された知見を提示することで，従来の指導法や練習法が改善される。要するに，身体知を研究する意義は，選手の技術力や戦術力を高めるために不可欠な知見を導き出すことである。

2．方法論的基礎としての本質観取

　では，どのように身体知を理論化していくことができるのか。また，その際のエヴィデンスはどこにあるのか。

　自然科学的研究では，測定データや統計処理がエヴィデンス[注1)]となる。身体知は主観的内容であり量に変換できず，客体化や物体化が不可能なものであるため，自然科学的研究とは異なる論証の仕方，根拠が必要となる。その根拠となるものが「(体験)反省的エヴィデンス」(西，2015)である。「(体験)反省的エヴィデンス」とは，「自分の体験を反省してみると『たしかにこうなっている・そうとしかいえない』という…体験反省のもつ確実性ないし不可擬性のこと」である。つまり，自分の意識体験を反省することによって，誰にでも共通する，一般的で本質的な内容を取り出すことができるのであり，その作業を本質観取という。

　ここでいう本質とは，現象学的本質であり，「空間内のどこかある一箇所に，物のように見出されるわけではない。」(田口，2014)西(2001)は，「本質は，それを問うがわの関心や観点に従って現れてくる『関心(観点)相関的なもの』なのである。関心相関性は，しかし，『なんとでもいえる』ということを意味しない。ある問題意識から私たちの経験を眺め考察するとき，『どんな人にも共通なこと』かつ『こうとしかいえないこと』を取り出すことができる」という。

2．1　本質観取の手順

　以下では，筆者が本質観取を実施した内容を例として示す。本質観取の手順や概要を掴んでもらうことが目的となる。手順については，章末に記載した現象学に関する参考文献を参考にした。

　また，以下に記す本質観取の内容は，筆者が高い競技成績を有するバスケッ

トボール選手3名にインタビューを実施した際に得られた語りを参考に進めたものである[注2]（中瀬，2017）。

2．1．1　問題意識の確認（目標の設定）

本質観取を実施するにあたって，まずは，問題意識（気になっていることや解明したいこと）を挙げる。例えば，バスケットボールに関する「流れ」というものに関して，関心がある場合，「バスケットボールの流れとは何か？」「選手は流れをどのように読み解いているのか？」[注3]といった問題意識が挙げられる。このような問題意識を挙げることから始めて，目標（明らかにしたいこと）を設定する。また，設定した目標が，どのようにコーチング現場に寄与するか，目標を考案する時点で考慮しておかなければならない。このことが，本質を探る観点となる。

筆者は，以下のように設定した。

【目標】
　「流れの要因を明らかにする」
【コーチング現場への寄与】
　「流れの要因を明らかにすることで，選手やコーチが流れに対してどのようにアプローチをすべきかが明らかになる。また，選手が流れを読み解けるようになるための練習法や指導法考案の基礎資料となる」

2．1．2　体験の想起と想像変容

次に，自らの意識体験のなかで考察対象（ゲームの流れ）を感じた場面や状況を想い起こす。可能な限り，様々な種類の実例を挙げることができれば，この後の手順において，実例に共通するポイントを探る作業が円滑になり，深い考察が可能となる（実例は次項目に示す）。また，他者の意識体験の内容（語り）も実例の一つとなりうる。

さらに，ここでは体験の想起と同時に，想像変容を行うことも重要となる。西（2015）は，想像変容の方法と意義について，「体験のなかの条件をさまざまに動かすことで問いを発し，考えを深めるための有益な手段となります」と述べている。また，「『極端な例を想像してみる』ことには発見的な価値があり

ます」というように，実体験を挙げるだけでなく，その体験内容を自由に変更することで，考察を深めることができる。このような自由な変更を施しても，実例に共通しているもの（残っているもの）が本質といえる。

　例えば，流れを対象とした場合，以下のような想像変容ができる。

【想像変容の例】
　「大差で負けている状況においても流れがいいと感じることはあるか？」
【想像変容から生まれた問いへの考察】
　50点ほど点差が離れてしまうようなゲーム展開を想定したとき，負けているチームがシュートを決めたとしても，得点をしたこと自体に対してうまくいったと感じることがあっても，流れがきたと捉えることはほとんどないであろう。残り時間が少なく，勝利することが明らかに難しい場合であればなおさらである。

　しかし，20点差ほど開いたゲーム展開で，負けているチームが差を縮めた時，まだ勝利するための時間に猶予があれば流れがきたと感じることはある。つまり，勝利の可能性があると主観的に判断できる時間と点差のうちであれば，点差がある程度離れていても流れを感じる。言い換えれば，主観的に判断される勝利の可能性が流れを感じる条件の一つであると考えられる。

　このように，極端な状況や条件を想像し，そこでの対象の感じ方や様相について確かめようとすることで，本質の考察がより深まる。また，筆者の想像変容の例は，一つのみ挙げたが，実体験を超え出るような様々な状況や条件をいくつも想定し，多彩な問いを発想することが重要である。

2．1．3　実例や想像変容をもとに共通するポイント（要点）を取り出す
　「体験の想起と想像変容」で挙げられた実例や想像変容の内容から，共通するポイントを探る。今回は以下のインタビューによって得られた語り（実例）をもとに，共通するポイントを取り出した。また，括弧内の言葉は，語りの意味が通じるよう筆者が補った言葉である。

【語り（実例）】
a．「(自チームの流れが悪いと感じる状況は)，誰かが（チームで計画した戦術を考慮せずに）1対1を始めたときです。そうなると周りの選手も，『あの選手にパスしたら返ってこないから，次自分に（パスが）きたら自分が攻めよう』って（気持ちに）なるんです。それではもう（共通意識をもってプレーをする）チームじゃなくなってしまいます。」
b．「（ディフェンスでプレッシャーをかけて）相手のチームに納得したプレーをさせなければ相手の流れが悪くなると考えています。（相手チームの狙いとは異なる状況に追い込んだ状態でのシュートは）何回かは入ると思いますが，（相手チームの）周り（の選手）はフラストレーションが溜まってくると思います。」
c．「ボールを持っている選手は，チームが次に何をしようとしているかを描けていないといけないんです。例えば，ボールを保持していない選手がスクリーンをかけるために動いている最中，ボール保持者がシュートを打つと，動いていた選手の動きが無駄になってしまって，その選手は気落ちします。」

【ポイント1】「共通意識に基づいたプレー」と「感情」が流れと大きく関わっている

　すべての実例が，「共通意識に基づいたプレー」の内容となっている。例えば，実例bでは，対象者は，相手チームの狙いとは異なるオフェンスへと強いるディフェンスを実施するという。それは，相手チームが想定していたプレーを行えないことで，（実施したプレー内容について）納得できず，チームの流れが悪くなるという。つまり，共通意識のもとプレーが実施できないとき，流れは悪くなると対象者は捉えている。

　また，共通意識に基づいたプレーの実施の可否によって，選手自身の感情に大きく影響を与えていることが挙げられる。すべての実例から，共通意識に基づいたプレーが実施できていない場合，マイナスの感情を抱くことが挙げられており，その際には，流れが悪くなる（相手チームの流れになる）と対象者は捉えている。

【ポイント2】共通意識に基づいたプレーと選手の感情は互いに影響を与えている

　実例aでは，選手の利己的な心の状態（戦術を考慮せず1対1を行う状態）がきっかけとなり，共通意識に基づいたプレーが実施できなくなることを示している。また，実例bでは，ディフェンス時において，相手チームに共通意識に基づいたプレーを実施させないよう仕向けることにより，相手選手のフラストレーションを溜め，流れを自チームに傾けている。実例cでは，オフェンス時における味方選手同士の戦術的意図の相違（スクリーンを利用する意図と，シュートを打つ意図のズレ）により，選手は気落ちしている。これらのことから，共通意識に基づいたプレーと選手の感情は互いに影響を与え合う，相互作用的関係にあることがわかる。

2．1．4　実例から取り出したポイントの関係性について考察する

　次に，実例から取り出されたポイントがどのような関係をもっているか，考察する。

【ポイントの関係性の考察】

　流れは，「選手の感情」と「共通意識に基づくプレー」に大きく関わっていることが分かったが，これらの相互作用的関係は，「選手の価値観」により機能すると考えられる。何故なら，選手によって実行されたプレーが共通意識に基づいているかどうかの判定は，選手の価値観に基づいた主観的判断に他ならないからである。つまり，選手はプレー結果（シュートの成否）のみならず，そのプレーに至るまでの過程や味方や相手との関係性について判断（価値づけ）している。

　また，選手はチームで実施したプレー内容について価値判断をし，それに伴い感情が変化している（例えば，戦術的意図のずれから，気落ちしていた）。それとは逆に，感情の起伏がきっかけとなって，プレー内容が変化した（利己的に1対1を始めることにより，共通意識に基づいたプレーができなくなった）。従って，「選手の感情」と「共通意識に基づくプレー」の相互作用的関係をひも解いてみると，「感情」「価値観」「プレー」という3つの要因が絡み合っているといえる。

2.1.5 対象の本質をまとめた文章をつくる

これまでの作業をもとにして、「バスケットボールの流れとは…である」という形の文章としてまとめる。また、流れの感受条件についても見出されたため、それも含めて記述する。

【流れの本質】

バスケットボールの流れとは、「感情」「価値観」「プレー」という3つの要因が絡み合っている。実例から共通するポイントは、「共通意識に基づいたプレー」と「選手の感情」であったが、これらは、互いに独立した要因ではなく、互いに影響を及ぼし合う相互作用的関係である。しかし、共通意識に基づいたプレーが実施できたかどうかは、選手自身の価値判断によって判定されることになる。したがって、流れは上記3つの要因が互いに影響し合うことで発生しているといえる。

また、流れを感受する条件として、「勝利可能性」が挙げられる。なぜなら、点差が大きく離れ、残り時間も僅かである際には、例え得点を重ねたとしても流れを感じることはあまりないからである。しかし、全く感じないということではなく、勝利の可能性が大きければ大きいほど、流れに関する感度が増す。つまり、選手による流れの感受は、主観的に判断される勝利可能性との相関があると考えられる。

上記のような手順で本質観取が行われる。本質観取の手順は対象の性質によって異なる手順を適宜とる必要があるが、目標（対象）を設定し、対象に関わる体験エピソードを想起したり、想像変容を行いながら、それらに共通するポイントを取り出す、という一連の流れが本質観取の方法の主軸となる。

また、上記の流れの本質の記述内容は、よりふさわしい表現や、さまざまな観点から実例を出し、検討を加え改善していく必要があるであろう。例えば、流れの要因（感情、価値観、プレー）がどのような関係によって成り立っているのか？という疑問が生まれてくる。本質観取の過程で生まれてくる疑問（問い）をもとに、より考察を深めていく必要がある。

2．2　本質観取をする際の注意点

以下では，本質観取を実施する上で注意すべき点について確認しておきたい。

2．2．1　他者の語りの内容は本質直観の材料となり得るか

本質観取は，自らの意識体験を反省していき，誰にでも共通する，一般的で本質的な内容を取り出すことであった。他者の語りや体験は本質観取の材料となるのか，という問題について西（2015）は，語り手となる他者が，〇〇の本質を明らかにするという共通の目的を持ち，それぞれの体験エピソードを語るということが前提とされていれば，「他者のエピソードは，私のなかの反省的エヴィデンスに支えられることによってこそ，本質観取を行うためのエヴィデンス（証拠・材料）として機能する」と述べている。

例えば，他者が語ったエピソード内容が，聞き手（自分）にとって「よくわかる」と感じる時がある。その際，他者と体験が完全に一致しなくとも，聞き手は似たような体験を想起しているのであり，リアリティを感じている。それは，自らの体験を想起すること，すなわち「反省的エヴィデンス」が働いていることとなる。

従って，他者のエピソードを聞いたとき，「それは違和感がある」「いまいちわからない」と感じる時には，本質観取のエヴィデンスとして使えないことになる。自らの意識体験を確かめることなく，「相手がこのように語っているから間違いない」という理由で，他者の語りを安直に利用することは本質観取とはいえない。

2．2．2　特別な体験を有する選手（指導者）の語りを理解する

類稀なる身体知を有する選手や指導者の語りを読み解いて，本質を取り出そうとする試みは重要であり，本質が取り出せたのならば研究の価値は高いといえよう。しかし，優れた競技者であっても自らの動感意識（体験）を詳細に答えられない場合が多い。また，答えられたとしても，独特な表現で言い表されることもある。

スポーツ運動学では，選手の動感意識を探る方法を借問というが，その方法の要点は，指導者が選手の動きを習得（修正）させることを目的に，実施している運動の意識させたい部分に焦点を当てて，その部分に意識を向けさせるよ

う質問を意図的に行うものである。佐藤（2017）は，借問を実施する前提条件として，質問する側の動感意識の深みが重要であるという。質問者が動感内容を理解できていないのにも拘らず，闇雲に問答を繰り返しても，運動実施者に重要な気づきを与えることはできない。そのため，質問者側が自らの動感を意識化する，言い換えれば，自分がどのようにやっているのかということを詳細に理解しておかなければならない。

　インタビューを実施する場合でも同様に，質問者側が自らの運動経験に伴う動感内容を意識化し，重要なポイントを整理しておかなければならない。そうでなければ，的外れな質問を繰り返すだけとなる。また，質問をした際に，回答内容が極めて重要な動感内容の一端を示すような言葉であっても，質問者が動感内容の重要なポイントを押さえていなければ，その言葉の重要性に気づくこともない。語り手の動感内容が自らの動感内容としてリアリティをもって感じられなければ，反省的エヴィデンスにはならないのである。つまり，スポーツ運動学の反省的エヴィデンスとは，研究者の動感意識体験の反省によって支えられる。

3．まとめ

　身体知は主観的内容であるから，動感意識体験の反省的エヴィデンス（自分の動きの体験を反省し確かにそうなっているという明証性）に基づいて本質観取を行う。そのなかで，自らの運動（指導）経験を振り返ってテクストを作成したり，インタビューをすることもあるが，それらは本質を取り出すための手段であり，インタビューという手段そのものが研究になると捉えてはいけない。

　スポーツ運動学の研究を行う上で重要なことは「どのような手段を取るか」よりも，「何を明らかにしたいか」であるといえる。研究者が多様で統一性のない実例から，コーチングに寄与する本質を抉り出すことができるかどうかは，指導現場の問題を真摯に捉えようとする研究者自身の観点によって左右される。

　本章においてスポーツ運動学の方法の全てを紹介することはできなかったが，方法の基盤であり最も重要な「本質を探るための洞察と考察の仕方」について紙幅を割いた。本章の内容により，スポーツ運動学的視点からバスケットボールの研究に取り組む研究者が増えることを心より願う。

文献

初学者がスポーツ運動学の研究に取り組む際に参考となる文献を厳選し，テーマに分けて記載した．また，本章で引用した文献には●印をつけた．

【運動学について学ぶ】
　金子明友監（1996）教師のための運動学　運動指導の実践理論．大修館書店．
　金子明友・朝岡正雄編（1990）運動学講義．大修館書店．
　金子明友（2002）わざの伝承．明和出版．
　金子明友（2005a）身体知の形成［上］―運動分析論講義・基礎編―．明和出版．
●金子明友（2005b）身体知の形成［下］―運動分析論講義・方法編―．明和出版．
　金子明友（2007）身体知の構造―構造分析論講義―．明和出版．
　金子明友（2015）運動感覚の深層．明和出版．
　金子一秀（2015）スポーツ運動学入門．明和出版．
　三木四郎（2005）新しい体育授業の運動学―子どもができる喜びを味わう運動学習に向けて．明和出版．

【質を対象とした研究方法・現象学について学ぶ】
●小林隆児・西研編（2015）人間科学におけるエヴィデンスとは何か．新曜社．
●鯨岡峻（2012）エピソード記述を読む．東京大学出版会．
●中瀬雄三・佐野淳（2017）バスケットボールにおける優れた競技能力を有するポイントガードの選手が読み解くゲームの流れの構造．体育学研究，62（早期公開）〔https://www.jstage.jst.go.jp/article/jjpehss/advpub/0/advpub_17034/_article/-char/ja/〕
●西研（2001）哲学的思考．筑摩書房．
●佐藤徹（2016）創造的コーチングのために．コーチング学研究，29（増刊号）：13-20．
●佐藤徹（2017）技術トレーニング．日本コーチング学会編　コーチング学への招待．大修館書店．pp.98-109．
　髙木廣文（2011）質的研究を科学する．医学書院．
●田口茂（2014）現象学という思考．筑摩書房．
　山口一郎（2012）現象学ことはじめ―日常に目覚めること〈改訂版〉．日本評論社．

注

1）他章で表記されるエビデンスと，本章のエヴィデンスの意味に違いはない．本章では引用した文献の表記に基づき，エヴィデンスと表記する．
2）本質観取は，自らの意識体験をもとに実施されるものであるが，インタビュー内容もその材料となり得る．この理由については，「(2) 本質観取をする際の注意点」において後述する．
3）金子は，「ゲームのダイナミックな流れを感じ取るカン身体知」（2005b）として，流れは身体知によって把握されるものとしている．また，カン身体知とは，「私の身体と…情況との関わりのなかで，動きかたを選び，決断して実行に移せる身体知」（金子，2005b）であり，バスケットボールの戦術行為において極めて重要となる能力である．

5．栄養学

　我々は生命の維持，身体活動，発育，繁殖，子育てなど生活活動に必要な物質を「食物」というかたちで取り入れ，それらを活用している。この一連の流れを「栄養」といい，取り入れる物質を「栄養素」という。栄養学とは，栄養に関する一連の流れを多角的な側面から科学的に探究する学問である。つまり，食物が持つ栄養素に関する研究から調理による化学的な現象，摂取したヒトの身体や健康状態との関連性に関する調査まで様々である。

　本章では，栄養学の専門的な教育（管理栄養士，栄養士養成の教育など）を受けていない者が，バスケットボール競技を対象として栄養学関連の研究を行うに当たり，必要と考えられる基本的な栄養の知識と研究の進め方について解説する。

1．栄養学の基本

1．1　栄養学の学問構造

　佐々木敏（2006）「わかりやすいEBNと栄養疫学」では，栄養学を次の3つの学問に分類している。
- 食べ物のための学問
- メカニズムのための学問
- 利用のための学問

　これらの分類には，図5-1に示すような研究分野が当てはまる。

　「食べ物のための学問」や「メカニズムのための学問」で明らかにされた事実を，ヒトを対象として，どのように有効活用されるのかを調査し，具体的な利用方法を提案する学問が「利用のための学問」である。バスケットボール競技を題材とした栄養学の研究は，「利用のための学問」に関連付けられる。つまり，

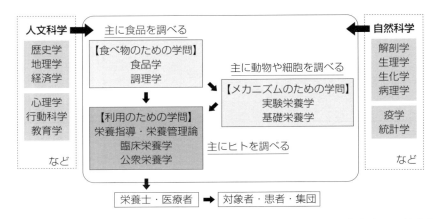

佐々木敏（2006）わかりやすいEBNと栄養疫学，同文書院を一部改変
図5－1　栄養学の学問構造

身体づくりやケガの予防などとの関連性が明らかとなっている栄養素や食物の摂取について，バスケットボール競技を対象として検証し，明らかにすることで，バスケットボール選手の健康増進，競技力向上に繋がる可能性があると考える。そこで，「利用のための学問」に関する研究を行うにあたり，必要だと考えられる基礎栄養学について，スポーツとの関連性を含めた概要を説明する。

1．2　栄養素の役割

私たちは生命を維持し，様々な身体活動を行うために食物から栄養素を摂取する。栄養素を化学構造や生理的な機能について分類したものを五大栄養素と呼び，たんぱく質，脂質，炭水化物（糖質），ビタミン，ミネラルで構成される。また栄養素には含まれないが，身体の約60％を占めるのは水であることも身体機能の調節を行ううえで重要な役割を担う（図5-2）。

1．2．1　たんぱく質

たんぱく質は身体を構成する全ての組織，細胞の基礎となる栄養素である。アミノ酸が多数結合してできた高分子化合物であり，アミノ酸の種類や並び方によって異なる構造のたんぱく質となる。様々な特徴をもつたんぱく質が集まり，身体は構成されている。たんぱく質を構成するアミノ酸は20種類で，その

5. 栄養学

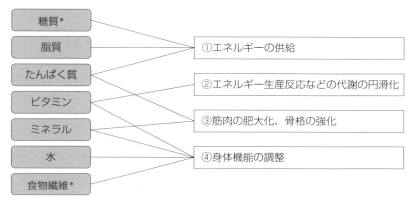

*糖質，食物繊維：糖質と食物繊維を併せて炭水化物と呼ぶ。

小林修平・樋口満（2012）アスリートのための栄養・食事ガイド，第一出版を一部改変

図5－2　スポーツにおける栄養素の役割

うち体内で合成できるものを非必須アミノ酸，体内で合成できず食物から摂取しなければならないものを必須アミノ酸という。

　食品のたんぱく質は，構成される必須アミノ酸の種類と量によって，その「質」が決まる。必須アミノ酸9種類（バリン，ロイシン，イソロイシン，スレオニン，リジン，メチオニン，フェニルアラニン，トリプトファン，ヒスチジン）すべてが適切な割合で含まれているものとそうでないものがあり，その違いは体内での利用効率の差となる。理想的なアミノ酸組成と比較して，たんぱく質の栄養価を算定したものが「アミノ酸スコア」である。一般的に肉や魚，卵など動物性たんぱく質はアミノ酸スコアが高く評価され，植物性たんぱく質は低く評価されるものが多い。ただし実際のアミノ酸スコアの活用方法は，ひとつの食品のアミノ酸スコアで評価するのではなく，様々な食品を組み合わせた食事全体でたんぱく質の質を評価するべきである。

・たんぱく質とスポーツ

　スポーツの中でもバスケットボールは，高度なテクニックとスピード，そして力強さが求められる競技である。そこでバスケットボール選手が競技力向上のための身体づくりを目指すうえで，たんぱく質は重要な栄養素と言える。特に鍛錬期の場合や増量中，または成長期においては必要となるたんぱく質が増

加するため，摂取する量や質，そしてタイミングについて留意する必要がある。たんぱく質の摂取量が不足した状態が続くことにより，筋肉量が減る，筋力が落ちる，怪我をしやすくなる，免疫力が低下するなどの原因となり得る。

1．2．2　脂質

脂質は，脂肪酸とグリセロールが結合した高分子化合物である。体内において，その多くは中性脂肪として存在する。脂肪酸は，植物油や魚油に多く含まれる不飽和脂肪酸と，肉や乳製品に多く含まれる飽和脂肪酸がある。不飽和脂肪酸のうち，体内で合成することができないリノール酸，アラキドン酸，α－リノレン酸を必須脂肪酸と呼ぶ。脂質は1g約9キロカロリーというエネルギーをもち，体内の貯蔵エネルギー源として重要な栄養素である。また，脂質の一種であるコレステロールは細胞膜を構成し，ホルモンの材料となる。

・脂質とスポーツ

脂質は，炭水化物やたんぱく質と比べて2倍以上のエネルギーを持つことから，エネルギー源として重要な栄養素である。ただし，スポーツ選手の食事において脂質が不足することは少なく，むしろ摂り過ぎに注意するべき栄養素である。脂質の中でも飽和脂肪酸の摂り過ぎは，体脂肪の増加を招くだけでなく，動脈硬化や心筋梗塞などの生活習慣病の原因となり得る。

1．2．3　炭水化物

炭水化物は糖質と食物繊維に分けられる。糖質は1g約4キロカロリーのエネルギー源となる。一方，食物繊維はヒトの消化酵素では消化できず，一部が腸内菌により分解される。体内においてエネルギー源として主に利用される糖質は，グルコース（ブドウ糖）とグリコーゲンである。食物から摂取した糖質は，主に肝臓と筋肉にグリコーゲンとして蓄えられる。肝臓に蓄えられたグリコーゲンは必要に応じて分解され，血液中にグルコースを供給することにより，血糖値の維持に貢献する。一方で筋肉中のグリコーゲンは血糖値の維持には利用できず，筋肉においてエネルギーとして利用される。

・炭水化物とスポーツ

スポーツ選手は日々のトレーニングをこなし，競技力を発揮するために多くのエネルギーを必要とする。そこで鍵となる栄養素が炭水化物である。炭水化

物は酸素の有無に関わらずエネルギー（ATP：アデノシン三リン酸）を供給することができるため，効率の良いエネルギー源といえる。炭水化物の摂取が適切でない場合，体重の減少や疲れがとれない，集中力が低下するなどが起こる可能性が考えられる。更にグリコーゲンの貯蔵量が運動中の体たんぱく質の分解と関連性があることが明らかとなっている（樋口，2007）。つまり運動前に肝臓と筋肉のグリコーゲン貯蔵量を増やしておくことは，運動時のエネルギー源としての体たんぱく質分解を抑制することにつながる。

1．2．4　ビタミン

　ビタミンは体内でほとんど合成ができず，合成されても必要な量を満たすことができない微量栄養素である。体内においてはエネルギー代謝の調節など様々な生理機能に関与している。13種類のビタミンは，4つの脂溶性ビタミン（ビタミンA，ビタミンD，ビタミンE，ビタミンK）と，9つの水溶性ビタミン（ビタミンB_1，ビタミンB_2，ビタミンB_6，ビタミンB_{12}，ビタミンC，ナイアシン，パントテン酸，ビオチン，葉酸）に分けられる。

・ビタミンとスポーツ

　ビタミンはそれぞれ体内での機能が異なる。主にエネルギー代謝に関わるもの，または身体づくりやコンディショニングに関わるものなど様々である。スポーツ選手はエネルギー出納が大きく，更に競技に適した身体づくりとコンディショニングを行わなければならないため，必然的にビタミンの要求量は増加する。ただし，ビタミンには過剰摂取による健康障害の問題もあるため，サプリメントを使用する際は十分に注意すべきである。

1．2．5　ミネラル

　ヒトの身体はその大部分が炭素，酸素，水素，窒素の4つの元素で構成されているが，それ以外の元素をミネラルと呼ぶ。カルシウム（Ca），リン（P），鉄（Fe）などを指し，骨や歯の形成，浸透圧の調整，神経・筋肉の機能維持などの役割がある。体内では合成できないため，食物から摂取しなければならない。

・ミネラルとスポーツ

　ミネラルはスポーツ選手の身体の構成要素として重要である。カルシウムやマグネシウムはスポーツ選手の肉体を支える骨に関与し，また競技力に影響を

及ぼすとされる貧血の予防には鉄の十分な摂取が欠かせない。

1．3　栄養素摂取基準

　日本人を対象として健康の維持・増進，生活習慣病の予防のためのエネルギー及び栄養素の摂取基準が，厚生労働省策定の「日本人の食事摂取基準」で示されている。基準は5年ごとに改正されており，現時点（2017年現在）では「日本人の食事摂取基準（2015年版）」が最新版となる。日本人の食事摂取基準（2015年版）において，栄養素の指標は3つの目的からなる5つの指標で構成されている。摂取不足の回避を目的とした『推定平均必要量』，『推奨量』，これらを推定できない場合の代替指標『目安量』，過剰摂取による健康障害の回避を目的とした『耐容上限量』，生活習慣病の予防を目的とした『目標量』である。これら5つの指標を理解するための概念図を図5-3に示した。（目標量は図5-3の概念図に示すものとは異なる性質のものであるため図示していない。）なお，日本人の食事摂取基準は，健康な一般人を対象として策定されているものであり，スポーツ選手を対象とする場合は参考値として扱う。

　小林修平・樋口満（2012）「アスリートのための栄養・食事ガイド」では，日本人スポーツ選手を対象としたエネルギー別の栄養素目標量の例が掲載されているが，各種栄養素の目標量はスポーツ選手の身体活動量や環境条件によって異なることを前提に利用する必要がある。炭水化物やたんぱく質のガイドラインは，期分けやトレーニング，試合の継続時間などで区別し，体重あたりの量で示されている（日本臨床栄養協会，2017）。また，栄養素によってはスポーツ選手を対象とした摂取基準の策定が研究段階にあるため，示されていないものもある。そのためバスケットボール競技者を対象とした研究で用いる栄養素摂取基準については，管理栄養士または栄養士などの専門家に相談することを推奨する。

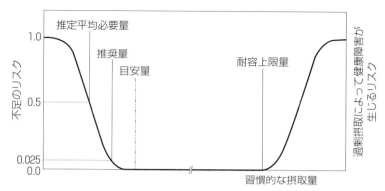

厚生労働省（2017）日本人の食事摂取基準（2015年版），第一出版より

図5−3　食事摂取基準の各指標（推定平均必要量，推奨量，目安量，耐容上限量）を理解するための概念図

表5−1　エネルギー別の栄養素の目標量例

栄養素（算定基礎）	1日のエネルギー消費量			
	4,500kcal	3,500kcal	2,500kcal	1,600kcal
たんぱく質（g）	150	130	95	80
エネルギー比率	13%	15%	15%	20%
脂質（g）	150	105	70	45
エネルギー比率	30%	27%	25%	25%
炭水化物（g）	640	500	370	220
エネルギー比率	57%	58%	60%	55%
カルシウム（mg）＊目安量を適用	1,000〜1,500	1,000〜1,200	900〜1,000	700〜900
鉄（mg）＊推奨量の15〜20%	15〜20	10〜15	10〜15	10〜15
ビタミンA（μgレチノール当量）＊推奨量の20%増	1,000	900	900	700
ビタミンB_1（mg）＊0.6〜0.8mg/1,000kcal	2.7〜3.6	2.1〜2.8	1.5〜2.0	1.0〜1.3
ビタミンB_2（mg）＊0.6〜0.8mg/1,000kcal	2.7〜3.6	2.1〜2.8	1.5〜2.0	1.0〜1.3
ビタミンC（mg）	100〜200	100〜200	100〜200	100〜200
食物繊維（g）＊8〜10g/1,000kcal	36〜45	28〜35	20〜25	13〜16

小林修平・樋口満（2012）アスリートのための栄養・食事ガイド，第一出版より一部改変

2．研究の進め方

2．1　研究目的の設定

　研究を始めようするきっかけは，日々の疑問にある。その疑問を解き明かすことで，いかに世の中に役立つかを考えることが目的の設定となる。研究目的の設定は，研究を遂行するうえで最も重要な段階であるといえる。バスケットボール競技と栄養に関する研究を行うきっかけは，自分が関わる選手またはチーム，団体，もしくは選手として自分自身が経験している出来事（身体づくり，ケガの予防など）に関するものである可能性が考えられる。いかなる動機の場合でも，まず「対象」「場面」「実効性」について検討する。

・対象

　選手やチームの栄養に関する検討を行う場合，年齢や競技レベル，性別などを明確にする。対象者となるのは選手のみならず，食事を提供する家庭や寮，給食施設の担当者，またはコーチやトレーナーなどのチームスタッフの場合も考えられる。適切な対象者は誰なのか，その対象者で研究を行った場合，得られた結果は誰に対してどのように役立つかを考える。

・場面

　選手への食教育として，または食事提供の場面など，研究で明らかになることがどのような場面で役に立つのかを明らかにする。

・実行性

　研究は1人で行うものではない。多くの場合，被験者を含め多くの人の協力や調査物資，資金が必要となる。計画している研究は，それらを考慮し実施可能かどうかを判断する。

2．2　仮説の設定

　続いて，決定した研究目的に関連する先行研究の検討を行う。研究デザインや実施計画，結果，結論，考察について綿密に検討し，更に研究を進める意義のあるものであるかを考える。先行研究の検討には国内外の文献を調べる必要があり，文献はインターネットを活用して検索することができる。文献検索データベースには「CiNii（http://ci.nii.ac.jp/）」「PubMed（https://www.ncbi.nlm.nih.gov/pubmed）」などがある。

2.3 方法
2.3.1 研究計画

　研究計画を立てるうえで重要なことは，後に同じ研究を第三者が追試できるようすることである。つまり，研究の内容に関する詳細を明らかにしなければならない。そのためには表5-2に示した「5W1H」の原則を考慮する。

表5-2　研究計画の記載のための5W1H

Who	対象者，性別，年齢，その他の特性（ポジション，競技レベルなど），人数
What	試験物質，投与物質などは何か
When	試験はいつ行ったか
Where	試験はどこで行ったか
Why	「研究目的の設定」「仮説の設定」で決定した内容
How	どのような介入、観察を行ったか

特定非営利法人日本栄養改善学会監修（2012）初めての栄養学研究論文　人には聞けない要点とコツ，第一出版より一部改変

2.3.2 倫理

　人を対象とした研究を行うに当たり，計画の段階から倫理的配慮をもってなされなければならない。研究の倫理配慮関する基本的な考え方，インフォームド・コンセント，個人情報の保護などについて，「疫学研究に関する倫理指針」（平成25年4月1日一部改正　文部科学省　厚生労働省）に詳細が記載されている。

2.3.3 栄養アセスメント

　栄養アセスメントとは食事調査，身体計測，生化学的検査（血液検査など），臨床検査などから得られた情報をもとに，個人または集団の栄養状態を総合的に判定することである。バスケットボール選手を対象とする場合は，競技力や体力に関する指標と関連付けて評価を行う場合もある。研究の目的を達成するために必要なアセスメント項目を選定する必要があるが，実施には対象となる選手や監督，コーチ，トレーナー，ドクターや管理栄養士など栄養の専門家との連携が重要である。

　図5-4に示した栄養評価項目のうち，食事調査，身体計測，生理学的・生化学的検査について解説する。

- ●食事調査
  食事記録法，24時間思い出し法，食物摂取頻度調査法など
- ●質問紙による身体状況調査
  運動歴、既往歴、主観的（自覚的）健康感（例：不定愁訴…だるい、次の日まで疲れが残る）
- ●身体計測
  身長，体重，体組成（徐脂肪量，体脂肪量，体脂肪率など），周囲径（上腕囲，胸囲，大腿囲など）
- ●体力測定
  握力，背筋力，腕力，脚力，垂直跳び，最大酸素摂取量など
- ●生理学的・生化学的検査
  血液：たんぱく，脂質，鉄栄養状態などの血液関連指標
  尿：排泄成分（クレアチニン，尿素窒素，3-メチルヒスチジン）など
  エネルギー消費量：二重標識水法，心拍数法，要因加算法　など

小林修平・樋口満（2012）アスリートのための栄養・食事ガイド，第一出版より一部改変

図5-4　栄養評価項目

①食事調査

　食事調査の方法を選択する際は，栄養に関するどのような情報を得たいのかを考える必要がある。食習慣を調査したいのか，もしくは食品や栄養素の摂取量か，そして集団の摂取量または各個人の摂取量なのか，などを明確にする。食品または栄養素の摂取量の評価を行うためには，管理栄養士などの栄養の専門家の協力を得る必要がある。

・食習慣アンケート調査

　食習慣に関するアンケート調査を行う場合，調査したい概念を正しく測定できるものであるかを検討する必要がある。そこで，既に妥当性や信頼性が確認されている調査法を用いることが望ましい。新たに作成する場合は，先行研究の検討や専門書を参考にし，解析方法まで考慮するべきである。更に，論文にする際は調査項目の作成プロセスを示す必要がある。

・食事記録法，24時間思い出し法，食物摂取頻度調査

　管理栄養士や栄養士など栄養の専門家による調査方法である。調査の目的が明らかになったうえで，調査時期，日数，費用や調査実施者のマンパワーなどを考慮して方法を選択する。調査に際しては，対象者にある程度の負担をかけることを認識しておくことが大切である。また，対象者の年齢や栄養の知識レベルも考慮する必要がある。例えば，小児を対象とした食事調査の場合，対象

者自身が調査に参加することは難しいため，保護者や学校給食関係者などの協力を得て，調査を行う必要がある。各調査法の特徴について表5−3に示した。調査の際，身近に栄養の専門家がいない場合は専門業者や研究機関に委託する手段もある。ただし，近年増加している「アプリケーション」を用いた食事の評価は妥当性が十分に検討されていないものが多いため，研究での利用は多くの課題が残る。

表 5 − 3　食事調査法

	食事記録法	24時間思い出し法	食物摂取頻度調査法
特徴	①対象者が摂取した飲食物の食品名，摂取量，調理法などをリアルタイムに記録する。②摂取量は秤量，目安量（写真法を含む）で記入する。目安量については，専門家（管理栄養士または栄養士）が摂取量を推定する。	①対象者に前日24時間の食事を思い出してもらい，訓練を受けた面接者が食品名，目安量，調理法などを聞き取る。②面接者が目安量をフードモデル，写真，イラストなどを用いて推定する。	①過去の一定期間の食品／料理の習慣的な摂取頻度，さらに目安量について，多くの場合は自記式で回答する。②食品は50～120項目程度挙げられている。
長所	●リアルタイムなので，回答者の記憶を当てにしない。●記入漏れがない。●調査期間が明確である。●集団の摂取量の平均値や中央値が計算できる。●複数日の調査（3日～1週間程度が一般的）は，食事評価法のゴールドスタンダードとして利用される。	●調査時間が短い。●調査期間が明確である。●聞査することで，普段の食事パターンを変えない。●回答率が高い。●集団の摂取量の平均値や中央値の計算ができる。●複数日の調査は，食事評価法のゴールドスタンダードとして利用される。	●他の2法と比べて簡便で費用が安い。●回答者の負担が少ない。●面接を必要としない。●個人の摂取量によるランク付けが可能である。●食事と疾病との関連が疫学的に解析できる。特に，大規模調査に用いられる。
短所	●対象者の負担が大きい。●普段の食事のパターンが記録することで変わる，あるいは影響を受ける可能性がある（記録の面倒さを想定して簡単になる，見栄を張って豪華になるなど）。●対象者に高い協力性が求められ，対象者が限られる。集団代表性が損なわれる可能性がある。●データ集計には多くの人手，時間，コストがかかる。●1日調査では個人の習慣的な摂取量の推定はできない。●多人数，多数日の調査は難しい。	●対象者の記憶に依存する。●訓練された面接者が必要である。●摂取量の精度（正確性）は高くない。●1日調査では個人の習慣的な摂取量の推定はできない。	●対象者の記憶に依存する。●思い出しの期間が漠然としている。（例：過去3か月といわれた場合，競技の期分けなどにより捉え難い）。●食物摂取量が厳密には算出されない。●調査票の精度を評価するために，妥当性研究を行う必要がある。
誤差・偏り	偶然誤差（日差，週差，季節差，標本誤差など）がある。	偶然誤差（日差，週差，季節差，標本誤差など）がある。	偶然誤差（季節差，標本誤差など）がある。

特定非営利法人日本栄養改善学会監修（2012）初めての栄養学研究論文　人には聞けない要点とコツ，第一出版より一部改変

②**身体計測**

　身体の形態計測項目のうち，最も一般的なものは身長と体重であり，また体格の評価方法には身長と体重の値から算出するBMI（Body Mass Index）がある。一般的にヒトを対象とした多くの研究では身長，体重とBMIを表記することが多い。

$$\mathrm{BMI}(\mathrm{kg/m^2}) = 体重(\mathrm{kg}) \div 身長(\mathrm{m})^2$$

　スポーツ選手においては競技力との関連性を検討するために体重の中身，つまり身体組成を検討する必要がある。身体組成を評価するうえでの分類は，解剖学的に2～4成分に分けられる。身体を大きく2つの成分に分けると「脂肪組織」と脂肪以外の「除脂肪組織」となる。除脂肪組織には筋肉・骨・臓器・神経などが含まれ，およそ50％は骨格筋である。筋力やパワーは，筋肉量や筋肉の断面積と比例関係にあり（Ackland, TR. et al., 2012），さらに有酸素性の運動能力の指標である最大酸素摂取量も，筋肉量との相関が認められていることから（Kitagawa, K. et al., 1977），スポーツ選手は競技力向上のために筋肉量を増加させることが必要である。そこで定期的な身体組成の測定により，身体づくりのためのトレーニングや食事が適切であるかどうかを確認することができる。身体組成測定法には科学的な装置を用いて行うものと，身体の一部を測定して統計的に値を算出するものがある。ここでは各測定法の概要を解説する。

・**空気置換法**

　身体の各組織の密度の違いを利用した測定を行う密度法のひとつ。測定項目は体重と脂肪・除脂肪の量と割合である。高額な装置が必要となるが，短時間で繰り返しの測定が可能であり，一般人を対象とした測定では，その精度は高い。しかし密度法はスポーツ選手を対象とした場合，体脂肪率を過小評価する可能性があるという報告がある（Ackland, TR., 2012）。

・**二重エネルギーX線吸収法**（DXA：Dual energy X-ray absorptiometry）

　2種類のX線を生体に照射し，各組織をX線が透過した際の減衰率を測定する方法。骨粗鬆症の診断，治療において骨密度（BMD: Bone mineral density），骨塩量（BMC: Bone mineral content）の測定に利用される。また，全身と胴体，脚，腕など各部位ごとの総重量，脂肪量，非脂肪量，軟部組織脂肪割合を高い精度で測定することができる。身体組成測定法のゴールドスタンダードとされ

ており，調査研究で広く用いられる測定法である。ただし，X線による被ばくがあるため，妊娠中の女性には適さないこと，そして高い頻度の繰り返しの測定は避けた方が良い点を留意する。また身長が極端に高いバスケットボール選手（192cm以上）の場合は，全身が測定装置に収まりきらない可能性もある（Ackland, TR. et al., 2012）。

・生体電気インピーダンス法（BIA: Bio-electrical impedance analysis）

生体に微弱な交流電流を通し，インピーダンス（電気抵抗値）から水分量を推定する測定方法。あらかじめ機器に入力した年齢，性別，身長の情報と，測定した体重，インピーダンスの情報から身体組成を推定する。非侵襲的で測定が簡便であることから，測定機器は一般の家庭用としても普及している。ただし，測定結果は体水分量の影響を大きく受けることから，測定時間を一定にすることが必要である。また，運動や入浴など脱水状態の時や飲食直後，アルコール摂取後の測定は妥当性に欠けるため避ける（ロッシュら，2001）。

・皮脂厚法

キャリパー法とも呼ばれ，特殊な機器を必要としないため場所を選ばすに測定が可能である。皮脂厚計（キャリパー）でつまんだ皮膚の厚みを計測し，その値を推定式に代入して体脂肪率を求める。ただし皮脂厚の計測は，測定部位のずれや測定者間の誤差，測定者の技量による誤差が生じる可能性がある。そこで測定技量の確認された者が測定を行うことが推奨される。国際キンアンソロポメトリー推進学会（ISAK: International society for the advancement of kinanthropometry）は，測定方法について詳細に定めており，測定者の認定資格制度を設けている（田口ら，2014）。

日本人を対象に，皮脂厚から体脂肪率を推定する方法として広く用いられてきたのが，長嶺と鈴木（1964）の式で身体密度を求め，続いてBrozek（1963），またはSiri（1961）の式に代入をする方法である。

長嶺と鈴木（1964）

男性（18～27歳）

身体密度$(g/cm^3) = 1.0913 - 0.00116 \times$（上腕背部(mm) + 肩甲骨下部(mm)）

女性（18～23歳）

身体密度$(g/cm^3) = 1.0897 - 0.00133 \times$（上腕背部(mm) + 肩甲骨下部(mm)）

Brozek（1963）
　　体脂肪率(％) = (4.570／身体密度 − 4.142) × 100
Siri（1961）
　　体脂肪率(％) = (4.95／身体密度 − 4.50) × 100

　長嶺と鈴木の式による身体密度と Siri の式により算出された体脂肪率は，DXA 法による測定値との相関が認められている。しかし，これらは50年以上前の日本人を対象として作成された式であり，日本人の体型の変化により値の誤差が拡大している可能性も示唆されている（Kagawa, M. et al., 2006, Kagawa, M. et al., 2007）。さらに，これらの式は主に一般の人を対象とした測定から作成されたものであり，特定の部位の筋肉が発達しているなどのスポーツ選手を評価する際は，誤差が拡大する可能性を考慮しなければならない。そこで，部位ごとの皮下脂肪厚測定値のバランスや，周囲径と組み合わせた評価方法も検討することが推奨される。

③生理学・生化学的検査
・血液・尿検査

　代表的なものとして血液，尿の検査がある。血液検査を実施する際は，採血の条件を検討する必要がある。検査項目によって性差や日内変動があるもの，食事や運動の影響を受けるものなどがあるため，一般的には空腹時に採取することが多いが，項目の特徴を把握した上で選択すべきである。実施に際しては検査機関へ委託する，または医師，看護師，検査技師などの専門家との連携をとる。スポーツ現場では少量の血液（0.3〜2 μL）を用いた小型の簡易機器による血糖や乳酸の測定も行われている。

・エネルギー消費量

　栄養評価を行ううえで，エネルギーの摂取量と消費量のバランス（エネルギー出納）を検討することは，スポーツ選手の身体づくりにおいて重要である。1日のエネルギー消費量を構成する要素は，大きく3つに分けることができる。基礎代謝量（BMR: Basal metabolic rate），食事誘発性体熱産生（DIT: Diet-induced thermogenesis），活動時代謝量（TEA: Thermic effect of activity）である。

　基礎代謝量とは，身体的および精神的に安静な状態で代謝される最小のエネ

表5－4　参照体重における基礎代謝量

性別	男性			女性		
年齢（歳）	基礎代謝基準値(kcal/kg体重/日)	参照体重(kg)	基礎代謝量(kcal/日)	基礎代謝基準値(kcal/kg体重/日)	参照体重(kg)	基礎代謝量(kcal/日)
1～2	61.0	11.5	700	59.7	11.0	660
3～5	54.8	16.5	900	52.2	16.1	840
6～7	44.3	22.2	980	41.9	21.9	920
8～9	40.8	28.0	1,140	38.3	27.4	1,050
10～11	37.4	35.6	1,330	34.8	36.3	1,260
12～14	31.0	49.0	1,520	29.6	47.5	1,410
15～17	27.0	59.7	1,610	25.3	51.9	1,310
18～29	24.0	63.2	1,520	22.1	50.0	1,110
30～49	22.3	68.5	1,530	21.7	53.1	1,150
50～69	21.5	65.3	1,400	20.7	53.0	1,100
70以上	21.5	60.0	1,290	20.7	49.5	1,020

厚生労働省（2017）日本人の食事摂取基準（2015年版），第一出版より

ルギー代謝量で，生きていくために必要な最低限のエネルギー消費量である。基礎代謝量に影響を与える因子として年齢や性別，体組成や月経周期などがあげられる。特に筋肉のエネルギー消費量は基礎代謝量の約20％を占めており，更に脳や肝臓などの内臓は基礎代謝量の約60％を占めていることがわかっていることから，スポーツ選手は一般の人よりも基礎代謝量は多い（樋口，2007）。一般的に基礎代謝量の推定は年齢，性別，身長や体重などを用いた式で算出する。ただし，スポーツ選手は一般人と身体組成が異なるため，小清水ら（2005）は，除脂肪体重（kg）を考慮した日本人スポーツ選手の基礎代謝量の推定式を示している。

<u>日本人の基礎代謝基準（2015年版）</u>
　基礎代謝量(kcal/日) ＝ 基礎代謝基準値(kcal/体重 kg/日) × 体重(kg)
<u>Harris-Benedict（1918）</u>
　男性　基礎代謝量(kcal/日) ＝ 66.47 ＋ 13.75 × 体重(kg) ＋ 5 × 身長(cm) － 6.76 × 年齢(歳)
　女性　基礎代謝量(kcal/日) ＝ 655.1 ＋ 9.56 × 体重(kg) ＋ 1.85 × 身長(cm) － 4.68 × 年齢(歳)

栄研式（Ganpule, AA. et al., 2007）
　　男性　基礎代謝量（kcal/日）＝
　　　　　（0.0481×体重（kg）＋0.0234×身長－0.0138×年齢（歳）－0.4235）×1000／4.186
　　女性　基礎代謝量（kcal/日）＝
　　　　　（0.0481×体重（kg）＋0.0234×身長－0.0138×年齢（歳）－0.9708）×1000／4.186
小清水ら（2005）
　　スポーツ選手の基礎代謝量（kcal/日）＝28.5kcal/徐脂肪体重kg/日×徐脂肪体重（kg）

　食事誘発性体熱産生とは，食物の摂取後数時間にわたり増加するエネルギー消費量で，主に内臓での消化吸収，同化活動に伴うエネルギー消費の亢進によるものである。影響を与える主な因子は食事の栄養素に依存する（炭水化物，脂質，たんぱく質のバランス）とされている。
　活動時代謝量は，生活様式による差が最も大きい部分である。バスケットボールの様な強度の高い身体活動から，日常生活での活動（入浴，着替え，掃除，買い物など）まで含む。
　１日のエネルギー消費量全体を評価する方法は下記のとおりである。

【二重標識水法（DLW: Doubly labeled water）】
　水素と酸素の安定同位体である^{2}Hと^{18}Oが高い濃度で含まれている試験水を対象者に投与し，対象者は通常通りの生活を送る。尿などの生体試料を採取しながら比較的長期間のエネルギー消費量を測定する方法で，精度はかなり高い。
　［長所］・対象者の活動が制限されず，負担が少ない。
　　　　　・乳幼児，妊産婦，高齢者でも測定が可能。
　　　　　・測定精度が比較的高い。
　［短所］・試験水がかなり高価。
　　　　　・分析には特殊な装置と分析技術，知識が必要となる。
　　　　　・分析の特性上，短期間の測定には不向き。
　　　　　・活動ごとのエネルギー消費量を求めることができない。

【ヒューマンカロリーメーター】
　間接熱量測定法を用いた方法。対象者はホテルのシングルルーム程度の広さの居室に滞在し，測定室内の空気中の酸素と二酸化炭素の量の変化からエネルギー消費量を測定する。

［長所］・測定精度が高い。
　　　　・対象者への負担が少ない。
［短所］・活動は室内で実施可能なものに限られるため，スポーツ選手の活動評価には適していない。

【心拍数法】

　心拍数法は，中強度以上の活動との間に正の相関関係があることを利用した測定方法。近年，腕時計型で比較的入手しやすい心拍計が普及しており，練習強度や量の把握，ゲーム分析などにも広く活用されている。
［長所］・スポーツ選手の活動中のエネルギー消費量を測定できる。
　　　　・対象者の負担は，比較的少ない。
［短所］・安静時〜低強度の活動では測定誤差が大きい。
　　　　・心拍数と酸素消費量の関係は個人ごとで異なるため，関係式を個人ごとに作成する必要がある。
　　　　・競技によっては，測定機器の装着が難しい場合がある。

【加速度計法】

　加速度計法は，1軸（上下）または3軸（上下，左右，前後）の加速度の大きさとエネルギー消費量に正の相関関係があることを利用した測定方法。現在，市販されている多くのものは腰部に装着するタイプの機器である。
［長所］・スポーツ選手の活動中のエネルギー消費量を測定できる。
　　　　・対象者の負担は，比較的少ない。
［短所］・1日のエネルギー消費量を過小評価する傾向がある（入浴中，就寝時は取り外すため）。
　　　　・低強度の活動，自転車，ローイング運動には不向き。
　　　　・種目によっては測定機器の装着が難しい。

【要因加算法】

　生活の活動記録からエネルギー消費量を推定する方法。記録は本人または観察者によって行われる。さまざまな活動の単位時間当たりのエネルギー消費量を，記録をもとにして算出する。そのため，記録の正確性が算出の精度に影響する。
　活動強度指数「METs: Metabolic equivalents）」は，安静にして座っている状態で消費するエネルギー量（安静時代謝量）を1METとして，活動のエネ

ルギー消費量は何倍の負荷がかかっているかを示したものである。成人の安静時の酸素消費量が3.5mL/kg/minと考えて酸素消費量1Lは5kcalとみなした場合，安静時代謝量は，体重1kgあたり1時間で1.05kcalである。METsを用いたエネルギー消費量の算出は下記の式を用いる。

$$エネルギー消費量(kcal) = 1.05 \times 体重(kg) \times METs \times 運動時間(時間)$$

例えば，体重60kgの人が，通学で30分歩いた（4.0METs）場合のエネルギー消費量は，1.05×60(kg)×4.0(METs)×0.5(時間)＝126kcalとなる。表5-5にバスケットボール競技に関するMETsを示した。その他の各活動のMETsは，改訂版『身体活動のメッツ（METs）表』（国立研究開発法人 医薬基盤・健康・栄養研究所 国立健康・栄養研究所，2012）を参照する（http://www.nibiohn.go.jp/files/2011mets.pdf）。

表5-5　バスケットボール競技に関するMETs

バスケットボール関連活動	METs（メッツ）
試合	8.0
全般	6.5
審判をする	7.0
シュート練習	4.5
基礎練習	9.3
車いす	7.8

国立健康・栄養研究所（2012）改訂版「身体活動のメッツ（METs）表」より抜粋

【身体活動レベル（PAL: Physical activity level）からの推定】

身体活動量の指標で，二重標識水法（DLW法）を用いて測定した1日の総エネルギー消費量を基礎代謝で除した指標である。バスケットボール競技の身体活動レベルは，オフトレーニング期1.75，または通常練習期2.00を用いる。

表5-6　種目系分類別PAL

種目カテゴリー	期分け	
	オフトレーニング期	通常トレーニング期
持久系	1.75	2.50
瞬発系	1.75	2.00
球技系	1.75	2.00
その他	1.50	1.75

小清水孝子ら（2005）スポーツ選手の推定エネルギー必要量，トレーニング科学より

2．4　調査の実施と解析

調査は研究計画に則って行う。調査を行うにあたり守らなければならないことは，調査中に研究計画を変更してはいけないということである。研究によっては調査が長期にわたる場合があるが，研究計画に従って遂行することを常に念頭に置くことが大切である。そして研究はひとりで行うものではなく，多くの人の協力を得ることにより実施出来ていることを忘れてはならない。特に調査の対象者については，調査を通して多くの情報を提供してもらうことになるため，できる限り結果を返却することが望ましい。例えば食事調査や採血の結果を対象者に返却することは，対象者自身の健康状態の把握や食生活の改善に役立つかもしれない。調査を通して得られた結果は，研究計画の通り解析を行う。

2．5　研究報告・まとめ

研究を世の中の役に立てるためには，研究の報告や発表を行わなければならない。報告や発表とは原著論文の執筆を差す。論文を書く前段階として，学会での発表を行うこともある。学会は，同じ学問領域の研究者との意見交換や情報収集の場である。

3．バスケットボール競技における栄養学研究

スポーツ選手の身体づくり，ケガや疾病の予防，そして競技力向上においてエネルギーや栄養素，水分の摂取を適切に行うことは重要である。しかし今日までに，バスケットボール競技を対象とした栄養学関連の研究報告は少ないのが現状である。本邦におけるバスケットボール選手を対象とした栄養学の研究の発展が，選手の身体づくり，延いてはバスケットボール競技力の向上に貢献することを期待する。

文献
厚生労働省（2017）日本人の食事摂取基準（2015年版）．第一出版
国立健康・栄養研究所（2012）改訂版『身体活動のメッツ（METs）表』
小清水孝子・柳沢香絵・樋口満（2005）スポーツ選手の推定エネルギー必要量．トレーニン

グ科学，17(4): 245-250.
小林修平・樋口満編著（2012）アスリートのための栄養・食事ガイド．第一出版
佐々木敏（2006）わかりやすいEBNと栄養疫学．同文書院
田口素子・樋口満編（2014）体育・スポーツ指導者と学生のためのスポーツ栄養学．市村出版
特定非営利活動法人日本栄養改善学会監（2012）初めての栄養学研究論文　人には聞けない要点とコツ．第一出版
日本臨床栄養協会（2017）New Diet Therapy誌 別冊『栄養とアスレティックパフォーマンス』．日本臨床栄養協会
樋口満編（2007）新版コンディショニングのスポーツ栄養学．市村出版
ロッシュ，アレックス・F．，ローマン，ティモシィ・G．，ハイムズフィールド，スティーブン・B．：小宮秀一訳（2001）身体組成研究の基礎と応用．大修館書店

Ackland, TR., Lohman, TG., Sundgot-Borgen, J., Maughan, RJ., Meyer, NL., Stewart, AD., and Müller, W. (2012) Current status of body composition assessment in sport: review and position statement on behalf of the ad hoc research working group on body composition health and performance, under the auspices of the I.O.C. Medical Commission. Sports Med, 42(3): 227-49.

Brozek, J., Grande, F., Anderson, JT., and Keys, A. (1963) Densitometric analysis of body composition: revision of some quantitative assumptions. Ann N Y Acad Sci, 110: 113-40.

Ganpule, AA., Tanaka, S., Ishikawa-Takata, K., and Tabata, I. (2007) Interindividual variability in sleeping metabolic rate in Japanese subjects. Eur J Clin Nutr, 61(11): 1256-61.

Harris, JA., and Benedict, FG. (1918) A Biometric Study of Human Basal Metabolism. Proc Natl Acad Sci U S A, 4(12): 370-3.

Kagawa, M., Kerr, DA., and Binns, CW. (2006) New percentage body fat prediction equations for Japanese males. J Physiol Anthropol, 25(4): 275-9.

Kagawa, M., Kuroiwa, C., Uenishi, K., Mori, M., Hills, AP., and Binns, CW. (2007) New percentage body fat prediction equations for Japanese females. J Physiol Anthropol, 26(1): 23-9.

Kitagawa, K., M. Miyashita and K. Yamamoto. (1977) Maximal oxygen uptake, body composition, and running performance in young Japanese adults of both sexes. J. Phys. Educ, 21: 335-40.

Nagamine, S., and Suzuki, S. (1964) Anthropometry and body composition of Japanese young men and women. Hum Biol, 36: 8-15.

Siri WE (1961) Body volume measurement by gas dilution. In Brozek J, Henschel A eds. Techniques for measuring body composition. National Academy of Sciences, 108-17.

6. 教育学

　本章のねらいは，バスケットボールを教育学の研究対象とすることの意義と方法を概説し，さらにそれを踏まえたうえで，この方面の知見蓄積を展望することである。

1．スポーツ教育学（体育科教育学）の問題関心

　現在，スポーツは，さまざまなかたちで私たちの生活に色濃く浸透している。なかでも，学校の教育活動では，教科のひとつである体育・保健体育科の主要部分を占めるほど社会的価値が認められており，その価値はこれまで自明のこととされてきた。例えば，体を動かすという人間の本源的な欲求の充足を図るとともに心身両面にわたる健康の保持増進，青少年の健全育成，地域コミュニティの醸成，経済発展への寄与，国際友好・親善への貢献，等々，スポーツのもつ社会的価値について，私たちはよほど大きな事態にでも遭遇しないかぎり信じて疑うことはない。

　しかしその一方で，スポーツは，政治や経済，暴力性，フェアネス，過剰な競争（勝利至上主義，優勝劣敗），等々，さまざまな側面から議論され，その問題や問題の常態化も指摘されている。スポーツが孕むこうした問題性を認識し，かつ批判的に考える（クリティカル・シンキング）ための力は，今後，子どもたちが現代社会を力強く生きていくためには重要なものであると考えられる。事実，体育授業においてその中心的な活動は運動であるにもかかわらず，2017年に公示された次期学習指導要領[注1]をみると，技能習得の証となる「できる」ことに加えて「わかる」ことにも大きな関心が向けられるようになっている（鈴木，2017）。

　以上のことは，子どもたちがスポーツの表と裏（功罪）の両面から特性を理

解し，主体的・批判的な態度でスポーツと対峙するための資質・能力，いわば「スポーツ（という文化）の価値」を享受する力（＝スポーツリテラシー）の育成を学校の教育的な活動として行われる体育授業の重要な使命のひとつとして位置づけていくことの必要性を示している。また，そうであるならば，スポーツの教育的な側面に着目し，教育実践の改善をめざすスポーツ教育学（体育科教育学）[注2]の主要な目的は，「理論と実践の往還」が重視されている教育学の実情に鑑みて，先の力を子どもたちがより良く育むことができるような教育を成立させるための科学的なバックグランドを用意し，共に実践を創りあげていくことになると考えられよう。

2．バスケットボールへのスポーツ教育学的アプローチ

2．1　学習指導要領におけるバスケットボールの位置づけ

　学習指導要領においては，種々の運動は「領域」という形でグルーピングされている。それらの内容はさらに細分化されるが，とくに小学校3・4年生のゲーム，小学校5・6年生のボール運動，中学校および高等学校の球技領域は，攻防の特徴からゴール型（ゲーム），ネット型（ゲーム），ベースボール型（ゲーム）の3つの「型」に分けられ整理されている。

　バスケットボールはゴール型に分類される運動種目である。各校種・教科に対応した学習指導要領解説には，ハンドボール，サッカー，ラグビー，タグラグビー，フラッグフットボールと共にゴール型の運動種目のひとつとして例示されている（文部科学省，2008a，2008b，2009）。

2．2　「型ゲーム」登場の背景

　先述した3つの「○○型」という表記の登場には，ボールゲームの指導に関する国際的な研究動向が大きく影響している。ボールゲームは今も昔も世界のさまざまな国や地域で楽しまれており，その種類は膨大な数に上る。そのうち公式ルールや国際ルールと呼ばれるオフィシャルに制度化され，私たちが見たり聞いたり，あるいは実際にプレーしたことのあるゲームに限定しても，実に多くの種目を数えることができるであろう。当然ながら，それらすべてを体育授業で取り上げることはできない。そこで似通った特徴（類似性）をもったい

くつかの種目を取りまとめ，そのグループを代表する種目（典型性）を設定して指導する，という基本的な考え方に立つことになった．ここで重要なことは，どのような分類・選択基準でグループ分けを行うのか，という問題である．過去をさかのぼると，ボール操作方法の違い（手，足，道具の使用の有無）やコート（あるいはゴール）の形状の違いに着目した分類が見られるが，それらとは異なる立場が採用されている．

例えば，バスケットボールでパスを出したり，受けたりするための有効な位置取りについて学習したプレイヤーであれば，その能力（戦術的気づき）を類似するサッカーのゲームでも大いに活用することができるであろう（理解の転移）．このように，実際のゲーム中にプレイヤーが直面するさまざまな状況に関連づけられた技術や知識を重視し，「ボールを持たない動き（off the ball movement）」と「ボールを操作する技能（on the ball skill）」からなる「ゲームパフォーマンス」を高めることをめざす「戦術アプローチ」という考え方が国際的な支持を集めている．

このような立場からボールゲームの指導を進めるためには，ゲーム中の攻め方や守り方，すなわち戦術的行動の特徴を手がかりとする種目の分類がベースとなる．実際，わが国の学習指導要領にも，こうした国際的な研究知見が反映され，「〇〇型」が登場した．その呼び名からは，バスケットボールやサッカーといった「種目を教える」のではなく，むしろそのような「型」のゲームに通底する「学習内容を教える」ことが大切である，という意図を読み取ることができる．すなわち，各々のゲームで教えようとする学習内容を鮮明に描き出すこと，またそれを理解することがこれまで以上に強く求められるようになったことを示唆しているといえよう．

2.3 理解を促す方略と実践

ところで，体育授業はいうまでもなく，何かしらの運動を取り上げ実施される．その中でもルールのあるスポーツが参照される機会は数多くある．しかし，このスポーツは歴史的・社会的に創造され，発展・継承されてきた人間の身体運動の文化であり，学校教育に用いることを前提に創られたわけではない．よって，体育授業にスポーツをそのまま（素材のまま）持ち込むとさまざまな不都合が生じることが多々ある．とくに従来から教える中身（学習内容）と教

える手段（教材）の相互関係の理解に混乱がみられると指摘されてきた体育授業の実施にあたっては，それぞれを区別し，理解する必要性がある。

こうした問題に対して，岩田（1994）は，体育授業において，教師が児童・生徒（学習者）に学習されることを期待して用意した教育的に価値のある文化的内容を「学習内容」として示した場合，「教材」とは学習内容を習得するための手段であり，その学習内容の習得をめぐる教授・学習活動の直接の対象となるものであると指摘した。加えて，それまで一般的に体育授業の教材という名称のもとに提示されてきた既成のスポーツ種目（バスケットボールを含む）は，むしろ，教材を構成するための「素材」として位置づけるのが妥当であると指摘し，図6－1のように整理した。

以上の「学習内容」「教材」「素材」の関係を踏まえて，ボールゲームの授業について考えると，公式ルールにしたがって行われるゲーム（フルゲーム）のままでは学習者の負担が大きすぎる，という問題点が指摘できる。そこで，元のゲーム（素材）に加工・改変を施した教材として「修正されたゲーム（modified game）」に注目があつまった。また，それを適用した指導法について検討した研究が盛んに行われており，とくに「ボールを持たない動き」と「ボールを操作する技能」を指導するための手立てとして，基本的な技能の習熟に焦点化したドリルゲームや，特定の戦術的課題の解決場面が頻出するよう

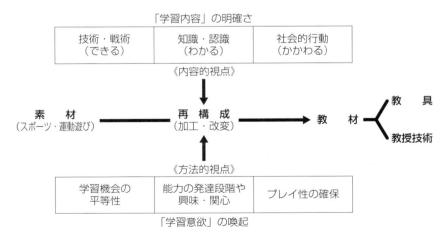

図6－1　体育の教材づくりの過程とその内容的・方法的視点（岩田，1994）

に仕組まれたタスクゲームの開発はその中核にあり，研究者，実践者の関心を集めている。

このような観点に立ち，学習者が直面する問題を認識させ，その解決に当たらせる，といった戦術的な気づきや状況判断の改善を企図して開発された教材のひとつに「アウトナンバーゲーム」があげられる。アウトナンバーゲームとは，攻撃側の人数が守備側を上回っている状態で行われるゲームであり，バスケットボールの授業においては，フルゲームにおける「ファスト・ブレイク」で生起する場面を想定して行われるゲーム（修正されたゲーム）である（鬼澤，2017）。アウトナンバーゲームはイーブンナンバーゲームよりも，ボール保持者のシュート，パス，ボールキープに関するプレー選択，すなわち状況判断の学習機会を多く保証することができ，かつ適切なプレーを選択する学習者が多いこと（鬼澤ほか，2008），そして，アウトナンバーゲームで修得した状況判断の適否はイーブンナンバーのゲームでも適用できること（鬼澤ほか，2012）等が報告されている。

他にも，ゴール型のゲームに共通して指摘されている学習者にとっての困難性（岩田，2016）に対して，とくに「ボールを持たない動き」の複雑さに対応すべくタスクゲームの開発や効果を検討した研究も行われている（岡田ほか，2013；足立ほか，2013）。

こうした教材の開発やその検討により蓄積された成果は，従来のボールゲームの授業が陥っていた問題，例えば「授業で多くの時間を費やした技能が，ゲームの中でほとんど活かされないという事態」や「無目的に漫然とゲームを行うことに終始したりする授業」を打開する指導理論の確立にむけて注目を集めている。

3．ボールゲーム指導の新たな潮流

3．1　ボールゲームの指導をめぐる問題のありか

先述した学習指導要領の特徴のひとつである「〇〇型」は，攻守の特徴により分類し，ゲームの理解を促すことを企図したものであった。しかし，ここには，今日のボールゲームの指導の基盤をなしている分類論は結果的に種目を規定するに止まっている（廣瀬・北川，1999）という鋭い指摘が投げかけられて

いる。なるほどボールゲームを「明確な達成目標をもち，途中経過がどうなるか定かでない競技形式によって行われる運動遊戯の一種型」（シュティーラーほか，1993）と定義づけることは可能であり，私たち自身も「走るや跳ぶといった身体運動を即時的実体と考えることになれて」（金子，2007）いる。それゆえ，これまで提出されてきたボールゲームの分類論の多くは，運動（競争）の行い方や場の環境設定など，ゲームの外的要素を主要な論拠としてきたのであろう。

例えば，バスケットボールは「攻守入り乱れ系（シュートゲーム型）」「敵陣突破型」「侵入型」などに分類されるが，これらの分類はいずれも「プレイヤーが相互に相手方の陣地に入り込む」あるいは「プレイヤーが入り乱れながらゴールに向けてシュート」という具合に，ゲームにおける競争の行い方に基づいている。

しかし，ここで実際のゲーム場面を想い起し，コートに立つプレイヤーの目線で状況を捉えてみると，まずもって意識の前面に立ち上ってくるのは「いま・ここ」で相手と何を競り合うのか（競争目的）であって，その行い方（シュティーラー（1993）のいう「競技形式」），すなわち「動き方」は二の次になるのでないだろうか。このことは，バスケットボールと同じゴール型に分類されるフットボール（サッカー）のルールの成文化に関する歴史的研究（中村，1995）からも示唆される。つまりゲームに興ずる人々は「どちらが勝つかやってみなければわからない」という成否の未確定性を大きく壊してしまうことがないように気を配りながら，相手と直接試し合う課題（＝競争課題）を設定してきた，その所産はやがてルールとして整備され，ここから外れることなく競争課題を解決するためのさまざまな方法が工夫されるようになった。そして，その中のいくつかが今日よく知られる技術・戦術として継承されるようになったのだと考えられる。

このような見方に立つと，ボールゲームの授業では，そのような「動き方」が一定の合理性をもつものとして人々に受け入れられるようになった歴史的・社会的経緯に思いを致すことが，重要なテーマとして浮かび上がってくる。学習指導にあたっては，そうした「動き方」のよりよい達成をめざして，さまざまな試行錯誤を経て技術・戦術が工夫されてきた，という価値や意味の世界に学習者を誘うことが大切にされなければならない。それは，金子（2007）の言葉を借りれば，「即自的実体の呪縛からの解放」に向けた大きな挑戦だといえる。

3.2 考察の視点

さて，前項に示した課題に迫るためには，目に見える現象として知覚される個々のゲームをできる限り抽象化することが求められる。というのも，「このゲーム」にも「あのゲーム」にも共通する特徴を取りだすことができてはじめて，ボールゲームの一般論を導くことができるからである。

例えば，「バスケットボール」と呼ばれるゲームを思い起こしてみても，プロリーグ（B.LEAGUE（Bリーグ）やNBA）や各国の代表が出場する世界選手権，オリンピック，学校で行われる体育授業や部活動，さらには広場や公園などで即席チームを作り楽しまれるピックアップゲーム，あるいは5on5のゲームだけでなく人数やコート等が異なる3on3（3×3），等々，実にさまざまな実施形態が浮かび上がってくる。いうまでもなく，それらは各々，かなり異なるルールのもとで行われている。中には，外見的には似ても似つかないものもあるが，それでも私たちは「バスケットボール」と呼ぶことにさほど抵抗を覚えない。というのも，各々のゲームはもとより個別の事象だが，いずれも一定の同じ仕組みをもった制度の網で回収することができるため，結果，どのゲームも「同じ種目＝バスケットボール」として私たちは理解することができるのである。

この事例は，「バスケットボールとは何か」を捉える際の参照先が個々の事象ではなくこうした現れを支えている制度であることを示している。つまり，「それ（バスケットボール）はどのように競り合われているのか」と「それ（競り合い）はなぜバスケットボールと見なされるのか」は，抽象度のレベルが異なる問題であって，ボールゲームの構造を把握するためには後者の視点が欠かせないといえよう。

3.3 ゲームの基本構造

では，あらゆるボールゲームに共通する競争目的や競争課題とはいったいどのようなものか。ボールゲームでは結局のところ，何が行われているのか。この問いに対するシンプルな答えは，「ボールを『こちら』から『あちら』に移動している」（鈴木ほか，2003，2008）というものである（もちろん，実際には種目によって「こちら」や「あちら」には具体的な名称が入る）。

そして，そのボール移動が「いつもうまくいくとはかぎらない」ようにする

ため，さまざまな条件が設定される。それは大きく，「ボール操作そのものを難しくする」または「（ボールを持たない）相手方がボール移動を妨害する」という2つの対応に分けられる。この条件の設定の具体的なありようが，「ゲームで試し合う課題」（競争課題）としてプレイヤーの前に立ち現れるとともに，その解決過程も独自性を帯びてくる。しかも，単一の競争課題でゲームが構成される場合もあれば，複数のタイプの競争課題が組み合わさってひとつのゲームをなしている場合もある。

　「種目を教える」という発想に立った従来のボールゲーム指導のアプローチを「各種目の末梢的知への個別化」と捉えるならば，この新たな潮流はまさに「ボールゲームというひとまとまりの領域への学習内容の一般化」と言い表すことができよう。これにより，従来の「正規のゲーム」と呼ばれてきたゲームを，同じような仕組みもった競争の中のひとつのバージョンとして捉えることが可能となる（したがって，他のバージョンも「あり」ということになる）。

　このことは裏を返せば，ボールゲームの授業実践の中で「いま・ここ」の学習者には具体的にどのような「試し合い」が成立しているのか，を見取ることが容易になるということである。例えば，ゴール型に分類されるバスケットボールの場合，文字通り「ゴールを奪う」ことが中心的なテーマになってくるのは，ひとつの単元でいえば後半になってからであろう。単元のはじめごろの段階では，団子上になって「ボールを奪う」ゲームに終始する，というケースが多いのではないだろうか。前者と後者で指導すべき内容が大きく異なることはいうまでもない。

3．4　研究事例

　いうまでもなく，技術や戦術は，攻防の対応関係の中で成立するものであり，競技の中で歴史的に確立されてきた技術や戦術であっても対応関係を無視しては成立しない。そこで，北澤ほか（2012）は，バスケットボールの授業において，学習者が眼前に展開するゲームの傾向を把握し，それに適合した対策を講ずるようになっていく過程を記述することを通じて，学習者に生起した気づきとそれを促した教師の教育的介入について検討している。

　対象は，教員養成系大学に在籍する教員歴が18年以上ある授業者（バスケットボールの競技歴，指導歴がある）が大学生（男子34名，女子0名と男子25名，女

子6名）に対して行った2つの授業（いわゆる一般体育の授業）の内，バスケットボールを教材として用いた部分（15回中の7回）である。データは，学習者の個人学習記録，授業中に行ったゲームの分析記録，ならびに参与観察者の観察記録（フィールドノーツ）である。これらのデータを手がかりとしながら，学習者に生起した気づきとそれを促した授業者の教育的介入について検討した。

授業では，ゲーム，ミーティング（チームごとの作戦会議），ゲームという活動を繰り返し行った。授業は，学習者がもつ，いわゆる公式のルールによって行われるバスケットボールが正しいゲームのあるべき姿，という先入観の解体からスタートした。その後，学習者は当事者からみた「ゲームの傾向」の把握やそれに向けた自分たちができそうな「対策」の考案という課題に取り組んでいった。こうした学習者の姿から，授業者の教育的介入は，学習者がゲームに「十全な参加」を果たすべく「重要なゲームの構成メンバー」として，換言すれば学習者自身が授業の主体者として，自己や他者を確立していくことを促す契機として機能していたことが確認された。

他方，土田ほか（2013）は，攻防分業から役割の発見や取得，共有といった戦術的な気づきを促すバスケットボールの授業における学習者の学びについて検討している。

対象は，小学校の5年生（男子21名，女子18名）で構成されるクラスに対して，そのクラスの担任である教職経験は14年の男性教諭（サッカーのプレー歴が3年ある）が行ったバスケットボールの授業である。ビデオカメラや学習者の話し合いを録音した音源，学習者の個人学習記録，授業中に行ったゲームの分析記録，ならびに参与観察者の観察記録（フィールドノーツ）をデータとして収集した。これらのデータを手がかりとしながら，ゲーム様相の変容や話し合い場面における相互作用の変化から学習者の学びついて検討した。

その結果，対峙する相手チームとゲームを行う際に自チームで担うべき仕事をみつけ，役割として共有し（分業），再度ゲームに臨むといった過程を経て，ゲームを理解していく学習者の姿が確認された。

4．教育の場で研究するために

以上のように，体育授業におけるバスケットボールの実践については，教材

それ自体への工夫や有効性を検討した研究，教材を通して立ち現われる授業のリアリティそのものに着目した研究，等々，多種多彩な研究が行われている。こうした研究活動を進めるためには，実践者・研究者の問題意識や関心，対象との関係から，適切だと考えられる研究方法を選択する必要がある。紙幅の都合上，これまで採用されてきた具体的な研究方法についてひとつずつ解説することはできなかったが，教育の場に入り込み研究をする際，そこで採用された研究方法がどのようなものであっても留意すべき事項について確認しておきたい。

第一に，「教育」という営みに対する研究者の立ち位置の特徴である。私たちは小学校から高等学校まで12年間を過ごし，約13,000時間に及ぶ授業参加の経験をすでにもっているといわれている（秋田，2007）。よって，「教育」や「授業」なるものに対して馴染みがあり，それに対するある見方や態度をすでに（あるいは，知らぬ間に）形成しているといえよう。誰もが受けてきた「教育」という営みは，誰もが議論しやすく，また，誰もが批判しやすいものである，といった言葉があるように，こうした特性をもつ「教育」や「授業」を対象に研究をしたり，論文を執筆したりするには，自分自身の内側にある教育活動の経験だけではなく，他者の経験や考え（先行知見）に触れること，あるいは，歴史，社会，政治等々に目を向けることで，改めて「教育」や「授業」をとらえ直す，すなわち「あたりまえを疑う」という姿勢で臨むことが重要である。研究を進める際，本書を手に取った多くの人の側に立つとき，先述した文章の「教育」の部分を「スポーツ」や「バスケットボール」に置き換えてみることも必要になるかもしれない。なんとなくわかっているものだからこそ自明になっていることに気づき，意識化することが必要になってくるのである。

第二に，フィールドとしての「教育」が行われている場の特徴である。教育が行われる場において，教師には子どもたちに対してよりよいことを行うという職業上の使命がある。したがって，研究活動が教師（あるいは学校）の教育活動の妨げになるようなことがあってはならない。そこで，とくに重要なのは教師と信頼のある関係（ラポール）を構築することであるといえよう。ただし，研究活動は教育活動に対してマイナスな要素ばかりをもたらすわけではない。研究者が教育の場に入り込み，教師とは異なった視点からその場を分析することで，子どもたちの学習効果を高めるためのポイントを浮き彫りにしたり，教

師の教える人としての学びと成長に寄与する気づきを促したりする。こうした研究者の独立した視点は，特定の集団における活動の活性化や深い理解につながることもある。

　第三に，調査時に必要な倫理的配慮に対する特徴である。教育現場では授業の一環で調査を行うことが多い。その際，教師や子どもたちに調査を行うことや研究に協力することが義務であるかのように誤解を生じさせることがある。また，子どもたちは教育を受けるために学校に来ているわけであるが，研究者がその場に来て観察や調査をしようとしたとき，学校という場では子どもが個人的に研究活動への協力を拒否することが難しい状況になることも想定できる。いうまでもなく，インフォームドコンセント（研究の同意）を事前に得ることは年齢が小さければ小さいほど難しくなる。だからこそ，どのような研究方法を採用したとしても，大人を対象とした研究をするよりもさらに育ちゆく子どもを傷つけぬような配慮や倫理観（研究者としてもつべきモラルや道徳規範）をもって研究に臨む必要がある。

　スポーツの教育的な側面に着目し，教育実践の改善をめざし研究活動を進める私たちは，対象としている教育という事象や環境の特徴を理解し，研究協力者の尊厳の重視といった教育の場への配慮を決して怠ってはならない。

注
1）「学習指導要領」とは，全国のどの地域で教育を受けても，一定の水準の教育を受けられるようにするため，学校教育法等に基づき，文部科学省が各学校で教育課程（カリキュラム）を編成する際の基準を定めたものである。教育課程の基準である学習指導要領では，小学校，中学校，高等学校といった校種ごとに，各教科等の目標や内容（領域，分野，科目），内容の取扱い，等々，が示されている。また，この学習指導要領はおよそ10年サイクルで改訂がなされ，小学校・中学校は平成20年（2008年），高等学校は平成21年（2009年）に改訂された現行の学習指導要領は，文部省の告示とされている昭和33年（1958年）の改訂から数えて6回目になる。また，その改訂からおよそ10年経った平成29年（2017年）に小学校・中学校の次期学習指導要領が公示された。
2）学校や社会におけるスポーツ教育実践を教育学的に広く研究する領域として発展してきたスポーツ教育学は，狭い意味では，学校体育や体育授業に直接かかわる領域であり，わが国では体育科教育学ともいわれる。広い意味では，学校という制度に縛られず，運動やスポーツと教育のかかわり（スポーツの教育学的可能性）を研究する学問である。

文献

秋田喜代美（2007）教育・学習研究における質的研究．秋田喜代美・藤江康彦編，はじめての質的研究法：教育・学習編．東京図書：東京，pp.3-20.

足立匠・宮崎明世・三木ひろみ（2013）ゴール型に共通するサポートを学習するための教材の効果：中学校におけるバスケットボールとサッカーの授業実践を例に．スポーツ教育学研究，32（2）：1-14.

岩田靖（1994）体育授業の教材づくり：教材づくりの意義と方法．高橋健夫編，体育の授業を創る．大修館書店，p.26-34.

岩田靖（2016）ボール運動の教材を創る：ゲームの魅力をクローズアップする授業づくりの探究．大修館書店，pp.12-13.

岡田雄樹・末永祐介・高田大輔・白旗和也・高橋健夫（2013）ゴール型ボール運動教材としてのスリーサークルボールの有効性の検討：ゲームパフォーマンスの分析を通して．スポーツ教育学研究，32（2）：31-46.

鬼澤陽子・小松崎敏・吉永武史・岡出美則・高橋健夫（2008）小学校6年生のバスケットボール授業における3対2アウトナンバーゲームと3対3イーブンナンバーゲームの比較：ゲーム中の状況判断力及びサポート行動に着目して．体育学研究，53（2）：439-462.

鬼澤陽子（2012）バスケットボール3対2アウトナンバーゲームにおいて学習した状況判断力の3対3イーブンナンバーゲームへの適用可能性：小学校高学年を対象とした体育授業におけるゲームパフォーマンスの分析を通して．体育学研究，57（1）：59-69.

鬼澤陽子（2017）「アウトナンバーゲーム」の捉え方を再考する．体育科教育，65（2）：26-29.

金子明友（2007）身体知の構造：構造分析論講義．明和出版，pp.186-240.

北澤太野・土田了輔・鈴木理（2011）バスケットボールの授業における教育的介入と学習者の気づきの連関．体育・スポーツ哲学研究，33（2）：75-89.

シュテーラー・コンツァック・デブラー：唐木國彦監訳（1993）ボールゲーム指導事典．大修館書店，p.2.

鈴木理（2017）体育の「目標」は，なぜ，どのように変わったのか．体育科教育，65（7）：32-35.

鈴木理・土田了輔・廣瀬勝弘・鈴木直樹（2003）ゲームの構造からみた球技分類試論．体育・スポーツ哲学研究，25（2）：7-23.

鈴木理・廣瀬勝弘・土田了輔・鈴木直樹（2008）ボールゲームの課題達成過程の基礎的検討．体育科教育学研究，24（1）：1-11.

土田了輔・阿部敏也・榊原潔・與那嶺響・北澤太野（2013）分業に基づくバスケットボールの単元が子どもの学びに及ぼす影響．教育実践学研究，14（1）：11-21.

中村敏雄（1995）スポーツルール学への序章．大修館書店，pp.71-145.

廣瀬勝弘・北川隆（1999）球技の分類に関する基礎的研究．19（1）：101-111.

丸山圭三郎（1981）ソシュールの思想．岩波書店，pp.79-92.

文部科学省（2008a）小学校学習指導要領解説体育編．東洋館出版，pp.15-16.

文部科学省（2008b）中学校学習指導要領解説保健体育編．東山書房，pp. 58-69.

文部科学省（2009）高等学校学習指導要領解説保健体育編・体育編．東山書房，pp.43-52.

7. 経営学

　スポーツ経営とは，文化としてのスポーツの価値を広め，その価値を高めていく活動といえる。具体的には，さまざまな条件を整えることで人とスポーツを結びつけ，人々の豊かなスポーツライフを実現しようとするのがスポーツ経営の目指すところである。したがっていかに人とスポーツを結びつけるか，さらにはそれをいかに効率的に実現できるかを考えるのが，スポーツ経営学の課題といえるだろう。あらかじめ注意しておきたいことは，スポーツを通じていかに多くの利益をあげるかを考えていくことがスポーツ経営学の最終目標ではない，ということである。そのことを踏まえたうえで，ここではスポーツ経営学の主な研究領域や方法，バスケットボールを対象としたスポーツ経営学的研究の展開について紹介していきたい。

1．スポーツ経営学の視点

1．1　研究領域・対象

　経営という言葉からは企業経営がイメージされやすいが，スポーツ経営学の研究領域は営利企業に限られるものではない。日本体育学会では，体育経営管理の専門領域として「学校体育」，「地域スポーツ」，「公共スポーツ施設」，「職場スポーツ」，「プロ・競技スポーツ」，「スペクティタースポーツ」などが示されており，さらに行政の活動までもがここに含まれている。このことからも，スポーツ経営学が営利組織のためだけのものでないことがわかるだろう。

　さらにスポーツ経営学の研究は，これらの領域の中でどのような対象や機能に焦点を当てるかによって細かく分類される。学校やクラブなど組織自体の経営，組織内のリーダーの機能や行動，その組織が実施する事業，商品やサービスを購入するなどしてスポーツ活動を楽しむスポーツ実施者などが，スポーツ

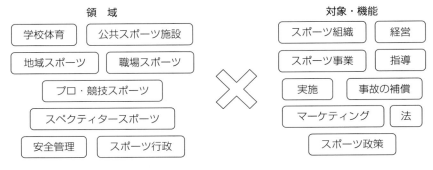

図7−1　スポーツ経営学の主な領域と対象・機能

経営学の研究対象となり得る。

　このようにみてみると，コートの中で躍動するプレーヤーの身体やゲームの戦術からは少し離れて，コートの周りの指導者やクラブ，コートの外の観戦者や施設に注目するのがスポーツ経営学の研究の特徴といえるかもしれない。

1.2　テーマの設定

　バスケットボールは国内に広く普及しており，学校からプロまであらゆる場面で行われている競技であることから，スポーツ経営学の研究対象としてもさまざまな側面からのアプローチが考えられる。学校のバスケットボール部が大きな教育的効果を得るために指導者にはどのようなリーダーシップが求められるのか，多くの子どもたちにバスケットボールの楽しさを伝えるために地域のバスケットボールクラブではどのように会員募集をするのが良いか，安全で使いやすい施設となるために公共スポーツ施設ではどのようにバスケットボールコートの管理運営をすべきか，プロバスケットボールのリーグやチームをどのように運営すればさまざまなファンや観戦者と感動を分かち合うことができるのか，といった疑問は，スポーツ経営学の視点からバスケットボールに関する研究を始める際のティップオフとなるだろう。

　これらの疑問や関心が浮かんだら，まずは一度，スポーツ経営の実践現場へと足を運んでみることをお勧めしたい。なぜなら，スポーツ経営学はスポーツ科学の中でも実践現場との距離が近い研究領域であり，この領域の研究者には，現場における課題を取り上げ，科学的な調査・分析によって課題解決に貢献す

ることが求められているためである。したがって、自らが取り組む研究が実践現場とかけ離れたものにならないよう、その現場を観察したり、話を聞いたり、できれば実際にスポーツ経営にかかわってみるのが良い。

現場での経験と同時に進めていきたいのが、先行研究の検討である。これは、過去に行われてきた研究を参照し分析するもので、これまでにどのようなことが研究対象とされ、その結果何がどこまで明らかにされてきたのかを明確にする作業である。スポーツ経営学の領域では、国内だけでも日本体育学会（体育経営管理専門領域）、日本体育・スポーツ経営学会、日本スポーツ産業学会、日本スポーツマネジメント学会、日本体育・スポーツ政策学会といった関連学会があり、海外にも大陸ごとにスポーツマネジメントの学会があるため、これらの学会が発行している機関誌に掲載された論文を探さなければならない。その上、大学ごとに発行されている紀要等にも関連する論文が掲載されている。したがってこれら数多くの研究雑誌の中から先行研究を収集するために、「国立国会図書館サーチ」や「CiNii」、「Google Scholar」といった文献データベースを利用してインターネット上で過去の論文を検索することになるだろう。関連するキーワードを組み合わせて、自らの関心に近い先行研究を適切に見つけ出すことが重要である。ただし、スポーツ経営学に関する研究は、スポーツ医学やトレーニング科学領域の研究に比べて先行研究の数が少ない。自らの関心に近い先行研究が見当たらない場合には、バスケットボールだけにこだわるのではなく別の競技を対象として行われた研究を参照する必要がある。

こうしてスポーツ経営学の研究という視点からバスケットボールの経営に関する実践現場をながめることで、自らの研究テーマを絞り込んでいくのである。

表7－1　国内の主なスポーツ経営関連学会と機関誌

学　会	機関誌
日本体育学会（体育経営管理専門領域）	体育経営管理論集
日本体育・スポーツ経営学会	体育・スポーツ経営学研究
日本スポーツ産業学会	スポーツ産業学研究
日本スポーツマネジメント学会	スポーツマネジメント研究
日本体育・スポーツ政策学会	体育・スポーツ政策研究

2. 調査・分析

　研究テーマが定まったら，調査を行うことで研究に必要なデータを収集していく。スポーツ経営学の調査・分析の方法は，多くの人の考えや感じていることなどを数値に置き換えて分析していく定量的研究の方法と，対象者数を絞ってその人たちの行動や考えを深く分析していく定性的研究の方法とに大きく分けられる。定量的研究は，あらかじめ仮説を立て，多くの事例から少しずつ得られる事実によってその仮説を検証していく方法で，定性的研究は，少ない事例から多くの事実を集める過程で仮説を生成しながら検証していく方法，というイメージを持っておくと良いだろう。

　以下では，定量的研究の代表として質問紙調査，定性的研究の代表としてインタビュー調査を例にとりながら，調査・分析の進め方について解説していきたい。これらの方法以外にも，定量的研究としては対象者の様子をビデオで撮影し特定の行動をとる時間や回数を計測したり，機器を使って試合観戦者の心拍数や脳波を測定する方法などが考えられる。定性的研究としては，声をかけることなく対象者の行動を観察する方法や，自らがメンバーの一員として活動を共にしながら周囲の様子を観察する方法などがとられることもある。また，インタビュー調査を行った場合でも，特定のキーワードの発現回数や発現パターンをカウントして数値データとして取り扱うなどすることで定量的な分析が可能となる。

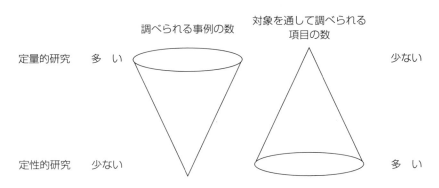

佐藤郁哉（1992）フィールドワーク 書を持って街へ出よう．水曜社を参考に作成
図7－2　定量的研究と定性的研究のイメージ

2．1　質問紙調査

2．1．1　データ収集

　質問紙調査を行う場合は，データ収集前までにテーマをよく絞り込み，仮説を設定しておかなければならない。そのうえで，その仮説を検証するための質問紙の作成が行われる。

　研究の目的に向かって適切に質問紙が作成されているかどうかは，研究方法の妥当性を確保するために大変重要なことである。例えば，Ｂリーグなどトップレベルのバスケットボールの試合観戦者が当日の試合観戦を楽しく過ごしているかどうかを質問紙調査によって明らかにする研究を考えてみよう。この場合，単純に「本日は楽しかったですか？」と質問しただけでは，具体的に何が，なぜ楽しかった（楽しくなかった）のかが分からず，イベント経営の実践現場において改善につながる有効な示唆を得ることはできない。バスケットボール観戦における楽しさの要因をゲーム内容や会場の雰囲気，さらには飲食や座席の座り心地などに分けておく必要がある。また観戦経験の評価は事前の期待との差によって測定されることから，事前の期待の大きさについても質問を用意する必要があるだろう。こうして，質問項目について検討を重ねた後，さらに質問文の言い回しや回答形式などを慎重に検討したうえで，調査で用いる質問

表7－2　質問文作成上の主な注意点

注意点	悪い例
専門用語や難しい言葉，あいまいな言葉を用いない	ブースター，トランジション
回答を誘導する問い方をしない	頑張ってほしいと思いますか？
一つの質問に複数の論点を含まない	ショーや食事はどうでしたか？
いずれかの選択肢には当てはまるようにする	「その他」が用意されていない

表7－3　質問紙における主な回答形式

形　式	回答のしかた
単一回答	選択肢の中から1つを選ぶ
複数回答	選択肢の中から複数（指定された数）を選ぶ
順位付け	好きな順，重視している順などの視点から選択肢に順位を付ける
段階評価	満足・やや満足・やや不満・不満などの選択肢から一つを選ぶ
自由回答（数値）	当てはまる数値を記入する
自由回答（文字）	当てはまる語句や文を記入する

紙が作成されるのである。

　質問紙が作成されたら，調べたい対象となる集団（母集団）の中から適切に調査対象者（標本）を抽出したうえで，対象者に対して質問紙を配布する。試合観戦者を対象とする調査のように対象者が1か所に集まる場合はその場で配布・回収が可能だが，複数の高等学校のバスケットボール部顧問や，各地のバスケットボールクラブ指導者等を対象とする調査の場合は，質問紙を郵送しまた送り返してもらうこととなる。また，最近では対象者にメールを送ったり特定のサイトを閲覧してもらうなど，インターネットを用いたWEB調査が行われることもある。対象者の数や質問紙の渡し方，回収の仕方は調査に費やすことのできる費用，期間，人員（調査員）等を考慮しながら，調査対象者に確実に届けられ，高い回収率を得られるような方法が用いられなければならない。なお，有効回収率（有効回収数／配布数）は論文の信頼性に関わる重要な指標であり，論文中に必ず記載しなければならない事項であるので，調査時には配布数を正確に記録しておくことはもちろんのこと，回収率を高めるために調査の目的や結果の取り扱いを記載した調査依頼書を添付したり，質問紙を見やすくレイアウトするなどの工夫が必要である。

2．1．2　データ分析

　調査票を回収したら，結果を分析するためにまずは回答をPCに入力していく。高度な分析のため後に統計分析ソフトを利用する場合でも，今日ではソフト同士のデータ互換性が確保されているので，ここではMicrosoft Excelなどの代表的な表計算ソフトに結果を入力していくのが良いだろう。Excel上では設問を横に並べ，1行に1人の対象者の回答を入力していくようにする。

　分析にあたり，まずは回答者の属性を明らかにするため性別，年代等の基本的な情報を単純集計で明らかにする。多くの研究では，バスケットボールのプレー歴や観戦歴等も基本属性として示すことになるだろう。他には居住地域，学校種別（学生の場合），同行者等についても集計して記述することが考えられる。

　2つの項目にまたがって調査結果を得たい場合は，クロス集計表を作成する。代表的な例としては性別×年代，学校種別×バスケットボールのプレー経験などが考えられる。1項目の単純集計よりも複数項目のクロス集計によって，調査対象者たちの姿が具体的に浮かび上がってくるだろう。ここまでの結果だけ

表7-4 単純集計表の例

	回答数	回答率
男性	128	40.9%
女性	185	59.1%

表7-5 クロス集計表の例

学校種別 \ バスケ経験	あり	なし
小学校	33	31
中学校	30	18
高等学校	58	41
大　学	40	62

をみても，どのような人たちがBリーグ会場へ足を運び試合を観戦しているのか等，マーケティングにつながる基礎的情報が得られる。

　試合観戦者たちによる観戦経験の評価についてさらに深く明らかにするためには，統計学の手法を用いて分析を進める必要がある。詳しくは統計学の専門書に譲るが，SPSS，SAS，JMPといった統計分析ソフトを用いて分析することで，観戦行動やその動機，さらにはそれらの背後にある要因等について明らかにすることができる。

2．2　インタビュー調査
2．2．1　データ収集

　インタビュー調査によるデータ収集の方法は，何人に対し同時にインタビューを行うかや質問内容をあらかじめどれくらい決めておくかによって複数のタイプに分けられる。それぞれの特徴を理解したうえで，調査の目的に沿って適切な方法が採用されなければならない。

　インタビューの実施においても，対象者の抽出は重要である。調査をしたい組織やグループについて，情報をよく知っている内部の人やキーパーソンにアプローチできなければ，研究にとって有意義な情報を得ることはできない。ただし，最初からキーパーソンへのインタビューが叶わなかったり，誰がキーパーソンなのかいろいろな人の話を聞いていかないと分からないこともある。そんなときには，インタビュー調査における対象者の抽出方法としてよく採用されている「スノーボール・サンプリング（雪だるま式標本法）」を用いるのがよいだろう。これは，インタビューを実施した対象者に次の対象者を紹介してもらう方法で，これによってキーパーソンへのアクセスが開けてくる。

　調査対象者が抽出されたら，研究の目的や意義，主な質問項目，連絡先等を

表7-6　インタビューの種類と特徴

種　類	特　徴
個別インタビュー	一度に1人の対象者に実施する。話を深く掘り下げて聴くことができる
グループインタビュー	一度に複数の対象者に実施する。対象者同士の相互作用で幅広い情報が得られる場合がある
構造化インタビュー	あらかじめ用意した項目に沿って質問する
半構造化インタビュー	あらかじめおおまかな設問を用意し，回答に対して詳細に質問していく
非構造化インタビュー	設問をあらかじめ用意せず自由に語ってもらう

記載した調査依頼書を先方に渡し，具体的なインタビューの日時を決めてインタビューを実施する。インタビューでは冒頭にあらためて研究の目的や意義を説明し，主旨を理解して協力していただけるようであれば同意書にサインをしていただく。同意書には報酬の有無や金額，インタビュー内容の録音の許可や，録音データを第三者に漏らさないなど結果の取り扱いに関する事項を記載しておく。こうして同意が得られたら，用意された質問項目をもとにインタビューを実施する。インタビュー中は，録音していたとしても内容の理解と万が一の時に備えるためにメモを取りながら話を聞いておく。インタビュー後にチェックしたところ，録音機器がうまく作動していなかったということもよくある話である。実施後は数日以内にお礼状を書くなどして，調査協力に対する謝辞を伝えるようにしたほうが良いだろう。インタビューは対象者の好意によって実現することを忘れてはならない。

2．2．2　データ分析

インタビューによって得られたデータは，自らのメモという文字データと，録音した音声データの二種類である。この後の作業では基本的に文字データを扱っていくことになるので，まずは音声データの文字起こしをしておく。

数量データの分析方法にさまざまな統計的手法があるように，文字データの分析においてもさまざまな方法が存在するが，ここではその代表例としてKJ法を紹介しておきたい。

KJ法という名称は，この手法の開発者である文化人類学者，川喜田二郎氏

のイニシャルに由来している。KJ法は，まず長いインタビュー記録を意味のかたまりごとに要約し，いくつかのラベル（「見出し」）を作成することからはじまる。次に，すべてのラベルをながめて複数の"似ている"ラベルのセットを作り，各セットの内容をよく表すラベル（「表札」）を作成する。この作業を繰り返し，すべてのラベルが10セット以内のグループにまとまったら，それらを紙の上に配置し，グループ間の関係を整理する。すると，複数の対象者へのインタビューから語られた様々な事項が整理され，研究対象としていた課題の全体像が浮かび上がってくるのである。

最近では，マインドマップ作成ソフトやアウトラインプロセッサと呼ばれるソフトを用いることで，これらの作業過程の一部や思考の整理をPC上で行うことも可能になっている。

3．執　筆

データの分析が完了したら，論文の執筆によって，得られた知見を社会に公開する。スポーツ経営学の研究では，一般に目的，方法，結果，考察，結論，参考文献といった項目によって論文が構成される。

目的では，本研究の必要性や社会的意義について述べ，先行研究で何がどこまで明らかにされているかを示したうえで研究課題や仮説を述べる。

方法では，研究の理論的枠組みや，調査・分析に用いた手法等を詳細に記述する。目的を達成するために妥当であり，科学的な信頼性が認められる方法で研究が行われたことを記述していないと，研究自体の妥当性や信頼性が揺らぐこととなる。また質問紙調査の回収率やインタビューの日時と時間，対象者の年齢や性別なども記載する必要があるので，調査実施時からこれらの情報を記録しておく必要がある。

結果では，本研究によって得られた結果を記述する。図や表を用いるなど視覚的にも分かりやすいものとし，表内の注目すべき点や数値の読み解き方，意味する内容について客観的視点から述べる。

考察では，研究の結果を解釈することでなぜそのような結果が生じたのかを明らかにし，研究課題や仮説に対する答えを導き出す。調査によって得られたデータは，あくまでもある事実を検証するための指標であるから，そこから得

られた結果に基づいて，当初設定した研究課題に対してどのようなことが言えるのかを示さなければならない。一方，考察での記述内容が調査結果から飛躍した主観や推測にならないように注意することも必要である。

　結論では，研究の意義や課題および研究によって明らかにされたことを簡潔にまとめる。また，本研究の限界を示したうえで今後の研究課題に触れておく。ここには，本研究では明らかにできなかったことを書いたり，本研究によって新たな知見が得られたことで次の課題として発見されたことなどを書く。

　最後に，参考文献として論文内で引用したり参照した文献を明記しておく。ここでは著者名と書籍や論文のタイトルだけでなく，発行年，出版社，参照ページ等も記述しなければならないので，研究の中で参照した文献についてはその都度，該当箇所を記録するなどしておかないと，最後の最後で以前に参照した文献が見つからず，大変な苦労をすることになる。

文献
新睦人（2008）社会調査ゼミナール．有斐閣
岩佐英彦，宿久洋（2009）授業評価・市場調査のための「アンケート」調査・分析ができる本．秀和システム
川喜田二郎（1986）KJ法――渾沌をして語らしめる．中央公論社
佐藤郁哉（1992）フィールドワーク 書を持って街へ出よう．水曜社
佐藤望編著（2012）アカデミック・スキルズ 第2版――大学生のための知的技法入門．慶應義塾大学出版会
日本体育学会（2017）学会大会一般研究発表分類コード表．日本体育学会
パンチ，K.F. 著：川合隆男監訳（2005）社会調査入門――量的調査と質的調査の活用．慶應義塾大学出版会
フリック，ウヴェ著：小田博志ほか訳（2002）質的研究入門――〈人間の科学〉のための方法論．春秋社
八代勉（2006）体育・スポーツ経営学．（社）日本体育学会監修，最新スポーツ科学事典．平凡社
柳沢和雄，清水紀宏，中西純司編著（2017）よくわかるスポーツマネジメント．ミネルヴァ書房

8. 社会学

　昨今のバスケットボール界は，2016年に開幕したＢリーグの誕生を見ればわかるように，過渡期であり，様々な課題に直面している。たとえば，2012年12月に大阪市の高校バスケットボール部の生徒が，顧問の度重なる暴力行為のために自殺する事件が起こった。この悲劇を受けて，2013年４月に日本体育協会，全国高等学校体育連盟等の５団体は，「スポーツ界における暴力行為根絶に向けた集い」を開催し，「暴力行為根絶宣言」を採択した[注1]。その後，バスケットボールの指導現場で本当に暴力行為は根絶したといえるのだろうか。

　残念ながら，筆者が2016年３月に行った調査によると，各都道府県大会でベスト32以上に進出したチームの指導者310名のうち，17名（5.5％）の教員が大阪の事件以降に，生徒に暴力行為を行ったと回答した（千葉，2017）。欧米のスポーツ現場では，指導者による暴力行為が発覚すればすぐに解雇される状況があるにもかかわらず，日本ではなぜ暴力を伴う指導がある程度受け入れられ，根絶することが難しいのだろうか。

　こうした指導現場で起こる問題を解決するためには，適切な研究方法に基づく調査が必要であり，具体的な証拠に基づく指導上の実践が求められる。体育・スポーツの学会では，大学生を対象にした過去の「体罰」経験に関する質問紙調査が数多く行われてきた（阿江，2000；高峰ほか，2016）。一方で，調査結果に基づき，顧問と指導者の考え方や指導方法を改善するような働きかけが不十分であった。日本バスケットボール協会（2002）は，公認コーチ資格を取得する指導者向けに『バスケットボール指導教本』を出版しているが，大阪の事件以前には，暴力行為やモラルに関する問題は一切扱われていなかった。その後，事件後に改訂された『バスケットボール指導教本改訂版』（2014）では，第１章コーチの役割と責任において「７　モラルの徹底」という項目が加えられ，セクシャルハラスメントや暴力行為の禁止が言及されるようになった。確

かに日本バスケットボール協会主催の講習会で、モラルの徹底について確認されるようになったが、そのような講義を受けただけで暴力を伴う指導を行ってきたコーチが考えを改めるかどうかは定かではない。

　バスケットボールの指導現場で起こる問題を改善するためには、競技に関わる学生、研究者が批判的な視点を持つ必要である。たとえば、社会学者のデュルケム（1978）は、著書の序文で次のように社会学の存在意義について説明している。

> いやしくも社会についての一科学が存在するとすれば、それは、種々の伝統的偏見の単なる敷衍にとどまるべきではなく、一般人の目に映じるのと異なる仕方でものを見るようにさせることを予期しなければならない。というのは、およそ科学の目的は発見をなすことにあり、しかも、一切の発見は、多かれ少なかれ通念にさからい、これを戸惑わせるものであるからである。（デュルケム，1978）

　つまり、われわれは自ら経験したことを当然のことと認識する場合があり、過去の経験を美化して、選手に古くさい考えを押しつけてしまうことがある。たとえば、自分が所属したバスケットボール部の指導者が平手打ちや暴言を頻繁に行っていた場合に、指導者の暴力を強くなるための指導や「愛の鞭」ととらえ、自分が指導者になったときに選手への暴力を正当化することがある。すなわち、暴力の再生産である。しかし、指導者の暴力は一般社会で同じことが起これば傷害罪が適応される犯罪行為になる。社会学の意義は、ある集団の成員が当たり前と考えていることのおかしさを明確な証拠に基づいて示すことにあるだろう。社会学的な視点を持ち、日本のバスケットボール界で起こる課題を研究することで、よりよいバスケットボールの実践を後押しすることにつながるにちがいない。

1. 社会学の方法論

　社会学者の盛山（2004）によると、社会調査は、量的調査（quantitative research）と質的調査（qualitative research）に区分される（図8-1）。量的調査とは、質

問紙調査などに基づき，多くの対象者の意識や実態などを浅く広く数量化し，多くの場合，統計的に処理する研究である。一方で，質的調査とは，インタビュー調査などの方法を用いて，ある一定の人々の意識を深く明らかにする場合に行われる。両者の調査方法には，一長一短があり，目的に応じて使い分ける必要があり，トライアンギュレーション（方法論的複眼）といって両方の方法を組み合わせる場合もある（佐藤，2005）。スポーツ社会学やスポーツ経営学の研究者のなかには，質問紙調査やインタビュー調査の専門家というように，特定の方法論を極め，その方法しか使わない研究者も多いが，本来，調査目的に応じて，適切な方法を選ぶべきであろう。

　量的調査には，質問紙調査以外にも，メディア分析で用いられる内容分析や頻度分析も含まれる。たとえば，新聞のデータベースを使って，1980年から2016年まで「バスケットボール」と「体罰」という用語が含まれる記事が何件あったかを調べ，時代ごとの「体罰」事件との関連を調べることができるだろう。一方で，質的調査には，参与観察という方法がある。たとえば，フランスの文化人類学者，レヴィ・ストロース（1977）が，1年間ブラジルの先住民族とともに生活し，親族組織の特徴を明らかにした研究ではこの方法が用いられた。

　メディア研究では，新聞やテレビ番組などをテクスト分析する方法がよく用いられる。たとえば，アメリカのスポーツ社会学者，Andrews（1996）は，NBAのスーパースターであったマイケル・ジョーダンが類い希な活躍を通して，白人のように賞賛される一方で，賭博事件の際には危険な黒人としてメディアから否定的に描写された事例を分析している。ここでの方法論は，カルチュラル・スタディーズやポスト構造主義，ポストモダニズム理論に基づくテクスト分析である。テクスト分析は，新聞の記事やテレビ番組に対する主観的な分析だとして批判されることがあるために，カルチュラル・スタディーズでは記事・番組の作り手への調査や，オーディエンス研究を含めて複合的に研究する必要性が指摘されている（ターナー，1999）。

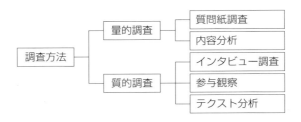

図8－1　社会学の調査方法の種類

2．インタビュー調査の種類

　この節では，質的調査のなかでもインタビュー調査の方法について詳しく説明する。インタビュー調査と言っても，目的や理論的背景によって様々な種類がある。インタビュー調査は，指示的面接法と非指示的面接法に分かれる（表8-1）。指示的面接法とは，世論調査のように，「事前に作成された調査票をもとに，調査者が質問をマニュアルに従って読み上げ，回答は一定のカテゴリーによりその場で区分けされて記録される」（森，1997）方法である。この方法は，調査員が質問を読み上げる以外に，質問紙調査と基本的に変わりがない。一方で，非指示的面接法とは，「調査者が問題意識と主要な質問項目はもっているが，事前に詳細まで準備された質問をほとんどもたず，相手や状況に応じて質問内容や形態を変えるインタビュー」（森，1997）である。

　さらに，非指示的面接法には，理論的背景によって様々な方法がある（表8-1）。たとえば，森（1997）は構築主義の立場から，日本人留学生に関する言説がいかに構築されたかを明らかにするために，インタビュー調査を行った。この研究では，ある言説が構築された過程を分析単位として考察を行っている。またグラウンデッド・セオリー・アプローチでは，社会現象におけるデータの収集と分析を通じてデータに根ざした理論の生成を目指している（グレイザーとストラウス，1996）。生活史調査とは，「個人の語りに立脚した総合的な社会調査」（岸他，2016）である。この手法は，ある社会的な状況に個人の人生全体の話を通して，歴史的にある時代の人々の考えや意識を明らかにする方法である。生活史調査のインタビュー時間は，通常，1時間半から3時間程度である。また半構造化インタビュー（semi-structured interview）には，調査の目的に応

じた様々な方法がある（表8-2）。

　フリック（2002）は，半構造化インタビューとして焦点インタビュー，半標準化インタビュー，問題中心インタビュー，専門家インタビュー，エスノグラフィック・インタビューの五つを紹介している（表8-2）。

　焦点インタビューは，メディア研究のために開発され，インタビューガイドに基づき，映画やラジオ番組などを観た視聴者に与える影響を調べる方法である。半標準化インタビューでは，「主観的理論を再構成するために開発した

表8-1　インタビュー調査の種類

	理論的背景と種類	特徴	文献
指示的面接法	世論調査	世論調査のように，「事前に作成された調査票をもとに，調査者が質問をマニュアルに従って読み上げ，回答は一定のカテゴリーによりその場で区分けされて記録される」（森，1997：46）	森（1997）
非指示的面接法	構築主義	たとえば，日本人留学生は日本社会の逸脱者だという言説の構築に関わった人々にインタビューを行い，ある言説が構築された過程を分析単位として考察を行う。	森（1997）
	グラウンディッド・セオリー・アプローチ	社会現象におけるデータの収集と分析を通じてデータに根ざした理論の生成を目指す。	グレイザー＆ストラウス（1996）
	生活史調査	「個人の語りに立脚した総合的な社会調査」（岸，2016：156）。ある社会的な状況にある個人の人生全体の話を通して，歴史的にある時代の人々の考えや意識を明らかにする方法。	岸（2016）
	半構造化インタビュー	インタビューの目的に応じた様々なインタビュー方法がある。	フリック（2002）

表8-2　半構造化インタビューの種類

インタビューの種類	インタビューの特徴
焦点インタビュー	メディア研究のために開発され，インタビューガイドに基づき，映画やラジオ番組などをみた対象者に与える影響を調べる。
半標準化インタビュー (semi-standard ized interview)	「主観的理論を再構成するために開発した特殊なインタビュー形式」（フリック，102）。ある知識に関するインタビューを複数回行い，コミュニケーションによる妥当化が達成される。
問題中心インタビュー	特定の問題に関するライフヒストリーの収集
専門家インタビュー	特定の実践の専門家を対象に，ライフヒストリーではなく，専門的知識に限定してインタビューする方法
エスノグラフィック・インタビュー	フィールド調査で行われる参与観察において行われるインタビュー。

特殊なインタビュー形式」(フリック，2002)である。ある知識に関するインタビューを複数回行い，コミュニケーションによる妥当化が達成される。問題中心インタビューでは，特定の問題に関するライフヒストリーの収集を目的にインタビューが行われる。専門家インタビューでは，特定の実践の専門家を対象に，ライフヒストリーではなく，専門的知識に限定してインタビューする方法である。エスノグラフィック・インタビューでは，フィールド調査で行われる参与観察において行われるインタビューである。

　インタビュー調査は，研究者の数ほど方法があると言われ，調査目的や対象者に応じてインタビューの方法を工夫する場合が多い。したがって，研究で何を一番明らかにしたいかを考えて，自分の調査に最も合う方法を選ぶことが大切である。

3．インタビュー調査のサンプリング方法

　インタビュー調査をするときに，どのような集団，もしくは個人をどのようにして選択し対象とするべきか決める必要がある。サンプリング（標本抽出）の方法には，大別すると統計的サンプリングと理論的サンプリングがある（フリック，2002）。

　統計的サンプリングでは，母集団の範囲とサンプル数が事前に決定している。母集団とは，「調査が探求しようとする対象物」(盛山，2004)であり，日本国民だったり，日本のバスケットボール競技登録者だったり，北海道にある中学校バスケットボール部の顧問であったりする。統計的調査の場合には，サンプリングにおいて無作為抽出を行うことが多い。無作為抽出とは，「母集団の中のすべての個体にとって，標本として抽出される確率が等しいものになっているような抽出法」(盛山，2004)である。具体的には，世論調査のように日本全国の有権者の内閣支持率を調査する場合には，全国各地の選挙人名簿から無作為に対象者を選び，電話や郵送で調査する場合に用いられる。統計的サンプリング方法は，質問紙調査を行う場合に一般的に用いられるが，インタビュー調査においても研究対象者の属性が明確な場合には用いられることがある。

　一方で，理論的サンプリングでは，インタビュー調査において用いられ，母集団の範囲とサンプル数が事前に決まっておらず，「理論的飽和」に到達した

ときにサンプリングは終了する。理論的飽和とは，インタビュー調査において「新しいサンプルを検討しても何も新しいものが浮かび上がらなくなった時に終了する」（フリック，2002）という考え方である。

グレイザーとストラウス（1996）は，理論的サンプリングについて次のように説明している。

> 理論的サンプリングとは理論を産出するために行うデータ収集のプロセスである。このプロセスを通じて分析者はデータの収集とコード化と分析を同時に行い，どのデータを次に収集するべきか，それはどこで見つけてくるべきか，といった決定を行う。このプロセスの目的は理論が浮上してきた時に，これを発展させることにある。データ収集のプロセスは浮上しつつある理論によって統制を受ける。（グレイザーとストラウス，1996）

つまり，理論的サンプリングでは，インタビュー調査の分析を通して新しい理論を生み出すために行われており，質問紙調査のように予め何らかの理論に基づいて調査を行っている訳ではない。

インタビューの対象者を集める時に，スノーボール・サンプリング（雪だるま式標本法）という方法が用いられる。この方法では，インタビュー対象者から別の対象者を紹介してもらい，雪だるまが坂を転がる間に大きくなるように対象者を増やすことができる。インタビューのサンプルが理論的飽和に到達した場合に，インタビュー調査は終了する。

4．半構造化インタビュー調査の方法

筆者はこれまで半構造化インタビューを外国出身選手に対して行ってきた（千葉，2014）。調査の目的は，海外のスポーツ選手が日本リーグ（ラグビーのトップリーグやバスケットボールのJBL）に移籍する動機とスポーツ文化の違いについて明らかにすることであった。調査をする前に質的調査法に関する様々な著書や論文を読み，自分の調査にあてはまる方法を調べた。あるインタビュー調査に関する本を読んでいると，インタビュー調査には鉱山の鉱夫のように，一カ所で何年も調査する場合と，旅行者のように様々な場所にでかけ

初めて会う人から話を聞く場合があるという記述を見つけた。筆者の場合には，後者の旅行者のように，初めて会った人から，スポーツ選手の生い立ちやスポーツ経験，移住経験などを聞き取ることが多かった。

表8−2の半構造化インタビューの中では，専門家インタビューが一番自分の調査にあっていると考えた。しかし，専門家インタビューを行う上での理論的な枠組みが明確ではなかったために，私の調査の場合には，別の理論的枠組みを参考にした。外国人選手が日本の実業団リーグに移籍する理由を説明するための理論が必要であったために，移民研究の中から新古典派経済学理論を参考にしてインタビューの結果を解釈することにした（千葉，2014）。

聞き取り内容の分析に際しては，佐藤（2008）が紹介するMAXQDAソフトを利用した（http://www.maxqda.com/）。何十頁にも及ぶインタビューデータを分析するときに，どのように分析して良いか途方に暮れてしまうことがある。MAXQDAソフトは，ワードに聞き起こした内容を，項目ごとに分類し，インタビュー内容を分析する時に手助けになる。たとえば，数多くあるサンプルデータの中で，「日本への移住動機」，「スポーツ文化の違い」などの項目を作り，データに付箋紙を貼るように，必要な部分だけをまとめ，表などを作成する上で役に立った。

5．「スポーツ生活史」調査

筆者は大学院生時代に，メジャーリーグのイチローのように国境を越えて一時的もしくは恒久的に「移住」する競技者を，「越境スポーツ選手」と呼び，彼らに関わる問題を研究した。外国人や外国出身のスポーツ選手の事例を調べるなかで，日本のスポーツ界では「在日コリアン」と呼ばれる，朝鮮半島に起源を持つ人々が数多く活躍してきたことに気づいた。大学院生時代には在日コリアンに関する著書や新聞報道をもとに文献研究をしていたが，2003年にトヨタ財団の研究助成金を受領し，Jリーグに在籍した在日コリアンの民族アイデンティティに関する調査を行うことができた（千葉，2014）。

在日コリアンに関する先行研究は多数あり，その多くは2〜3時間に及ぶ生活史調査（ライフヒストリー）を行っていた。在日コリアンの家族関係や幼少期からの差別の経験，進学，結婚，民族意識など詳しく聞けば当然のように長

い時間がかかる。しかし筆者の調査では、対象者が現役のJリーガーであったために、2～3時間に及ぶインタビューを依頼することが難しかった。通常、新聞記者やテレビのアナウンサーの取材は30分から1時間程度で終わることが多く、長時間に及ぶインタビューを依頼すれば最初から断られることが多かった。

　結果的に、Jリーグに在籍した5名の在日コリアンからインタビューを取ることができた。何人かの対象者からは、サッカーに関わりのない取材であるためという理由で、インタビュー調査を断られた。したがって筆者は、1時間の中で選手の出身地、家族構成、幼少期からのサッカー経験、民族アイデンティティ、在日にとってサッカーの意味・価値などについて聞き取りを行った。それはいわば、「スポーツ生活史」といえるような方法でスポーツ選手としての経験を中心に、民族アイデンティティとサッカー文化の違いについて調査を行った（千葉，2014）。

　インタビューのデータを分析する際には、一人一人のインタビュー内容を別々の節に分けて提示することにした。すでに紹介した半構造化インタビューでは、主に日本への移住動機とスポーツ文化の違いを分析することが目的だったために、各選手の移住動機を表にまとめ、わかりやすく提示した。しかし、生活史調査のデータは、一人一人のデータがその人の半生を表す作品であり、他の人の話と共鳴する部分だけを切り取り、分析することは難しいと考えた。もちろん、考察の部分では、対象者5名の民族アイデンティティの特質を比較検討したが、各節では各個人の話の中心的な部分を提示することにこだわった。

6．質的調査方法への批判に対するディフェンス

　筆者は、大学院生時代にインタビュー調査などの質的調査を行い、学会発表や博士論文の口頭試問などを行う際に、調査方法に関する様々な質問、批判などを受けた。多くの質問や批判は、スポーツ生理学やバイオメカニクスなどの研究者や、質問紙調査を用いた統計的研究の専門家からなされた。体育・スポーツ学の研究領域は、学際的な研究分野の寄せ集めであり、理系から文系まで多様な学問的背景を持つ研究者で構成されている。したがって、実験や質問紙調査で報告された結果を統計的に分析する研究が客観的で科学的な研究だと

考えている者が多い。こうした研究者は，質的調査の基本的前提を理解していないために，以下のような質問をすることがあった。

質問1．インタビュー調査は主観的な人の話に基づき，研究を行っており，客観的な科学の研究とは言えないのではないか。

　インタビュー調査の目的は，特定の人々の選好，意識，価値観，人生観，ある行動を行った際の動機など様々である。質問紙調査などの量的調査で数量化できない，人の内面を深く知るための研究方法である。さらに，インタビュー対象者が質問に答えた内容は主観的な意見だとしても，ある特定の人が話をした内容という点で客観的な資料になる。また質問紙調査においても，スポーツ参加の満足度，スポーツイベント・種目の選好，スポーツ参加の動機など極めて主観的な内容を調査している。しかし，5段階のリッカートタイプの選択肢に基づき数量化されたデータを統計的に分析し，有意差を示すと客観的で科学的な研究であるという印象を与える。質問紙調査でもインタビュー調査でも対象者の内面を深く知ろうと思えば，人々の主観的な意識を問題にする必要がある。つまり，主観的な内容をいかに客観的に示すかの方法に違いがあるに過ぎない。

　その結果に基づき，スポーツ実施者を増やすための政策の立案や，問題行動を是正するためのプログラムの作成など，スポーツ現場で役に立つ調査結果を生み出すことができるだろう。

　また現象学では，客観性に関する認識自体から問題にしている（竹田，1993）。たとえば，われわれ人間は，同じように社会を認識しているという前提で研究をする場合が多い。しかし，人間以外の生き物の視点に立てば，人間のモノの見方とは別の視点があるかもしれない。人間が机，ボールペン，パソコン，窓というように認識している物が，ハエから見れば単なる物としてしか認識しないかもしれない。つまり，人間が同じように客観的に認識していると考える物事が，他の生き物から見たら別の認識枠組みを持っているかもしれない。

　さらに，異文化理解という観点から物事を眺めれば，国民性によって物事の認識の枠組みが異なることがある。たとえば，月の模様に何を思い浮かべるかは国によって異なる。日本では伝統的に餅をつく兎の姿を思い浮かべる。一方で，北ヨーロッパでは本を読むおばさん，南ヨーロッパでは蟹，中東では

吠えているライオンなど国によって月の模様に何を見るかに違いがある（藤井，1994）。つまり，同じモノを見ても何を想像するかは，人々の認識の枠組みによって異なる。客観的だと思っている認識の枠組み自体から疑うことで，より多角的な視点を獲得し，自らの文化の特質を明らかにできるだろう。

質問２．インタビューにおいて，対象者が都合の悪い話に関して嘘をついた場合，インタビューのデータ自体誤った内容に基づいてしまうのではないか。

　基本的にインタビューの聞き手は，対象者の話を正確な事実として聞くべきである。場合によっては，話し手の記憶違いで，ある出来事の日付や場所が間違っている場合もある。その場合には，内容を訂正したり，注をつけたりして，読者が正確に話を理解できるように努めるべきである。インタビュー対象者が嘘をつくかもしれないという態度で話を聞いたら，話し手は快く話をすることは難しくなるだろう。

　またインタビュー対象者のプライバシーを考慮して，仮名でインタビュー結果を公表し，発表前に原稿の内容を再確認することで話し手が不利益を被ることがないように十分に配慮する必要がある。

注
注１）日本オリンピック委員会のホームページより（http://www.joc.or.jp/news/detail.html?id=2947）

文献
阿江美恵子（2000）運動部指導者の暴力的指導の影響：社会的影響過程の視点から．体育学研究，45（1），pp.89-103.
岸政彦・石岡丈昇・丸山里美（2016）質的社会調査の方法―他社の合理性の理解社会学．有斐閣
グレイザー，B.G. とストラウス，A.L.（1996）データ対話型理論の発見―調査からいかに理論をうみだすか．新曜社
佐藤郁哉（2005）トライアンギュレーションとは何か．インターナショナルナーシングレビュー，28（2）：pp.30-46.
佐藤郁哉（2008）質的データ分析法「原理・方法・実践」．新曜社
高峰修・武長理栄・海老原修（2016）高校運動部活動において指導者や上級生から受ける暴力・暴言経験のリスク分析．体育学研究，61：755-771.

竹田青嗣（1993）はじめての現象学．海鳥社
ターナー，グレアム（1999）カルチュラルスタディーズ入門－理論と英国での発展．作品社
千葉直樹（2014）グローバルスポーツ論—「越境スポーツ選手」の社会学．デザインエッグ社
千葉直樹（2017）高校バスケットボール指導者にみる暴力行為に関する認識と指導信条の関係．日本スポーツ社会学会第26回大会プログラム・発表抄録集
デュルケム，宮島喬訳（1978）社会学的方法の規準．岩波文庫
日本バスケットボール協会編（2002）バスケットボール指導教本．大修館書店
日本バスケットボール協会編（2014）バスケットボール指導教本　改訂版　上巻．大修館書店
藤井旭（1994）太陽と月の星ものがたり．誠文堂新光社
フリック，ウヴェ（2002）質的研究入門—〈人間の科学〉のための方法論．春秋社
レヴィ＝ストロース：川田順造訳（1977）悲しき熱帯　上　中央公論社
森俊太（1997）3章　インタビュー調査とリアリティ構成—日本人留学生の社会構築．北澤毅・古賀正義編『〈社会〉を読み解く技法－質的調査法への招待』福村出版，pp.45-71.
盛山和夫（2004）社会調査法入門．有斐閣

Andrews, D., (1996) The Fact(s) of Michael Jordan's Blackness：Excavating a Floating Racial Signifier. Sociology of Sport Journal, No.13., pp. 125-158.

9. 心理学

　ここでは，バスケットボールに関連する"心"の緒事象を科学的に解明する方法について概説する。また，スポーツ心理学の定義を「身体的最高能率を発揮するに必要な条件を心理学的に研究する学問」（松井，1962）とするならば，バスケットボールを対象とした心理学は「バスケットボール選手が身体的最高能率を発揮するに必要な条件を心理学的に研究する学問」と定義されよう。以下「バスケットボールを対象とした心理学」を「バスケットボール心理学」として説明を進める。

1．バスケットボール競技における心理学研究

　山崎（2013）によって示されているスポーツ心理学の研究領域を参考にして，バスケットボール心理学の研究領域を図示した。研究領域は，①学習・パフォーマンス・スキル ②ユース（青少年）③メンタル／心理的スキルとプログ

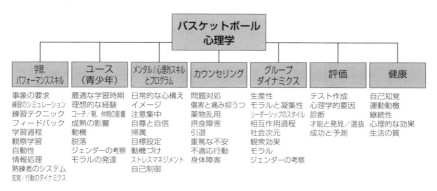

山崎（2013）を参考に作成

図9－1　バスケットボール心理学の研究領域

ラム ④カウンセリング ⑤グループダイナミクス ⑥評価 ⑦健康に分類される。

1．1　学習，パフォーマンス，スキル

　運動学習のメカニズムを研究することは，バスケットボールの運動指導する上でより効果的で効率的な学習を可能にするための知見を与えることになる。現在，絶大な人気を誇っているNBA選手のステフィン・カリー選手（ゴールデンステート・ウォリアーズ所属）は，高い身体能力や身長を有しているわけではなく，どちらかと言えば確率の高いアウトサイドシュートと卓逸したスキルで活躍している選手である。一般的に身体能力やパワーで劣る日本人にとっては格好のモデルとなる選手と言えるだろう。そのような選手が，どのような心理学的な過程を経て卓逸したスキルを学習しているかは実に興味深い。例えば，コツ（身体知）獲得における学習過程をインタビュー調査により明らかにしたり，正確な3Pショットを打つときの視線行動（ex.リングの何処を見ているのか？）をアイトラッキング分析等で記録し明らかにすることは，バスケットボール心理学の研究領域となる。また，最近ではIT機器（iPad等）の活用も運動指導に積極的に用いられるようになってきているが，学習効率を促進するより効果的な情報のフィードバック方法について検討を重ねていくことも今後益々重要になってくるだろう。更に，基本的にバスケットボールはオフェンスとディフェンスの激しい攻防のなかで得点を競い合うスポーツである。そのため1on1の攻防（つまり対人的状況）における技術指導時に役立つ科学的知見を得ることも大切である。NBA 2016-2017年シーズンのファイナルはウォリアーズがキャバリアーズを4勝1敗で圧倒し優勝した。その中で非常に印象に残っているのが，トンプソン選手（ゴールデンステート・ウォリアーズ所属）が相手エースを抑え込みチームに貢献する姿であった。トンプソン選手のような優れたディフェンスマンは他の選手よりもオフェンスの動きを予測し判断する能力が優れていることが予想される（勿論，フットワークなどの身体的な要因も優れているだろう）。この時，優れたディフェンスマンはボールマンの何処を見て予測判断しているかといった視線行動や，脳波（ex. fMRI等）を用いて脳のどの部位を駆使してイメージと実際のプレイを繋いでいるのかなどを分析すると興味深い結果が得られるかもしれない。

1.2 ユース（青少年）

　日本でも，将来有望なバスケットボール選手を早期の段階で発見し効率的に育成を図るシステムが徐々に整いつつある。日本バスケットボール協会が毎年実施しているジュニアエリートアカデミー（ビッグマン）事業はその代表的な例である。この事業では，一定の身長基準を満たした長身のジュニア選手に召集をかけ，トップクラスの指導者や科学者（ex. 栄養，心理など）の指導が受けられるようになっている。日本人の長身選手達は，総じて"優しい"傾向にあると言われており，世界の屈強な強者達と対等に戦うための精神力を鍛えなければならない。心理学研究においては，ジュニア選手のためのメンタルトレーニングプログラム，ジュニア選手の精神力を測定するための指標の開発などの取り組みが必要となってくるだろう。これらの研究を具現化していくためには，海外の強化事業の取り組みに関する情報を収集したり，海外選手との精神力の比較研究を進めていくことも考えていかなければならない。近年では，ジュニア選手の強化事業の進展とは裏腹に，早期に単一種目に没頭してしまうことによる心理的弊害（ex. バーンアウト，ドロップアウト）も問題となっている。これらの問題の解決には，心理学における動機づけの自己決定理論（Deci and Ryan, 1985），目標達成理論（Dweck, 1986），フロー理論（Csikszentmihalyi, 1990）などが鍵を握っている。例えば，ジュニア期の指導をする時には外発的動機づけ（ex. 他者に勝つために頑張る，ご褒美を貰うために頑張る）と同時に内発的動機づけ（ex. 行動そのものがワクワクして楽しいから頑張る）を高めることが重要であると言われている。その際，内発的動機づけを高めるための指導方法，言葉がけ，チームマネジメント，保護者の支援（ソーシャルサポート）などを明らかにしていくことは心理学の研究対象となる。また，長く競技へと没頭していたプロ選手が引退を迎える際，スムーズにセカンドキャリアへと移行する（キャリアトランジション）ことに困難が生じることも問題となっている。これは，「スポーツ選手である自分」でこれまで偏ったアイデンティティ（アスレティック・アイデンティティ）が形成されてきたために，競技引退時にスポーツ選手で無くなることによって生じる「自分とは一体何なのだろう？」といった不安や焦燥感に起因するものと考えられる。アスレティック・アイデンティティは競技パフォーマンスにはポジティブに影響するが，あまりにも偏ったアイデンティティを形成すると結果的に心理的な問題が生じることになる。

従って，選手のアイデンティの成熟や競技引退時のアイデンティティの再体制化を支援する効果的な心理学的プログラムの開発が急務であると言える。

1．3　メンタル／心理的スキルとプログラム

　バスケットボールに必要な心理的スキル（ex. 判断力，予測力等）を明らかにしたり，それらの心理的スキルを向上させるためのプログラムを開発し，その効果を検証することでパフォーマンス向上の支援が可能となる。バスケットボールは，他の競技に比べゲームの展開が速く，1秒1秒の状況判断やプレイで勝敗が大きく左右される。そのようなバスケットボールで必要な心理的スキルは何かを考えた時，まず連想されるのはどのような局面でも気持ちを切り替えてプレイをすることができる集中力だろう。ゲームの展開が速いバスケットボールにおいては，プレイが上手くいかなかったり，ミスをしてしまっても，常に頭をクリアに且つ積極的（Positive）に働かせておく必要がある。ミスによってネガティブな思考が優位に働き，あれこれと気にしてしまうならばミスを繰り返してしまうことになる。そこで役立つ心理技法として，積極的セルフトーク，キューワード，マインドフルネス瞑想などが挙げられるが，バスケットボールを題材にしたこれらの効果の検証は必ずしも十分とは言えない。これを明らかにしていくことは，重要な局面で気持ちを上手く切り替えられずに苦悩するアスリートの精神力強化へと繋がる有益な知見が得られることになるだろう。

　また，NBAの試合を観戦していると"感情表出"という点で，日本人の精神性と大きく異なるように感じられる。NBAの選手達は常に高い覚醒水準でプレイしており，ちょっとしたことがきっかけで怒りを露わにしたり，時に乱闘騒ぎにまでなる。ところが日本の試合では殆どそういった場面を目にすることがない。ポジティブに解釈すると日本人は優しいのかもしれないが，本当に勝負を追求しより高いレベルで闘おうするならば怒りにも似た感情を表現することが強くなるための条件なのかもしれない。もしそうであるならば，そのような精神力を育てるトレーニングプログラムの開発や指標の作成が必要となってくるだろう。一方で，日本人のパースナリティに合った日本人特有の感情のコントロール法も存在し得る。従って，日本と海外の文化差や個人差なども考慮しながら研究を進めていくことで，より最適な解を導き出せるだろう。

1．4　カウンセリング

　競技スポーツに懸命に取り組んでいると、しばしばバーンアウトやドロップアウトなど、極度のストレスが主な原因とされる問題が生じることがある。この領域では、そのような問題の原因を明らかにしたり、ストレス状態を測定する指標の開発、対処法の効果を研究していくことになる。例えばバスケットボールはチームスポーツであるため、指導者やメンバーとの人間関係やレギュラー争いなどの心理社会的ストレスを受けやすい環境にあると言える。そのような環境の中で、如何にして適切にストレスを制御しパフォーマンスを発揮し続けられるかは重要な課題と言える。そこで心理学では、問題となる症状を評価する指標を開発したり、より効果的な評価方法を検討していくことになる。その際研究者は、「この指標（或いは評価方法）は本当に適切なのだろうか？」と常に批判的に検討することが重要である。また、新たな対処法を提案したりその効果を検証することも大切な研究課題となる。そうした研究の積み重ねが、ストレスで悩む選手に対するより質の高い援助に繋がると考えられる。

1．5　グループ・ダイナミクス

　バスケットボールは、"チームスポーツ"であるため、個々の能力が高くとも集団として機能していなければチームパフォーマンスは低下し、勝利は遠ざかっていく。逆に、個々の能力はさほど高くなくても集団として上手く機能していれば、時に誰も予想していなかったドラマを起こすこともある。ここでは、そのような集団として上手く機能するための要因を明らかにし、それらを適切にコントロールしていく方法を主に研究していく。集団として上手く機能するためのヒントを得るためには、リーダーシップや指導者と選手の信頼関係、集団のまとまり（集団凝集性）、集団のパフォーマンスに対する自信（集合的効力感）、組織風土（モラール）などこれらの心理学研究を進めていかなければならない。集団として上手く機能しているチームのリーダー（キャプテン、指導者等）に焦点をあてて研究を進めて行くと、チームとして結果を残すための"リーダーとしてのあるべき姿"が明確となるかもしれない。例えば、これまで多くの結果を残してきた優秀なコーチ（或いはキャプテン）複数名を対象にインタビュー調査をして分析していく上で、ある共通項が明らかとなった場合、一般的な知見として現場の指導者（或いはキャンプテン）へと提供することが

可能となる。またそれらの知見は，指導者育成システムの改善・充実を図る際の一資料ともなり得るだろう。特に，体罰問題が大きく取り上げられるようになった今日において，コーチ育成システムやカリキュラムについてはより質の高い内容が求められるようになりまだ模索段階にある。そのため，指導者育成に関するヒントを得るための心理学研究は今後益々重要視されることになるだろう。

1．6　評価

　一般的には客観的に捉えにくいとされる"心"の有り様を可視化するための指標の作成及び開発を試みていく研究領域である。心理学における指標の作成及び開発というのは主に質問紙作成のことを指す。パーソナリティ，ストレス，バーンアウト，自己効力感，集団凝集性などの心理学的概念を定量的に捉えていこうとした場合，それらの因子構造から明らかにしていき質問紙を作成していくことになる。作成された質問紙は，調査研究や実験研究の評価指標として使用される。作成された質問紙を使用して，より有用となる測定方法を模索していくこともこの研究領域で重要とされている。心理学研究では，心と身体は関係しているという見方（心身相関）で進められる研究もある。例えば，プレッシャーのかかる場面（ex. 重要な局面でのフリースロー）では，心理的な変化（ex. 重要な局面でのフリースロー）と同時に，身体的な変化（ex. ドキドキする，手に汗をかく）を経験することがよくある。これは，"心"と"身体"の変化が密接に関係していることを意味している。従って，研究で心の有り様を評価する場合，指標として質問紙の他に，脳波，心拍数，血圧，内分泌・免疫等の生理指標や行動（パフォーマンス）を扱う場合がある。客観的に捉え辛いという心理学研究の弱点を補強する上でも，単一の指標のみに頼るのではなくより多面的に指標を扱い研究を進めて行くことも重要であると言える。

1．7　健康

　今日のバスケットボール界においては生涯スポーツ（レクリエーション志向）としてのバスケットボールも盛り上がりをみせている。勝つことに重きをおいた競技志向としてのバスケットボールからは離れ，生涯"楽しむ（レクリエーション志向）"ためのバスケットボールもまた魅力的である。仕事や家庭のス

トレスを仲間と汗を流して発散し，練習後に楽しい会話で盛りあがり，大会ではチーム一丸となって勝利を掴みに行く面白さを年齢問わず経験することができる。このように生涯スポーツとしてのバスケットボールは，「コミュニティの生成」「非日常的な情動経験」「人生の充実感」などといった心理的側面で多くの人たちの健康を支えていると言える。また，心理的側面だけでなく定期的に運動することは，身体機能の改善・向上も期待できる。しかし，生涯スポーツとしてのバスケットボールが人々の健康を支えていることを科学的に裏付ける研究は国内外をみてもまだあまり検討されていない。今後，日本は少子高齢化がさらに加速化し"生涯スポーツ"の重要性は益々増してくることが予想される。今は東京2020オリンピック・パラリンピックに向けて日本は慌ただしく動いているが，2020年以降のことを考えると生涯スポーツの重要性を裏付けるエビデンスの蓄積は急務であると言える。

2．心理学研究の進め方

　研究方法は，調べたいと思っているテーマや現在置かれている状況や環境，そして対象などによってより適切な方法を選択しなければならない。そのため，「何を明らかにしたいのか？」をまずは明確にした上で「どのように明らかにするか？」といった方法論を熟考すると良い。心理学の研究方法はその他の分野と比べ多種多様である。ここでは調査研究法（縦断・横断），実験研究法，質的研究法における基本的な方法論について説明する。

2．1　調査研究法（縦断）

　縦断調査は，同一の対象者に質問紙調査を長期間に渡り実施していく研究デザインのことを言う。一方，一度切りの調査で終了する場合を横断調査と言う。縦断調査は，例えば一定期間実施したスポーツメンタルトレーニングの効果を検証したいなど，あるスポーツ集団における心理状態の経時変化を検討していきたい場合に採用されることが多い。例えば，半年間におけるスポーツメンタルトレーニングの介入プログラムの効果を検証する場合，4月（1回目）⇒5月（2回目）⇒6月（3回目）⇒7月（4回目）⇒8月（5回目）⇒9月（6回目）で心理的競技能力診断検査（徳永，2000）結果の経時変化を観察することにより調べる

ことができる。この場合，もしスポーツメンタルトレーニングの介入によって正の効果がもたらされるのであれば，1回目から6回目にかけて徐々に心理的競技能力の得点は高まっていくはずである。このように，チームの心理状態の「経時変化」に着目したい場合，縦断調査を採用することになるだろう。また，上記の例で言えば「時期（4月〜9月）」が独立変数となり，「心理的競技能力」が従属変数となる。この場合は，独立変数が1つであるが独立変数をさらに増やした研究デザインを組むことも可能である。例えば，「競技レベル（上位チーム，下位チーム）」の要因を加えると独立変数は2つとなる。統計分析は，独立変数が1つの場合は1要因分散分析，2つの場合は2要因分散分析を基本的に使用することになる。また，1名の対象（選手，チーム等）の変化を経時的に追っていく研究もある（事例研究）。縦断調査は，経時変化を検討する場合に有効であるが"時間がかかる"という時間的コストの高さが短所である。また，調査が長期に渡るため途中で調査協力から離脱せざる負えない者（練習を休んだ，怪我で練習ができなくなった等の理由で対象から外れるなど）も出てくる可能性があり，サンプルを確保するのが困難な場合もある。従って，縦断調査に取り組む際はそれらの短所も考慮しつつ選択する必要があるだろう。

2．2　調査研究法（横断）

　縦断調査が膨大な時間的コストを要するのに対し，横断調査は一度切りの測定で多くのサンプルを得やすいという点で比較的取り組み易い方法である。例えば，Bリーグ（国内トップリーグ）のチームと大学トップチームの心理的競技能力を比較する場合，各対象チームに1回調査（心理的競技能力診断検査）するだけで比較検討が可能である。この場合，独立変数が「競技レベル（Bリーグ，大学トップチーム）」で，従属変数が「心理的競技能力」となる。統計分析には，2群（Bリーグvs大学トップチーム）の比較なのでt検定を用いる。t検定を用いることで，Bリーグ及び大学トップチーム間の心理的競技能力の差を明らかにすることが可能となる。また，群を増やし3群（Bリーグ，大学トップチーム，高校トップチーム）の比較をする場合，1要因分散分析を用いて比較をすることになる。

　横断調査で関連性に着目したいという場合は，主に重回帰分析や相関分析を用いることになる。例えば，自信と動機づけ（モチベーション）のとの関連性

を検討したい場合，自信を測る尺度得点と動機づけを測る尺度得点の相関分析を行う。この時，自信が高いほど，動機づけも高くなるという結果を示した場合は正の相関，一方自信が低いほど，動機づけが高くなるという結果を示した場合は負の相関，全く関連性が認められなかった場合は無相関と言う。但しこの相関分析では，因果関係まで結論を導き出せないという点で，結果の解釈には注意が必要である。

2．3　実験研究法

実験研究では，主に実験群と統制群（群を条件と呼ぶこともある）の結果を比較することにより対象とする事象の因果関係を明らかにしていくことが狙いとなる。例えば，コーチングにおける選手へのオープンクエスチョン（Open Question: OQ）とクローズドクエスチョン（Closed Question: CQ），どちらの教示方法が「自分で考えられる選手」を育成することができるかを検討する場合，OQ群（実験群）とCQ群（統制群）を配置し研究を進めていく。OQとは，Yes or Noなどの簡単な返事では答えられない質問の仕方であり（ex. 今はどう動けばよかった？），OQ群ではOQを中心に選手に教示を与える。一方で，CQとはYes or Noなどある程度返事の内容が限定される質問の仕方であり（ex. 今は○○して動けば良かったのだ，わかったか？），CQ群ではCQを中心に選手に教示を与え指導効果の違いを検討する。この研究例においては，実験群だけでなく統制群を置くことによって，より客観的に結論を導き出すことが可能となる。また，事前事後でメタ認知能力（自己を客観視する力≒自分で考えられる力）を測る尺度を測定し比較をするというデザインを組むと，独立変数が「群（実験群，統制群）」と「時期（事前，事後）」の2要因，従属変数が「メタ認知能力」の1要因となる。従って，用いる分析は2要因分散分析となる。研究デザインよっては，t検定や1要因分散分析を用いることもあるだろう。

2．4　質的研究法

質的研究は，「プロバスケットボール選手は挫折をどのように乗り越えるのか？」「バスケットボール選手は運動学習においてどのようにしてコツを獲得するのか？」など，量的手法（質問紙調査，実験等）では明らかにすることが困難な疑問をテーマとして扱うことが可能である。質的研究では，質的

データ(インタビュー内容,自由記述等)から,帰納的アプローチにより概念の生成,仮説モデルの作成などを行うことを主な目的としている。分析手法は,KJ法(川喜田,1967, 1970),グラウンディッド・セオリー・アプローチ(Grounded Theory Approach：GTA)(木下,2003, 2009),複線経路・等至性モデル(Trajectory Equifinality Model：TEM)(サトウ,2009)などがあり目的に応じて最も適切な手法を選択していく事になる。中でも,KJ法は比較的容易にデータをまとめることができ,頻繁に用いられている。KJ法では得られたデータを共通の概念としてまとめカテゴリー化していき,対象となっている主要概念の構成要素を可視化していく。しかし,KJ法ではプロセス(時間軸)やカテゴリー間の因果関係を分析の視点として入れることは意図していない。そのため,明らかにしたい主要概念に時間的な要素や因果関係を取り入れたい場合は,GTA,TEMなどを分析法として選択することになる。また,質的研究法においては方法論的妥当性として"客観性"を如何に担保するかが課題となっている。この課題をクリアするために,複数の研究者が質的データの分析に従事(トライアンギュレーション)することにより,客観性を担保する対策がとられている。このように,現場のリアリティを分析上確保しながら知見を見出せる点が質的研究の強みではあるが,方法論上の限界点も有しているため実際に取り組む前に「なぜ,質的研究が必要なのか？」を熟考することが重要である。

3．まとめ

　バスケットボール心理学の研究は,選手やチームのパフォーマンス向上に役立つ知見,又はバスケットボールの魅力を社会に打ち出すために役立つ知見を多く得ることができる研究領域である。FIBAから代表チームの国際試合の出場資格停止処分という制裁を受け,日本のバスケットボール界は窮地に立たされた。しかし,女子日本代表のリオデジャネイロオリンピックでの躍進,国内トップリーグ(Bリーグ)発足で瞬く間にバスケットボールの注目度が高まっている。心理学研究で新たな知見を積み重ねつつ,バスケットボールの価値を高め,競技力向上を支えていくことが我々科学者の使命である。

文献

荒木雅信（2011）これから学ぶスポーツ心理学．大修館書店
川喜田二郎（1967）発想法－創造性開発のために－．中公新書
川喜田二郎（1970）続・発想法－KJ法の展開と応用－．中公新書
木下康仁（2003）グラウンデッド・セオリー・アプローチの実践．弘文堂
木下康仁（2009）質的研究と記述の厚み -M-GTA・事例・エスノグラフィー．弘文堂
サトウタツヤ（2009）TEM ではじめる質的研究―時間とプロセスを扱う研究を目指して．誠信書房
シンガー・ロバート・N，ハウゼンブラス・ヘザー・A，ジャネル・クリストファー・Y：山崎勝男監訳（2013）スポーツ心理学大事典．西村書店
徳永幹雄（2000）心理的競技能力診断検査（DIPCA.3）．株式会社トーヨーフィジカル
日本スポーツ心理学会（2008）スポーツ心理学事典．大修館書店
日本スポーツ心理学会（2016）スポーツメンタルトレーニング教本－三訂版－．大修館書店
松井三雄（1962）体育心理学．体育の科学社
村田光二・佐久間勲・山田一成（2007）社会心理学研究法．福村出版

Csikszentmihalyi, M（1990）Flow: The psychology of optimal experience. New York: Harper and Row
Deci, E.L., & Ryan, R.M.（1985）Intrinsic motivation and self-determination in human behavior. New York: Plenum Press
Dweck, C.S.（1986）Motivational processes affecting. American Psychologist, 41, 1040-1048

10. 生理学

1. バスケットボールに必要な体力とは

　バスケットボールは，約28m×15mのコート上を10分間×4クォーター動き回る球技である（NBA：National Basketball Associationでは12分間×4クォーター）。選手は走るだけでなく，ジャンプや激しいフィジカル・コンタクト（身体接触）を幾度も繰り返し，身体的に大きな負荷・ストレスがかかる高強度のスポーツと言える。

　日本トップレベルの選手において，男女ともに試合中1クォーター当たり約1,200m～1,300m移動していると報告されており（男子：小山ら（2015），女子：山田ら（2015）），例えば4クォーターをフル出場すると，1試合で約5～6km移動（単純な計算であるが，コートの端から端までを1試合で約100～120往復）することになる。移動中には，ダッシュやジョグなどの様々な走速度，ジャンプ，方向転換走などの運動様式が入り混じっており，高いパフォーマンスを発揮するためには複合的な身体能力が必要とされる。Narazakiら（2009）やMatthew（2009）らの研究によると，実践を模した練習ゲームでは，「歩行＞走行＞立位＞ジャンプ」の順で出現回数や動作時間が多かったと報告している（図10-1）。実際のゲームでも様々な身体動作が出現し，身体に加わる負荷量（疲労度）は対戦相手やゲーム展開によって異なってくる。普段の練習において，これらのバスケットボールの種目特異性を理解・意識して練習に取り組むことが重要である。

　小山らの報告によると，男子の世界トップレベルチームと日本トップレベルチームの移動距離および走速度の動作時間を比較すると，198cm未満のガード・フォワード選手においては日本人選手の1クォーター当たりの移動距離が長かった（図10-2左：日本レベル1,334.2±65.1m，世界レベル1,117.6±37.9m）。また，試合中の走速度を比較すると，試合中に4m/s以上の比較的高速度で移

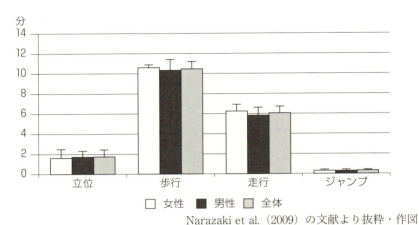

図10-1 実際の試合を模した練習ゲーム時の，各種タイプ別の動作時間（男女ともにプレイタイムは約18分）

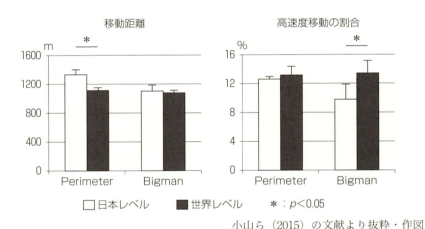

図10-2 身長別でみた世界レベルの試合と国内レベルの試合におけるクォーター当たりの移動距離と高速度移動（4m/s以上）の割合の比較

動している割合について，世界レベルの選手に比べると日本人の198cm以上のBigmanはその割合が有意に少なかった（図10-2右：日本レベル9.8±2.1%，世界レベル13.5±1.7%）。

このように，日本レベル選手は世界レベル選手に比して高速度で移動する割合に改善の余地があり，課題として特に高身長選手おけるスピード持久力向上

に注力していく必要がある。女子においても，世界各国の強豪に劣らぬ「豊富な運動量」や「強い身体」などの基礎体力を養う必要があり，これらの基礎体力を土台として個々のスキルとチーム戦術の理解度を高めていくことで強豪各国との差がさらに縮まるであろう。

近年では，加速度計やGPS（Global Positioning System）やLPS（Local Positioning System），さらにはマルチGNSS（Multi-Global Navigation Satellite System）などの機器の開発や普及により，球技スポーツにおける選手の移動量や移動速度が簡便かつ高精度で取得できるようになっている。しかし，移動距離や移動速度，絶対負荷量などの数値を選手やコーチに提示するだけでは，データを十分に活かすことができない。必要に応じて値を取捨選択して，再計算・加工し，改善点を明示することが求められる。最近では代表やトップリーグチームに「データアナリスト」や「ビデオコーディネーター」が配置されており，その専門家の役割や育成が一層重要となっている。

2．バスケットボールの運動強度を知る

個人の運動強度を知る方法として，心拍数の計測が簡便な指標として用いられる。特に，最高心拍数（推定式の例：220－年齢（拍/分））に対するパーセンテージを算出することで，選手がどの程度の強度で運動しているかを簡易的に把握することができる。

日本人男子大学生チーム同士の試合中の心拍数を測定した小山ら（2017）の研究では，心拍数の最高値は187.6±8.0拍/分であり，最大心拍数（HRmax）の95.5±2.1％であったと報告しており，試合に出場しているおよそ半分（49.1±26.0）の時間が90％HRmaxを超える高強度運動であった（図10－3）。また，女子のイギリストップリーグの試合中の心拍数を測定したMatthewら（2009）の研究では，試合に出場している80％以上の時間で85％HRmaxを超える強度を示したと報告している。また，国内大会より国際大会でより高い心拍数に達することも報告されており（Rodriguez Alonso et al., 2015），これらの心拍数データからも，バスケットボールの試合中には高強度運動が連続することが分かる。

現在，一般的に活用されている心拍計としては，胸部にセンサーを装着するものや時計のように手首に装着するものがあるが，それぞれ計測メカニズムは

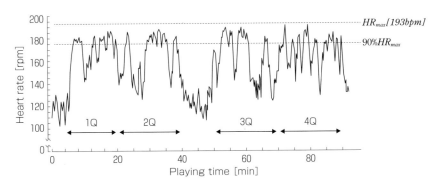

小山ら（2016）の文献より抜粋・作図

図10－3　1試合におけるフォワード選手（男子大学生）の心拍数変化の典型例

異なっており，測定条件や環境によって精度が異なることに注意しなければならない。専用の機器を用いることで，チーム全員の心拍数をモニタリングすることも可能となっており，トレーニング中の心拍数変動から選手の運動強度や疲労度をチェックすることができる。定期的に心拍数をモニタリングし，ターゲット心拍ゾーンを選手とコーチで相互理解・共有することで，トレーニングやウォーミングアップ負荷の過不足を防ぎ，最適なトレーニングプランを構築することが可能と考えられる。このように，運動強度や疲労度に対する「選手の主観」と「コーチの客観」の整合性を確認するためにも，心拍数は有益な生体情報である。

　得られた心拍数のデータから，呼吸循環機能の指標である最大酸素摂取量（$\dot{V}O_2max$）とエネルギー消費量を推定する試みもされている。Scribbansら（2015）は，低強度および中強度運動であれば心拍数から％最大酸素摂取量を高い精度で推定できると報告している。またMontgomeryら（2010）は，「練習（オフェンス練習，ディフェンス練習，スクリメージ（5対5））」と「実際の試合」では身体にかかる負荷が異なることを報告している（表10－1）。このデータで特に注目すべきは，実際の試合に対して練習では十分な強度に達していない点である。瞬間的な最大心拍数では大差はないが，平均心拍数や％最大酸素摂取量などをみると，試合時に比べて練習では強度が足りていないことが分かる。そのため，練習時の休息時間や順番待ち時間を調整し，疲労回復レベルを適切にコントロールして練習できるかが実戦環境に近づけるポイントとなる。

10. 生理学

表10－1　バスケットボールの練習の種類および試合における各種負荷の相違

練習種類	加速度負荷 (a.u./min)	最大心拍数 (拍/分)	平均心拍数 (拍/分)	酸素摂取量 (ml/kg/min)	％最大酸素摂取量 (％)	RPE (1-10)
ディフェンス	58±26	170±7	152±7	45.1±3.6	66±5	7
オフェンス	55±15	165±6	147±5	42.3±3.0	63±6	7
5対5	171±84	171±12	147±10	40.2±7.1	59±10	9
試　合	279±58	173±6	162±7	51.2±3.4	70±16	7

注：「％最大酸素摂取量」は yo-yo テスト時の最大値との比較。
　　「RPE」は自覚的運動強度（1：とても楽〜10：とてもきつい）。

Montgomery ら（2010）の文献より抜粋

3．バスケットボールで求められるエネルギー供給機構

　冒頭でも述べたように，バスケットボールでは stop & go の動作が繰り返し行われ，ファウルやアウト・オブ・バウンズでホイッスルが鳴るまで高強度運動が続く。そのため，バスケットボール選手には有酸素系（aerobic）と無酸素系（anaerobic）の両方によるエネルギー供給が要求される（Lawrence, 2016）。有酸素系とは，比較的低強度の運動時に炭水化物（糖質）や脂質を主な基質としてエネルギー（ATP：アデノシン三リン酸）を産生する機構であり，代謝過程で酸素を必要とする。一方で無酸素系とは，中・高強度運動時にクレアチンリン酸（ホスファゲン）やグリコーゲンを分解する際にエネルギーを産生する機構であり，代謝過程で酸素を必要としない。バスケットボールは短時間での高強度運動が頻発するため，無酸素系能力の貢献が多いと報告されているが，エネルギーの再合成を早めるためにも有酸素系能力も不可欠である。また，育成年代のサッカー選手を対象とした研究では（中馬ら，2015），U-15年代以降は間欠的運動能力と有酸素系能力に顕著な関係性がみられると報告している。特に高校生以上の年代になると，有酸素系能力の向上はバスケットボールのパフォーマンスの土台となり，オフシーズンにおける有酸素系能力の向上が，インシーズンにおけるトレーニングの質・量・強度を調整できる幅を広げることにもなる。

　この有酸素系能力の指標として「酸素摂取量：VO_2」が一般的に用いられており，バスケットボールにおいても各種パフォーマンスと VO_2 の関係性は多くの研究で報告されている。酸素摂取量とは体内の組織で消費される（できる）酸素量を表し，酸素摂取量の高い者はより多くの酸素を体内・血中に取り込む

ことができ，エネルギー産生・再合成に利用することが可能である。単位時間当たりに取り込める酸素量の最大値を「最大酸素摂取量（$\dot{V}O_2max$）」と言い，この値が全身持久力の指標として広く用いられている。男子日本代表レベル選手の場合，$\dot{V}O_2max$ の値は身長180cm 未満（スモールガード）が58.3±4.5ml/kg/min，身長180cm 以上188cm 未満（ガード）が57.5±3.7ml/kg/min，身長188cm 以上198cm 未満（フォワード）が58.2±5.5ml/kg/min，身長198m 以上（センター）が51.6±4.8ml/kg/min，全体平均で56.4±5.7ml/kg/min であったと報告されている（小山ら，2016）。また，日本の高校女子チームならびに実業団女子チームの $\dot{V}O_2max$ をみた研究では，高校女子が平均46.4±3.5ml/kg/min，実業団女子が平均51.2±5.1ml/kg/min であったと報告している（西澤ら，1990）。これらの値は海外選手と比較して下回っているわけではないが，男子の高身長選手（センター）の $\dot{V}O_2max$ は海外選手より劣っていたと指摘されている。このように，最大酸素摂取量の値は身長やポジション，競技レベルで変化し，また測定方法によっても異なる値を示すことに留意しなければならない。また，$\dot{V}O_2max$ は体重で除されているため，体重によって数値が大きく影響を受ける。そのため，ガード選手は比較的体重が軽い傾向にあることから，$\dot{V}O_2max$ の値が他のポジションの選手より高くなる傾向にあるため注意が必要である。これらを踏まえた上で，基準値として体力強化の参考にすべきである。

　最大酸素摂取量を正確に測定しようとすると，大規模かつ高価な装置，そして専門知識と技術が必要となる。しかし，一般的な20m マルチステージシャトルランテストやyo-yo テストなどの「フィールドテスト」から $\dot{V}O_2max$ の推定が可能である（Bangsbo ら，2008）。これらのフィールドテストを有効に活用し，定期的にチームの有酸素系能力をモニタリングすることが勧められる。

4．バスケットボールにおけるエネルギー代謝特性

　運動強度が変化すると運動に使用されるエネルギー基質も変化する。例えば運動強度40％，55％，75％の運動（自転車エルゴメータのペダリング）を，それぞれ30分間実施した際のエネルギー消費における各基質の貢献度を見ると，運動強度が高まると脂質から筋グリコーゲンの利用割合が多くなることが見て取れる（図10-4）。

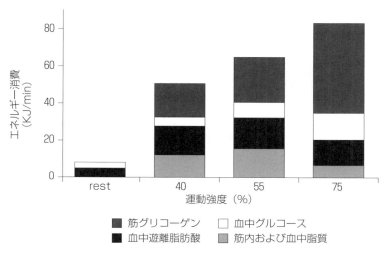

van Loon ら（2001）の文献より抜粋・作図

図10-4　運動強度によるエネルギー基質の変化

　短時間高強度運動によって，エネルギー産生過程において筋内にイノシン酸やアンモニアが蓄積される。さらに，解糖系による乳酸産生によって酸性物質である水素イオン（H^+）が細胞内に蓄積されることで，筋細胞内のpHの低下（代謝性アシドーシス）を招きATP再合成の阻害や筋収縮力の低下を引き起こす誘因となる。これらの筋細胞内pHの低下に対する耐性を高めるためのトレーニング方法としてHIIT（High Intensity Interval Training）が提唱されており，これは短時間高強度運動と休息を繰り返すインターバルトレーニングであり，バスケットボールの競技特性にも類似している。HIITトレーニングを実施すると，最大酸素摂取量のみならずパワーや解糖系の律速酵素であるホスホフルクトキナーゼやヘキソキナーゼの活性を高めることが知られている（MacDougallら，1998）。

　インターバルトレーニングによって解糖系能力が向上すると，解糖系だけでなく有酸素系に関わる酵素活性が高まり，酸-塩基緩衝能，乳酸性パワーなど，多くの能力が向上する傾向にある。例えば，自転車エルゴメーターなどを用いた漸増負荷テストを実施すると，運動強度（ペダルの抵抗や回転速度）が高くなるにつれて次第に乳酸の産生速度が除去速度を上回り，血中の乳酸値が急

表10-2　エネルギー機構に応じたインターバルトレーニングの設定例

最大パワーに対する%	主に使われる機構	運動継続時間	運動時間-休息時間比
90～100	ホスファゲン	5～10秒間	1：12から1：20
75～90	速い解糖	15～30秒間	1：3から1：5
30～75	速い解糖と酸化機構	1～3分間	1：3から1：4
20～30	酸化機構	3分間以上	1：3から1：4

ストレングストレーニング・コンディショニング（2010）P.40から抜粋

激に上昇する点が現れる。これを乳酸性作業閾値（Lactate Threshold, LT）と言い，全身持久力や，トレーニング効果を確認する指標として使用されている。LTは普段トレーニングを実施している者とそうでない者で値が異なり，普段トレーニングを行っている者は，より高い運動強度でLTが出現する。このことからも，疲労によるパフォーマンス低下を抑制するためには，インターバルトレーニングなどのスピード持久力トレーニングを継続的に実施することが勧められる。これらのトレーニングにおいて，適切な運動強度や休息時間を設けることは，競技特異的なエネルギー供給機構を「選択」できるようになる。この運動時間-休息時間比を定めてトレーニング計画を立てることで，代謝経路内のエネルギー転換効率を高め，競技特異的なエネルギー供給能力を向上させることができる。それぞれの運動強度に対するエネルギー基質と運動継続時間，そして推奨される運動-休息時間比を表10-2に示す。

5．筋力・筋パワー

バスケットボールはコンタクトスポーツであるがゆえ，例えばポストプレー時の身体接触において，より筋力や筋パワーの優れている方がポジション確保に有利となる。筋力とは，一度に扱える重量の「重さ」の大小を反映しており，「骨格筋量」「神経系の要因」「筋線維組成」「心理的要因」などがその能力に影響する。特に筋量（筋横断面積）と筋力の相関が高く，トレーニングによって筋を大きく発達させることが重要なポイントとなる。また筋パワーとは，力×速度で表されることから単に筋力のみが高ければ良いのではなく，「速度」の要素も重要となる。一般的に，筋パワーの最大値は最大筋力の30％程度の負荷

で出現すると言われている。そのため,「筋力」と「筋パワー」どちらの向上を目的としているかを念頭に置いた上で,ウエイトトレーニングの負荷を設定する必要がある。

　より高い筋力を発揮しようとする際,脳から下行性の運動指令が伝達され,脊髄を通る運動神経を介してターゲットの筋へと電気信号が送られる。この際,筋収縮に使われる運動単位のタイプ選択と動員する単位数,そして発火頻度の調整が行われる。ウエイトトレーニングの初期においては,動員される運動単位数の増大,サイズの大きな運動単位の動員,発火頻度の上昇などが筋力を向上させる主要因となる(神経系の適応)。継続的かつ十分な負荷のウエイトトレーニングを実施することで,筋の同化ホルモン濃度の増大が起こり,蛋白質の再合成(同化:アナボリック)が分解(異化:カタボリック)速度を上回ることで,筋原線維の容量が増大し,形態的変化(筋肥大:筋横断面積の増加)が起こる。筋線維の成長とリモデリングに関わるホルモンとして,「テストステロン」「成長ホルモン」「インスリン様成長因子」などが挙げられるが,これらの分泌を促すためには適切な栄養摂取と休息,そしてトレーニングによる継続的な「刺激」が不可欠である。筋肥大が見た目に顕著に現れるまでは一定期間を要するため,数週間や1カ月程度で外見上の形態変化が認められなくとも,挙上重量や回数・挙上速度を意識し,着実に筋力・筋パワーを向上させていくことが重要である。

6．プライオメトリクス

　バスケットボールでは反動動作を用いることが多く,例えばリバウンドの際には複数回ジャンプを繰り返すことも多い。その際には筋の伸張-短縮サイクル(SSC)を有効に利用することが重要であり,そのためにはプライオメトリクストレーニングなどのトレーニングを実施しておく必要がある。例えば下肢の場合はボックス・ドロップジャンプやカウンタームーブメントジャンプ(CMJ),上肢の場合はメディシンボールを用いたオーバーヘッドスローやチェストパスが挙げられる。トレーニングやウォームアップでこれらの運動を取り入れることで,実際のバスケットボールを用いたパフォーマンスが向上することも報告されている(三浦ら,2002.図子,2006)。

このプライオメトリクスの効果を高めるためにも，身体動作を適切にコントロールする能力が必要である。例えば，主動筋・拮抗筋の活動を適切に制御することは，対物（ボール）および対人（コンタクト）スポーツにおいてパワー発揮の効率化にも重要となる。熟練者になるほど主動筋・拮抗筋の活動交代は顕著になり，同時収縮量が少ないことでリズミカルかつ安定的なドリブルや，速度変化（チェンジオブペース）ができることが分かっている（岩見ら，2014）。このように，ウエイトトレーニングによる筋力・筋パワーの増大のみならず，並行して身体を機能的かつ合理的に動かすためのムーブメント（動作）スキルの習得も必要である。これらの基本となる動作習得をすることは，パフォーマンス向上のみならず傷害予防としてのメリットも大きい。

7．睡眠とパフォーマンス

十分な睡眠が選手のリカバリーに重要であることは既知の通りだが，バスケットボール選手のパフォーマンスを高めるためにも重要であることが示されている。Mahら（2011）の研究によると，通常の睡眠時間である470±65.9分（7～8時間）の基準値に対して睡眠時間を5～7週間624.2±68.4分（最大10時間を目安）に延伸した場合，スプリント能力，フリースロー＆3Pシュート成功率，そして日常生活における気分・感情が改善されたと報告している。

また，昼食後の30分程度の昼寝（nap）によってスプリントタイムが短縮したとの報告もされており（Waterhouseら，2007），チーム練習や合宿において効果的な睡眠方法を指導することもコンディション改善を含め競技力向上に有効な手段と言える。

8．ジュニア期（育成年代）のトレーニング

身長と体重から算出される体格指数（Body Mass Index：BMI，『体重(kg)÷身長(m)^2』）によって標準体型と過体重の2群にバスケットボール選手を分けると，過体重の選手の各種パフォーマンスは標準体型選手のそれより低下する。これは特にU-12年代で顕著であり，特に注意する必要がある（Nikolaidisら，2015）。体重は水分，体脂肪，骨や筋などの成分から成り立っており，例

え体重が重くても,体脂肪量が少なく筋量が多ければアスリート体形と言えるだろう。筋量を推定する簡便な指標として除脂肪体重 (Lean Body Mass:LBM,『体重(kg)-(体重×体脂肪率)』) があり,体重と体脂肪率から算出することができる。チームとして,コンディションを管理する一環として,このLBM(あるいはその他の筋量指標)を体脂肪率とともに定期的に推移を記録することも重要である。

　小児期(小学生)～青年期(中学生～高校生)の時期にウエイトトレーニングを実施すると,「ホルモンバランスが崩れて骨が弱くなる」や「身長が伸びなくなる」などの負の影響を心配する声が聴かれる。しかし身長に対して負の影響があったとの報告はなく,むしろ適切なウエイトトレーニングは物理的刺激により骨量を増大させ,バランス能力や自尊心などの心身状態の向上にも良い影響を与えることが報告されている。一方で,ウエイトトレーニングの実施には注意すべき点も多く,例えば,身体・骨格的に未成熟な段階での最大負荷でのトレーニングは推奨されておらず,適切なメディカルチェックの必要性や基本的フォームの習得は必須である。ウエイトトレーニングに関連する「骨端軟骨板(骨端線)の骨折」「腰部傷害」などの傷害報告は,機器やウエイトの誤使用,不適切な重量設定や技術不足,あるいは専門家の不在が主要因である。(Small ら,2008)

　図10-4に示した通り,ジュニア期においては発達・発育に合わせたトレーニングを実施すべきであり,特に身長増加急増年齢 (Peak Height Velocity Age:PHVA) をトレーニングの質的転換点として念頭に置く必要がある。PHVAは男子で13歳ごろに出現し,女子では11歳ごろに出現する。このPHVAの前後1年は最大酸素摂取量の向上が著しく,持久系トレーニングが効果的であると同時に,専門家の指導の下で徐々にウエイトトレーニングの技術習得に着手すべきである。現場の指導者(教員や監督,コーチを含む)の負担を軽減するためにも,運動生理学やトレーニング理論・実践に精通したストレングスやアスレティックトレーニングの専門家などの『適材』を,中学・高校教育現場などの『適所』に常勤スタッフとして配置することが強く望まれる。

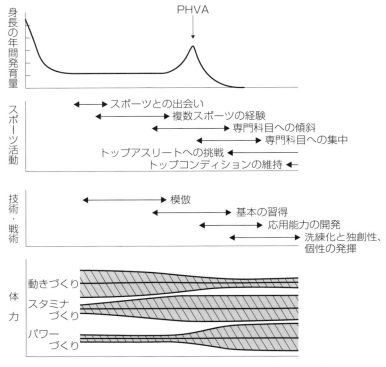

浅見（1988）の文献より抜粋・作図

図10-5　発育・発達に対応したスポーツ活動とトレーニング

注）本稿で紹介した数値を参考にする際，対象や測定法が異なる場合は直接比較することは適切ではないケースもある．性別・年齢・国内外選手・競技レベル・ポジションなど，どのような選手を対象として出した数値かを確認してから活用していただきたい．

文献
浅見俊雄（1988）子供の競技スポーツ．体育科学，16：218-224．
岩見雅人・田中秀幸・木塚朝博（2014）速度変化を伴うボールバウンシング課題の動作円滑性の評価．バイオメカニズム，22：167-176．
小山孟志・國友亮佑・陸川章・有賀誠司・長尾秀行・山田洋（2015）バスケットボールにおける男子トップレベル選手の試合中の移動距離及び移動速度—世界トップレベルの試合と日本国内の試合の比較から—．バスケットボール研究，1：63-71．

小山孟志・藤井慶輔・陸川章・山田洋（2017）バスケットボールにおける心拍数を用いた高強度運動の評価についての検討．東海大学スポーツ医科学雑誌，(29)：7-11．

小山孟志・陸川章・山田洋・國友亮佑・古賀賢一郎・有賀誠司（2016）男子バスケットボール選手における全身持久力目標値ガイドライン作成の試み．東海大学スポーツ医科学雑誌，(28)：43-49．

図子浩二（2006）バスケットボール選手におけるプライオメトリックスがジャンプとフットワーク能力およびパス能力に及ぼす効果．体力科学，55(2)：237-246．

中馬健太郎・星川佳広（2015）育成年代のサッカー選手における間欠的運動能力の発達とその評価．Strength & conditioning journal，22(10)：2-9．

西澤昭・原靖昭・綱分憲明・湯川幸一・森俊介（1990）長崎県内トップクラスの女子バスケットボール選手の身体組成と体力及びそれらの一年間の推移について．長崎大学教養部紀要 自然科学篇，31(1)：123-132．

三浦健・図子浩二・鈴木章介・松田三笠・清水信行（2002）バスケットボールにおけるチェストパス能力を高める上肢のプライオメトリックス手段に関する研究．体育学研究，47(2)：141-154．

山田洋・小山孟志・國友亮佑・長尾秀行・三村舞・小河原慶太・陸川章（2015）日本女子トップレベルのバスケットボール選手における試合中の移動距離及び移動速度．東海大学スポーツ医科学雑誌，(27)：29-36．

Baechle, T.R., Earle, R.W., 金久博昭・岡田純一監．(2010) ストレングストレーニング＆コンディショニング：NSCA決定版－第3版－．ブックハウス・エイチディ，p.40.

Bangsbo, J., Iaia, F.M., and Krustrup, P. (2008) The Yo-Yo intermittent recovery test : a useful tool for evaluation of physical performance in intermittent sports. Sports Med, 38(1): 37-51.

Lawrence, L.S. (2016) Sport Nutrition for Basketball: Science-Based Recommendations. Sports Science Exchange, 28(164): 1-5.

MacDougall, J.D., Hicks, A.L., MacDonald, J.R., McKelvie, R.S., Green, H.J., and Smith, K.M. (1998) Muscle performance and enzymatic adaptations to sprint interval training. J Appl Physiol, 84(6): 2138-2142.

Maciejczyk, M., Więcek, M., Szymura, J., Szyguła, Z., Wiecha, S., and Cempla, J. (2014) The influence of increased body fat or lean body mass on aerobic performance. PLoS One, 9(4): e95797.

Mah, C.D., Mah, K.E., Kezirian, E.J., and Dement, W.C. (2011) The Effects of Sleep Extension on the Athletic Performance of Collegiate Basketball Players. Sleep, 34 (7): 943-950.

Matthew, D., Delextrat, A. (2009) Heart rate, blood lactate concentration, and time-motion analysis of female basketball players during competition. J Sports Sci, 27 (8) : 813-821.

Montgomery, P.G., Pyne, D.B., and Minahan, C.L. (2010) The physical and physiological demands of basketball training and competition. Int J Sports Physiol Perform, 5(1): 75-86.

Narazaki, K., Berg, K., Stergiou, N., and Chen, B. (2009) Physiological demands of competitive basketball. Scand J Med Sci Sports, 19 (3): 425-432.

Nikolaidis, P.T., Asadi, A., Santos, E.J., Calleja-González, J., Padulo, J., and Chtourou, H. (2015) Relationship of body mass status with running and jumping performances in young basketball players. Muscles Ligaments Tendons J, 5 (3): 187-194.

Rodríguez-Alonso, M., Fernández-Garcia, B., Pérez-Landaluce, J., and Terrados, N. (2003) Blood lactate and heart rate during national and international women's basketball. J Sports Med Phys Fitness, 43 (3): 432-436.

Scribbans, T.D., Berg, K., Narazaki, K., Janssen, I., and Gurd, B.J. (2015) Heart rate during basketball game play and volleyball drills accurately predicts oxygen uptake and energy expenditure. J Sports Med Phys Fitness, 55 (9): 905-913.

Small, E.W., McCambridge, M.T., Benjamin, H.J., Bernhardt, D.T., Brenner, J.S., Cappetta, C.T. et al. (2008) Strength training by children and adolescents. Pediatrics, 121(4): 835-840.

van Loon LJ., Greenhaff PL., Constantin-Teodosiu D., Saris WH., and Wagenmakers AJ. (2001) The effects of increasing exercise intensity on muscle fuel utilisation in humans. J Physiol, 536 (Pt 1): 295-304.

Waterhouse, J., Atkinson, G., Edwards, B., and Reilly, T. (2007) The role of a short post-lunch nap in improving cognitive, motor, and sprint performance in participants with partial sleep deprivation. J Sports Sci, 25 (14): 1557-1566.

11. 哲　学

　「バスケットボール競技」と「哲学」，この全く相容れないと考えられる，世界中で人気を博している運動文化と「諸学の学」（西田，1953）とはどのような関係にあるのであろうか。この問いは一見解決困難な無謀な問いであるかのように思われる。ただ，哲学を「或る概念（言葉）を駆使して事物・事象の本質を究明する学問」とするなら，上記の問いを解決することは思いのほか重要な意味を持っている。

　それは，現場の切実な疑問がそれを問題として秩序立てるための概念や言葉を強く求めているからである。現場から出てくる疑問というのは，それが深く現場に根差したものであればあるほど，また，切実なものであればあるほど，思いとしては強くとも明確な言葉のかたちをとりにくい。また，現場の中で前提されている既知の枠組みを外しにくい。

　このような状況を払拭するには，いくつかの難問を克服しなければならない。ただ，その作業を遂行する際の中核と成り得るのが哲学であることだけは確かであろう。バスケットボールの競技としての本質や理論的基礎づけにかかわる現場の切実な問題を見抜き見極めて，その解決策を言語化可能ならしめるのは，雑多な末梢的博識ではなく，哲学をおいて他にないからである。

　ここでは，「哲学的研究の前提要件」「哲学的研究の方法と客観性」「方法の適用」，という3つの観点について解説する。その作業を通して，バスケットボール競技（以下，バスケットボールと略）を対象とした学問分野において，高度の汎用性を備えた思考のツールとして機能する哲学とその方法の意義と役割が確認され得るであろう。

1. 哲学的研究の前提要件

1.1 「現状批判」と「原理論構築」という使命

　周知のとおり，哲学の淵源は，数学などと同様，古代ギリシアにおいてはじめて明確なかたちをとるに至った「愛知」に由来する。プラトンの手になるソクラテス対話篇を読んだことがなくとも，プラトンの描くソクラテスが追及してやまなかったのは，あくまで「それは何であるのか」という問いの彼方にあるものであったことは広く知られるところである。そして，このいわば「概念の同一的で不変な意味についての問い」が，結果的にはすでに「知っている」と思い込んでいる人々に対する「批判」として機能することになったのである。

　これをわれわれの問題として受け止めるなら，批判にさらされない限り，われわれの主観的な思いなしは何の疑いもなくコートの上で生き延びるであろう。しかし，なんとなく知っていると思い込んでいた事柄の意味が改めて問われたとき，あるいは，そのような結果が生起した原因が問われたとき，それへの検討に窮する自分に気づくことになる。もちろん，こんなことは別に大したことはない，私は私でこうやってきた，とそのままやり過ごすことも可能である。しかし，その批判を真摯に受け止め，「それは何であるのか」「それはどうしてそうなったのか」に答えようとすれば，当然のことながら，「何」に対する「概念の同一的で不変な意味」を追い求めることにならざるを得ない。頭の中にある，では通用しない。

　このように見てくると，「批判」は，日常の思いなしにまといつく意味の不確定性や流動性を超えて，持続的な「概念の同一的で不変な意味」を求めていく上での必要不可欠な方法的手続き，ということになる。一方，「原理論」とは，「他のものがみちびきだされ，それによって，他のものが規定されるところの根本をなす理論」のことであり，或る事柄の「概念の同一的で不変な意味」を対象とする，純粋に演繹的な理論が体系的に展開されたとき，われわれはそこに「原理論」の成立を見ることになる。哲学は，ギリシア以来，「批判」を武器としつつ，様々な事柄を対象として，その「原理論の構築」を目指してきたといえるが，それがバスケットボールを対象に試みられるなら，そこに「バスケットボールの原理論」が成立することになるのは自明であろう。

　その場合，われわれは，このバスケットボールの原理論を次の2つの課題に

より具体化して把握する地点に立っているといえる。

　1つは，「バスケットボール」に言及する事柄についての思いなしや先入見の現状を「批判」することであり，そして，次は，「バスケットボール」という周知のスポーツ種目についての「概念の同一的で不変な意味」を抉出すること，この2つである。

　その際，ここでの「批判」というのは，もちろん感情的な反応に過ぎない「非難」ではなく，あくまでも方法的な手続きとしてのものであり，「原理論の構築」という課題はこの知的な批判という営為なしには不可能である。一方，「原理論」が存在しなければ，批判のための立脚点を定めることができないことから，現状に対する有効な批判も意味をなさない。要するに，「現状批判」と「原理論構築」とは，双方が互いに互いを必要とする相互連関のもとにあるのであって，それぞれが孤立することはあり得ない。

　なお，「現状批判」における「現状」には2つの種類が存在する。今ここでバスケットボールを実践する現実世界の現状と理論的現状との2つである。したがって，バスケットボール学における「現状批判」もまた，現実に生起している現場に対するそれと，理論の現状に対するそれとが存在することになる。われわれが志向するバスケットボール学は，当然，2つの現状を視野に入れておかねばならない。

1．2　「方法論」と「方法」の違い

　「方法」に対応する近代欧米語は，method（英語），Methode（独語）等々であって，これらは，古代ギリシア語の méthodos を共通の語源としている。すなわち，「道に従って」という意味である。要するに，或る目標を設定した場合，どんな道をたどっていけばそこに到達できるのか，その実現への道筋を考えることが「方法」の元々の意味（原義），ということになる。

　とすると，或る学問研究上の課題を追求し，かつ，成功裡にそれを実現するには，まず「方法」を不可欠とするが，その「方法」とは，目指す目標に到達できる道筋を探求し，最善の道を選択して研究遂行上の手順を予め準備することに他ならない。

　ただし，一概に「方法」といっても，そこには「方法論」と「方法」の混同が見受けられるのも事実である。経済学史家の内田義彦は，それらは概念上異

なるとし，次のように述べている。

> 「方法論といった場合の方法と，具体的な場合に仕事をどう進めてゆくかという場合の方法，ハウ・トゥなんていいますね，その場合の方法とは，同じ方法といってもちがう。ふつう方法という言葉で呼ばれるものは大づかみにいってこの二つのちがう局面を含んでいます。」（内田，1971）

内田は，或る雑誌をどう編集するかという「どう」（ハウ・ツゥ）たる「方法」と，雑誌は雑誌でもこの雑誌は「どういう」雑誌であるべきかの理念であり，「ことの本質を統一的につかむということで，本質を問うことと関連をもっている」ところの「方法論」とは峻別されねばならないと説いている（内田，1971）。そして，この「方法」と「方法論」との違いを敷衍するなら，それは「問題は対象ではなく，対象をどう取り扱うか」ということに帰着する。その場合，以下のような自明で，かつ，基本となる考えは対象の扱い方に関して参考になる。

> 「感覚的事物そのものの内には，〈知識〉を保証する根拠，あるいは，そもそもわれわれが何かを或るものと呼び語ることが可能であるための手掛かりは，ついに存在しない。」（プラトン，『テアイテトス』）
> 「『事実と本質は通約不可能であり，事実認識をいくら積み重ねても本質には到達しない』（丸山，1983），という方法論的反省のないまま無限遡及が繰り返されてしまっている。」（内山，2012）

要するに，これらの言説は，「単なる状況説明はいらないし，それは無益な作業である」ことを言っているのである。逆に，「事例（スポーツ現象）から何を読み取るか」，つまり，対象をどう取り扱うかが大事，ということの重要性を強調しているのである。

このような前提に基づくなら，これまで盛んに採り上げられることで，重要と見做されてきた「戦術」や「競技力」という課題に対して，先達たちが上記の問題にこれまでどのような「方法論」を用いて取り組んできたのかを批判的に論じることで，そこでの致命的な問題を提起し，従前のそれに取って

代わる新しいパラダイムを提示する必要がある。その際，対象とする「もの」や「こと」を存在論的にみるなら，「論理的な考え方 logic」と「論理的根拠 rationale」に直接する，現象学の創始者フッサールが論じた次のような2つの大前提が看過されてはならない。

すなわち，数学や論理学は，ア・プリオリ，理念的，本質的，普遍的，必然的という存在論的性格を有するものについての学問（本質学）であり，心理学や物理学は，ア・ポステリオリ，実在的，事実的，個別的，偶然的という存在論的性格を持ったものについての学問（事実学）である。前者と後者とでは，そもそも「存在」の性格が異なるのであって，後者から前者を，すなわち，ア・ポステリオリな学問である心理学から，ア・プリオリな学問である数学や論理学を基礎づけることはできない。なぜなら，後者は事実的なものの測定に基づいて「精密学」になるが，前者は本質的なものの構造連関に基づいて「厳密学」になるが故に，両者は別物だからである，というものである（フッサール，1968）。

これをもう少し平易にいうと，「ア・プリオリ」とは，時制変化しない，「ある」で表されるものを指す。数学的な「3＋3は6である」は「永遠の真理」であり，それ故，「3＋3は6であった」というように過去形に「時制変化」することはない。数学や論理学はこれにあたる。他方，「ア・ポステリオリ」とは，「汽車は最速の乗り物である」という命題は過去の或る時代においては「事実の真理」であったといえる。しかし，それはもはや現代では真理ではない。それ故，「汽車は最速の乗り物であった」というように，過去形に「時制変化」する。つまり，時制変化する「ある」で表されるもの（「あった」になるもの）を指すのである（谷，2002）。

「時間」や「空間」という観点から見た場合，「或る時」「或る場所」でのみ妥当だったものが，「いつでも」「どこでも」妥当するとは言えない。つまり，「事実の真理」（ライプニッツ）と数学的法則のような「理性の真理」（フッサール）とは別であって，この「理性の真理」に属するものは「いつでも」真理である。確率が高いこととしての蓋然性と必然性は混同されやすいが，蓋然性は，あくまで事実的である。だから，両者は全く異質なのである。

以上のことは，残念なことに，これまで，あるいは，今も，バスケットボールを研究する者たちは殆ど気づいてもいないことかもしれない。だから，バスケットボールにおける重要な概念である「戦術」や「競技力」についての多種

多様な解釈が生じてしまっていたり，「或る時」「或る場所」でのみ妥当だったパフォーマンスの分析結果が，さも普遍性（本質）を持っているかのように記されてしまうのである。

　こういった事態を招いているのは，「方法論」に基づいた「方法」の選択と決定の仕方が分かっていないからである。別言すれば，バスケットボール学が対象とする「もの」や「こと」を存在たらしめていることの本質を問う存在論的な考え方（これが，まさに，方法論）を理解することなく，「そのつど」的な「もの」や「こと」の分析をもって「研究」と見做してはならないのである。

　では，「概念の同一的で不変な意味」と「原理論の構築」を企図するための「方法」を選択・決定する上で，何がポイントになるのであろうか。

1．3　「実践知」から「理論知」へ

　現場のコーチや体育教師は実践者として経験を積む中で多くの貴重な事実認識に基づく「知」を蓄えている。こうした「実践知」それ自体は，コーチや体育教師として活動していく上で疑いなく貴重なものである。しかし，実践知が如何に貴重で独自なものであっても，それをもって直ちに「検証可能な系統的かつ合理的認識」である「理論知」に代替するわけにはいかない。なぜなら，かつてアリストテレスが『形而上学』で明らかにしたように，理論知と実践知（経験知）とは知の形態において全く異なっているからである。前者は対象の「原因－結果」に基づく因果律的把握を踏まえることで，既知なる事実を合理的に説明するとともに，未知なる事実への予測をも可能にする客観的な知であるが，後者は多くの記憶が1つにまとまることでもたらされ，実践を重ねることで形成された主観的経験ないし確信の感情によるものだからである。

　アリストテレスが言うように，理論知は，①すべての物事を認識するような包括的な知であること，②認識するより困難な事柄に対しての知であること，③より精確な知であること，④物事の因って来る原因についての知であること，⑤有用性よりもそれ自体のための知であること，⑥他に従属するよりあらゆることに冠たるリーダー的な知であること，これら6条件から成っている（982a8-19）。残念ながら，実践知あるいは経験知では，これらの条件を満たすことはできない。提示された「説明」や「予測」が如何に整合的にみえようとも，事実に反することが1つでも生じたり，予測が全く的外れで検証に耐え得

ないのであれば，理論としての命脈は直ちに立たれてしまうからである。
　また，アリストテレスは，実践者の方が経験を持たないで概念的に原則だけを心得ている者よりも，実際の物事に対しはるかに上手に対処できる場合があるという事実を認めつつも（981a12-13），「知ること」や「理解すること」において，単に事実を知っているに過ぎない実践者に比べ，物事の因って立つ原因を知っている技術者の方がより優れているとの判断を下している（981a24-30）。つまり，事実認識による「経験知」と「なぜ，そうなるのか」という原因認識に基づく「技術知」とを対比させたとき，彼はより普遍的な性格をもつ後者に優位性を与えている。さらに，彼は，実用性に供する技術より実際的な効用をねらっていない楽しみのための技術の方がより多く知的であるように見做されていると述べつつ，こうした諸技術がすべて一通り備わったとき，快楽を目指してのものでもなく生活の必要のためでもないところの「学問知」（エピステーメ）が，最も時間的余裕に恵まれた人々によって見出されるとする。
　学問の成立に対し，時間的余裕を必要とするこの見解は，研究者が当該の研究課題に一身を投げ打ち，いわば研究空間の中での一元的かつ持続的な活動によってでなければ学問研究は遂行されないことを物語っている。この自明なことを踏まえて，アリストテレスは，経験知よりも技術知の方が，技術的な制作の知よりも学問的な理論知の方が，よりいっそう知的であると結論づけているのである（981b30-982a1）。
　経験知や制作的な技術知は，われわれの実践にも深くかかわるものではある。しかし，その範疇に留まるのであれば，いくら量的に蓄積されたとしても，理論知としての基準を満たすことはない。バスケットボール学が学としての社会的認知を得つつ学問として評価され，その成果を発信していくには，われわれの置かれている現状が如何に不利なものであったとしても，上記の条件を満たしていかねばならないのである。

2．哲学的研究の方法と客観性

2．1　戦略的基盤としての反証可能性
　哲学的研究という場合，たとえば，イデアリズム，リアリズム，プラグマティズムなどの或る特定の立場からの研究，現象学，実存主義，マルクス主義，

構造主義，ポスト構造主義などの哲学的思潮からの研究，あるいは，特定の哲学者・思想家の論理的な考え方に範をとる研究など，様々な観点から何らかの本質にかかわる問題を掘り起こすといったことが試みられてきている。

　しかし，ここでは，より根本的なレベルで「方法」の問題を考えてみることにする。「方法」が問われるのは，第三者に対し「検証可能性」を保証するためだからである。

　実験的方法を用いる自然科学の場合，このことは明白であって，その分野での研究論文の一般的な構成は，解かれるべき問題が「仮説」として提示され，それを検証するためにどのような実験を企てるのかが「方法・手順」として明示される。そして，その手順に基づく実験によって得られたデータが「仮説」に即して吟味され，それが設定された仮説を支持するものであれば，仮説自体が「実証」されたことになり，当該研究の結論ということになる。つまり，「仮説」と「結論」とは表裏一体であって，「仮説」と「結論」とは密接不可分の関連性を有しているのである。「仮説とは実証（検証）以前の結論」であり，「結論とは実証（検証）された仮説」なのである。

　自然科学における研究論文の場合，方法の明示は構成上欠くことのできない基本条件であるが，それによって，第三者に追試する道が開かれることになる。追試を試みる研究者は，当該研究の実験方法が妥当であるか，提示されたデータに誤りはないかなどについて，自ら確かめることができる。こうしたことが可能となるのも，方法の明示によって「第三者による検証」の道が保証されているからである。要するに，方法の明示が「検証可能性」への道を拓き，さらに第三者による検証に耐えることで，その研究成果の「客観性」が確保されるのである。

　もし方法の明示が「客観性」を得る上での基本条件だとするなら，哲学的研究の場合も，当然この条件を満たす必要がある。バスケットボール学は，言うまでもなく，バスケットボールという周知のスポーツ種目を対象にした学問分野であり，その複雑で多様な事象への学問的な取り組みによって研究成果が生まれるときに成立する。そうである以上，まずは「方法」の何たるかが特定されなければならない。自然科学の場合に限らず，社会科学や他の人文科学の場合にも，「方法」の特定は当該の学問分野が自立・自存していくための戦略的基盤だからである。

2．2　「経験的方法」と「論理的方法」

　次に問題となるのは，「方法」を適用することになる「研究対象」の取り扱いである。

　自然科学の場合，研究対象は「自然」ということになる。われわれはさまざまな自然現象を目にしているけれども，こうした多種多様な自然現象がどのようなメカニズムによって生起しているのかを探求し，それを「自然法則」として把握しようとしているのが自然科学である。換言すれば，自然科学とは目に見える様々な自然現象を生起させている目に見えないメカニズムを何らかの「実験装置」を用いて「自然法則」として一義的に把握しようとする学問なのである。何らかの実験装置を用いることで，自然科学は「現象」を或る特定の条件下で繰り返し再現することのできる「再現可能性」と「測定可能性」を持つことになる。とすると，前述の「検証可能性」も「実験的方法」に付帯する，こうした「再現可能性」と「測定可能性」が支えているのである。そして，そもそも「実験的方法」が可能となるのも，研究対象そのものが試したり繰り返し験してみたりすることができるような「経験的方法」を可能にするからこそなのである。

　しかし，哲学的研究の対象に，こうした「実験的方法」は馴染まない。たとえば，「競技特性とは何か」「戦術とは何か」といった概念問題は，バスケットボールにおける哲学的研究の典型的課題であるが，「競技特性」や「戦術」の概念を実験装置にかけてみることなど無理な話である。つまり，哲学的研究にあっては，「実験による検証」という手続きを採ることはできないのである。そもそも「実験」とは，実際にあれこれ試してみることであって，別言すれば，それは「経験的方法」とも言い得るものである。上記の概念問題を取り扱う哲学的研究にあっては，「実際にあれこれ試してみる」ことで検証できるといったことは起こり得ないのである。たとえば，「経験」に基づくことのない数学をモデルにして考えても，数学的証明の場合，「三角形の内角の和は180度である」ことを証明しようと，世界中の1つひとつの三角形を調べていくといった「経験的方法」をどんなに積み重ねても，それはまったく意味をなさないことからも明らかである。証明は，あくまで，「論理的に」成し遂げられねばならないのである。

　哲学の場合，経験的方法の成果を踏まえながら論証を重ねていく場合もある

ため,数学ほど厳密ではないが,それでも方法論そのものは基本的に「経験」に基づくことはない。数学と同様,哲学的研究もまた,対象に対する「論理的方法」によって遂行されるのであって,「経験的方法」ではなく「論理的方法」に特徴を求めることができる。前述した「競技特性とは何か」という概念問題にアプローチしようとする場合,「競技特性」という言葉の用例(哲学用語でいうと「外延」)を網羅的に収集することは「経験的方法」に属することになるが,これらのデータから「競技特性とは何か」という答えを「帰納的」に導きだそうとしても,誰もが納得する結果を得ることなどできない。経験的に収集したデータに基づくだけで「概念問題」を説くことは,もともと達成不可能な課題であり,それこそ「無限遡行」に陥ってしまうのである。また,「実験と自然観察とに結び付いている帰納の論理は,・・・知識獲得法乃至知識拡大法に他ならな」(戸坂,1966)い。では,どうすればよいのか。この問いの答えについては後述するが,ここでは,もう1つの看過できない重要な課題について触れておくことにする。

2.3 哲学的研究における客観性の根拠

哲学的研究が「論理的方法」に基づくことについて概述してきたが,では,そうした方法に基づく研究成果が「客観性」を有すると言えるのは,どのような場合なのであろうか。

そのためにも「客体性」と「客観性」とを区別しておく必要がある。「客体性」とは,たとえば,筆者の考えたことを論文や著書として著せば,それらは印刷物として筆者自身からは独立して存在する,という事態を指している。しかし,それで「客観性」を持っているとは言えない。学問的(科学的)な理論が論文や著書として客体化されたとしても,それをもって直ちに「客観性」を持つ,ということにはならない。

学問的な理論は,対象の「原因-結果」に基づく因果律的把握(法則的把握)を踏まえることで,既知なる事実ないし現象を合理的に「説明」するとともに,未知なる事実あるいは現象への「予測」をも可能にする。ただし,提示された「説明」や「予測」が如何に整合的に見えようとも,事実に反していたり「予測」が全くの的外れで検証に耐え得ないのであれば,理論としての命脈は直ちに絶たれることになってしまう。ポパーは,「科学的言明の客観性はそれらが

相互主観的にテストできるという事実に基づく」（ポパー，1971）と述べているが，このことは，「客観性」は検証を試みる他の主観性がそれを納得するという相互関係によってのみ保証されることを言っているのである。要するに，提示された理論が他者による検討の対象にならなかったり，また，「反証」が成立したりすれば，そうした理論は「客体」として存在していても，他者が納得する「客観性」を持ち得るまでには至っていない，ということなのである。

　こうした基準は，哲学的研究にもそのまま妥当することになる。研究成果が「客観性」を持つためには，単に論文や著書として上梓されればよいのではなく，他者による「検証」に耐え，かつ，「納得」と「理解」が得られねばならない。つまり，「客観性」とは，「反証可能性」を保証しつつ相互主観性（他者との共同理解）のもとでの検証を経て，他者による承認が得られたところにしか生まれないのである。要するに，哲学的研究における「客観性」は，他の学問や研究と同様に，ひとえに他者を納得させ得るかどうかにかかっているのである。

　また，哲学的研究も，AだからB，BだからC，というように，何らかの論理的方法に基づくかなければならない。その場合，自然科学や人文・社会科学が経験的方法によって明らかにした成果を「論理的根拠」として利用・活用することができる。ドイツ観念論の完成者であるヘーゲルは，哲学を「ミネルヴァの梟」に譬えたが，それは，梟が一日の終わる夜になってようやく活動し始めるように，哲学もまた，あらゆる学問的成果を視野に置いた上で，ようやく活動を開始する，ということを意味している。哲学的研究にとって，経験的方法による成果もまた論理的展開を支える上で必要不可欠の素材であるとしたのは，このことを意味しているのであり，哲学的研究を行うには，様々な学問についても学ばなければならないということでもある。ただ，それはまた，哲学的研究を行うことを困難にしている理由にもなっている。しかし，研究成果が「客観性」を持つために，それはどうしても克服しなければならい課題なのである。

3．方法の適用

3．1　メタ理論

「理論知」とは，前述したように，「検証可能な系統的且つ合理的認識」のことであり，事物・事象に対する一般的・普遍的認識であると理解できる。この場合，その「認識」というものの内実は，次のように捉えられ得る。

アリストテレスが人間の知性あるいは思考に関する事柄を「観ること」「為すこと」「作ること」に三分し，それぞれに「理論学」「実践学」「制作学」を対応させたことはよく知られるところである。この３つの学の内，理論学の研究対象すべてに共通することは，それが客観的必然性を持った「存在」ということである。その場合に，この何等かの存在する対象について，それが如何なる在り方で存在しているか，ということを捉えるのが，一般に知識と言われるものである。そして，知識が，存在する何等かの事物・事象の在り方を把握することを目指しているとするならば，われわれは知識というものに対してまず反省をすることなしには，真に正しく存在する事物・事象の把握を行うことができない。

このことを踏まえつつ，それぞれの存在する事物・事象が持っている特殊で個別な性質ではなく，存在する事物・事象をして存在する事物・事象たらしめているものを認識するのが「存在論」であるとすると，存在論とはすべて存在すると言われているものの持っている本質的な存在の仕方を認識するものであると見做すことができる。そして，存在論的認識とは，いわば存在する事物・事象が存在する事物・事象である限り持っている本質を把握しようとするものであると解され得る。ただし，こうした存在する事物・事象一般の本質を捉えるためには，感覚的・経験的な認識が役立ち得ないことは自明であろう。感覚的・経験的認識はそれぞれの存在する事物・事象の具体的な在り方についての特殊な（あるいは個別な）認識においては十分その意義を持つこともできるであろうが，われわれが存在する事物・事象一般の在り方を捉えようとするならば，存在する事物・事象の本質を洞察する理性的認識に頼らねばならないのである。

では，そのような理性的認識を働かせて「検証可能な系統的且つ合理的認識」たる理論知を獲得するために，どのような前提（メタ理論）が存在するの

であろうか。

　「競技特性とは何か」「戦術とは何か」という問いに答えることは，バスケットボール学が担うべき最重要課題である。前述したように，目の前に生起している事実ないし現象を指示して，「これが競技特性です」「これが戦術です」と答えたとしても，その根源的問いに答えたことにはならない。なぜなら，「○○とは何か」という問いにおける「○○」は，個別の事例によっては提示されず，一般化した「概念」という形式によって答えねばならないからである。したがって，「競技特性とは何か」「戦術とは何か」という問いも，「競技特性」や「戦術」を概念という形式によって把握し得たとき，はじめて答えられることになる。

　しかしながら，「概念形式による把握」といっても，一般にその理解自体が難しい。ただし，「競技特性とは何か」「戦術とは何か」を哲学的に研究しようとするなら，「所変われば品変わる」式の流動的な「名辞」の位相に留まるのでなく，また，個別で多様性を本質とする「事物・事象」の位相に執着するのでもなく，まずは，事物・事象と名辞を媒介とする「抽象物」（カント）たる「概念」の位相において試みられるべきなのである。それ以外に，「競技特性」や「戦術」の「同一的で不変な意味」を明らかにする道（方法）は存在しない。その際，「概念」を理解するためのポイントとして，以下の3点を示すことができる。

　まずは，「観念性」である。概念における「観念性」とは，そもそも概念がわれわれの頭の中に思い浮かべられるような観念として存在する，というしごく当たり前のことを指している。この点において，概念はわれわれの外側に客体として存在する事物・事象とは決定的にその存在の在り方を異にしている。このことは，概念を把握しようとする際，事物や事象を視覚や聴覚といった感覚によって捉えるわけにはいかないことを意味している。次に，「複合性」である。概念は，一言で言い尽せてしまうような単純素朴な観念として存在するのではない，ということである。「競技特性」や「戦術」の概念を一言で表現することは不可能である。概念自体にすでに複雑な構造が内在しているのであって，こうした概念の「複合性」は，当該の概念そのものが様々な命題の構成要素に成り得ることを物語っている。最後は，「差異性」である。概念は単独では存立し得ず，他の概念との連関によって，丸山の言葉を借りると，「顕

在的な連辞関係」と「潜在的な連合関係」によって，はじめてその位置を特定することができる（丸山，1981）。換言すれば，このことは，当該の概念を把握するには階層性という観点からの縦軸と並立性という観点からの横軸とにおける「差異性」に配慮しなければならない，ということなのである。要するに，概念とは，われわれが意味あるいはイメージとして思い浮かべる観念ではあるが，しかし，それは茫洋としてとりとめのないものではなく，階層性および並立性の両軸それぞれにおける差異性から見ていくことで，当該の概念の及ぶ範囲（「外延」）として特定できるし，そうした概念に内在する複合的な本質の総体（「内包」）に目を向けることを可能にするのである（佐藤，1995）。

　このような特定可能性は，概念そのものに「対象性」が存在していることを，つまり，頭の中で思い浮かべるイメージということで，一見主観的なものにみえるように思われる概念も，自覚的な操作がなされるなら，当該の概念そのものを対象とする様々な考察も十分に行うことができる，ということを意味している。ただ，このような特徴を活かすためには言葉が必要不可欠なのである。

　では，対象として特定した概念を哲学的に研究しようとするとき，そこに適用される方法とはどんなものなのであろうか。

3．2　具体的方法
3．2．1　縦軸と横軸から成る「差異論的アプローチ」

　競技特性や戦術といった，バスケットボールの競技としての本質的な在り方に密接に関わる事柄にアプローチするには，何よりもまずその対象を明確にしておく必要がある。とすると，このバスケットボールというスポーツ自体が，どのような運動課題や運動経過に特徴づけられて現象するものであるのか，平易に言うと，このスポーツが他と比してどのような特性を有しているのかを理解しておくことは必須の要件である。バスケットボールの有する独自の特性が分からないことには，このスポーツに固有の競技特性や戦術を特定することなど不可能だからである。

　しかし，バスケットボールにおいて「固有のもの」を究明しようとした場合，視覚像として目に映ずる「パス」「ドリブル」「シュート」といった運動やそれらが複雑に関連し合って動きのかたちを具象化する「戦術行為」，あるいはこのスポーツに付帯すると見做した不可視の属性それぞれに，バスケットボール

をバスケットボールたらしめる価値が存在すると評価を下したとしても，それらは技や戦術の使用価値やこのスポーツに付帯する価値についての本質的な根拠を持たない勝手な理由づけに過ぎない。こうした恣意的な観念からの価値づけによるものを「価値論的アプローチ」と呼ぶなら，通常，それが「固有のもの」の究明には何ら繋がってこないことは明らかである。

そこで，このような恣意的な観念に基づいたアプローチに問題があるとするなら，「固有のもの」を究明するのに最適なのが「差異論的アプローチ」なのである。NBAであれミニバスケットボールであれ，あるいは眼前で繰り広げられているものであれ30年前のそれであれ，そこにバスケットボールというものが生起しているとしたら，そのような表層に現れる複雑で多様な現象間にある差異を正しく見極めて，1つには，他種目と比してその差異を際立たせている特徴として（並立性という観点からの横軸における「差異性」），2つ目には，バスケットボールという競技において同一であるとする特徴として（階層性という観点からの縦軸における「差異性」），それぞれに共通するものがどういったものであるかを分析すれば，そもそもバスケットボールにとって「固有のもの」とは何かを明らかにすることが可能となるのである。

3．2．2　見えないものを剔抉する「原理論的アプローチ」

哲学的研究においては，存在する事物・事象の個別で一回性的な現れ方や属性ではなく，その本質を洞察する「検証可能な系統的且つ合理的認識」が問われることになる。とすると，この認識はどのような方法を用いて獲得でき，それは如何にして「客観性」を有するかが重要になってくる。その際，以下の言説はこの問いの究明にとって示唆的である。

> 「一般化を基礎づけるものは比較ではない。その反対である。・・・他の諸制度，他の慣習についても当てはまる解釈の原理を獲得するには，一々の制度なり慣習なりの根底にある無意識的構造を明らかにせねばならぬし，また明らかにすれば十分だということになる」（レヴィ＝ストロース，1972）。

この言説に従うなら，たとえば，われわれの眼前に生起する戦術行為の複雑多様な混沌状況を脱して，それらを一般化して解釈できる「原理」を把握する

には，1つひとつの戦術の根底に潜んでいて，そこでの現象をそれとして現象させるような「無意識的構造」，つまり，表層での複雑多様な現象を深層で支えてそれを秩序化する「深層構造」が明らかにされねばならないということになる。要するに，戦術行為の根底にも，通常，それと意識されることのない「構造」が潜在しており，この深層構造を剔抉することこそが「一般化」につながるのである。では，この目標に到達するにはどのような道，すなわち，「方法」を準備すればよいのだろうか。

　一般に，あらゆる事物・事象は「本質と現象」の統一体である。その際，「本質」は，対象を規定する「内容」として定められているものにおける主要なもの，基礎となるもの，それを決定づけているものであって，「内容」から主要でないもの，派生的なもの，表層的で可変的なものを取り除いている。一方，「現象」は，相対的，表層的な内容と「人為的事物・事象の構成を規定する法則」（カッシーラー，1989）たる「形式」の統一であり，現象の「形式」とは，現象における相対的，表層的な法則性を表している。したがって，そのような「現象」から区別された「本質」は，「現象」の内容には属さないところの，現象を根拠づけるものとしての「内容」をもつことになる。それ故，事物・事象はそれ自体「現象」と「本質」との統一体として捉えられるのであるが，われわれにとっては，事物・事象の「本質」は「現象」と同じ次元で与えられているのではなく，現象を介して，その深層に発見されるべきものとして捉えられることになる。それは，表層での可変的なものの背後あるいは深層における相対的に不変なものとして立ち現れるものである。この意味において，われわれが「本質」を問題にするときは，常に，何等かの「法則」が求められるのである。

　この「法則」は，経験的に与えられる内容の共通性，あるいは繰り返し与えられる内容の反復性に適当な表現形式が与えられた場合，それは一定の経験的規則性を表すことになる。このような規則性も「法則」と呼ばれ得るが，しかしながら，この場合，諸現象に共通という意味での普遍性の要求は満たされても，必然的にそうならねばならない，という「本質」的意味での「法則」の要求は満たされない。そのような普遍性は，それに反する事例が表れた場合，それを説明することはできないからである。これに対して，「本質」における「法則」とは，普遍性と必然性が統一されたものである。つまり，自己が

存立するための秩序ないし仕組みを自己の内に含むものである。事物・事象の諸性質には，変化するものと変化しないものとがある。その際，その事物・事象が関連づけられる相互作用を如何に変換しても変化しない「性質」が発見されたとき，それが事物・事象の客観的「本質」なのである。したがって，事物・事象の本質は，われわれの認識主観に依存するのではなく，客観的に，その事物・事象が関連づけられる相互作用の諸変換に対して不変なもの，すなわち，「深層構造」として存在するのである。

　もしわれわれが数多の戦術行為について，こうした深層構造にまで分析を深化させ得たとするなら，表層での諸現象の交錯に発する戦術行為をめぐる困難から脱却し得ることになるはずであり，表層で実在する諸現象の在り方如何には左右されない抽象性ないし一般性を獲得することができるのである。そして，戦術をめぐる難問の解決が以上のように方法化でき，それを「原理論的アプローチ」と呼ぶなら，次なる課題は，如何にすればこのアプローチから戦術行為の深層構造に到達し得るか，ということになるであろう。

　ただし，その場合，事物・事象を分析する際に用いられる装置に関して決定的に重要なことは，それが物的ということにあるのではなく，条件制御という「機能」に存するのである。つまり，この条件制御という機能が，観察者や実験者の主観的思惑の如何に関わらず，分析結果を客観的なものとするのである。したがって，この機能が，複雑「多様な対象を一定の論理的機序のもとに『制御』するという役割を果たしている」（佐藤，1993，p.38）のであって，原理論的アプローチにおいても絶対に看過されてはならないのである。個別的一回性と複雑多様性を現象に潜在する戦術行為の分析結果においても，それが客観性を有しているか否かは，この条件制御という機能を有する分析装置の設定如何に拠るのである。

3．3　事　例

　ここでは，「差異論的」あるいは「原理論的」というアプローチから，競技特性や戦術に共通する認識の獲得に首尾良く成功したと見做される2つの論文を紹介する。1つ目は，「概念の同一的で不変な意味」にかかわってのものであり，2つ目は，「原理論の構築」が図られたものである。もちろん，何れの論文も「現状批判」から出立していることは言を俟たない。

3．3．1　差異論的アプローチを用いた「競技特性」研究

　ここで採り上げるのは,「バスケットボールの競技特性に関する一考察：運動形態に着目した差異論的アプローチ」という題目が冠された論文である。

　この論文では,その「特性」を「バスケットボール競技だけが有する,他と異なった特別の性質」と規定し,この本質的課題について考察を行うことでこの種目に固有の競技特性を再規定することを目的としている。そして,この目的を達成するために,これまでの様々な「特性」観を超克する手段として,運動形態を構成せしめる法則である「運動形式」を媒体とすることで顕現化される運動形態に着目し,それを他種目（並立性）及び同一種目内（階層性）での比較から「固有のもの」を抉出している。詳細は別稿（内山，2009）に譲るが,その論旨は概ね以下のようにまとめられる。

　バスケットボールの競技としての本質的な在り方に関わる,「固有のもの」の必要にして有益な視点として示されるのは,競技として成立するための根幹を成し（階層性という観点からの縦軸）,かつ,他のボールゲームとは決定的に異なる（並立性という観点からの横軸）,「頭上の水平面のゴールにボールを入れる」という行為を実現するための手段としてのシュートを,この種目のシンボル的運動形態として捉える,ということである。そして,最終的に,バスケットボールの競技特性は,「頭上の水平面のゴールにボールを入れるシュートの攻防を争点として,個人やグループあるいはチームが同一コート上で混在しながら得点を争うこと」,と表記され得ると結論づけている。その一方で,バスケットボールの競技としての本質的な在り方は,すべて形態面からだけで把捉し得るとは言い切れない,との課題も新たに提示している。

　それは,個々人もしくはチーム毎のパフォーマンスの差異を払拭し,表層で実在し交錯する諸現象の在り方如何には左右されない一般性を獲得することのできる「何か」を究明することが競技としての本質的な在り方にとっては重要かつ不可欠で,その「何か」について深く探究することが説かれているのである。そして,この問題についての最も合理的な説明は,可視的で可感的な現象からではなく,むしろそうした現象の背後に伏在し,かつ,運動形式をも内在させるような,かといって経験的水準ではその実在を見出すことのできない「深層での仕組み」（内山，2007）が存在していると推測することにある,と述べられている。このことは,個々人やチーム毎の体格,身体諸能力,運動技

能，経験，並びにそれらの「複合的構成体」と見做されるチーム毎の「ゲーム能力」に起因する差異を捨象し，あるいは時代や地域毎の文化的文脈に起因する差異をも超越し，他の種目と混同されることのない自立的な存在性を支えて秩序づけている仕組みが不可視の深層で働いている，ということを意味している。

　要するに，この論文では，最後に，不可視の深層に伏在しているであろう，その「仕組み」とは何であり，どのような方法を用いればそれは把捉し得るのであろうか，との問いを発することで，取り扱う可視的で可感的な対象，つまり「現象」に「本質」を見ようとする姿勢を問題にしながら，その「本質」を「真理」として制度化していく方法そのものを解明することが不可欠，と論じているのである。その課題に立ち向かったのが次の論文である。

3．3．2　原理論的アプローチを用いた「戦術」研究

　それは，「バスケットボール競技におけるチーム戦術の構造分析」という題目が冠された論文である。

　これまでの戦術研究とは異なり，この論文では，客観性を有する条件設定のもとに，複雑多様な表層での戦術行為を深層で支えて秩序づけている構造の抽出が試みられることで，戦術に共通する認識は獲得可能であることが証明されている。詳細は別稿（内山，2004）に譲るが，その論旨は概ね以下のようにまとめられる。

　バスケットボール競技のチーム戦術は，5人の動きによって生成する実に多種多様な動きのかたちとして映ずるが，そこには眼前での現象を支えて根拠を与えている不可視の深層での仕組みが必ずや潜在している，との仮説から，チーム戦術の深層構造とその原理・原則の究明が目指されている。また，この目的を達成するために，表層で生起する個々のチーム戦術の「動きのかたちの全体的把握」から「深層での構造」へと定式化を図る前提として，まず，チーム戦術を顕在化させ，かつ，それを制御している条件を分析・検討し，最後に構造モデルによってチーム戦術をそれたらしめている深層での共通の仕組み及び原理・原則を明らかにしていく，という手順が採られている。そして，最終的に，バスケットボールにおけるチーム戦術は「時間」「空間」「動的秩序」という3つの要因から制御され，オフェンスにおいては，これら3つの要因を現

実的な動きのかたちの中で機能させている「13秒以内」「優先順位」「流れ」という各要素が相互に規定し合うことで，自らを再活性化していくようなシステム構成体として実在することを明らかにしている。そして，これら3つの要素間の関係を考慮してはじめてチーム戦術は，ゲームにおいて生起する諸状況に最も適した動きのかたちとなって現出し，得点の獲得へと方向づけられ得る，と結論づけている。他方，ディフェンスにおいては，これらオフェンスの事態と全く逆になるとし，ボール保持から13秒以上の時間を費やさせ，空間的な優先順位を逆順させ，動的秩序によってもたらされる連続した流れをことごとく断ち切る，ということが，深層での構造に内在する原理・原則である，と述べている。

　要するに，この論文では，バスケットボールのチーム戦術は，可視的な現象（表層）として無数に存在するが，それらには必ずや不可欠な共通の仕組み（構造）がその不可視のところ（深層）にあるはず，という前提に基づき，これまで数多く報告されてきた特殊で個別な事例的研究としてではなく，実践を根底で支える本質論的研究としての立場で，バスケットボールにおけるチーム戦術の深層での構造の究明が図られているのである。つまり，バスケットボールのあらゆるチーム戦術を支えて根底に潜んでいる仕組みとは何か，それが究明できれば，チーム戦術を発案したり，スカウティングを行ったりする際に，必ず役に立つであろう，という実践的課題も視野に入れつつ，バスケットボールのチーム戦術が「構造」というフィルターを通して究明されているのであり，競技者や指導者ばかりか研究者に対しても共通認識をもたらす新たな知見が提供されているのである。

　この論文で用いられた原理論的アプローチの特徴をなすものは，現象の普遍性ではなく，必然的な形式を有する深層構造の普遍妥当性である。戦術の深層に潜む不可視の構造を「明晰かつ判明」（カント）に分析しさえすれば，それだけ現象として映ずる戦術の可変的な内容とは厳密に区別される完全に一義的な規定性そのものが明らかになるのである。ただし，そこで得られた規定性，つまり，原理・原則はどんな戦術にも見出され得るだけでなく，如何なる戦術行為にも適用できなければならない。したがって，本論文で得られた成果は，表層的に現象した複雑多様で一回性的な戦術行為の観察・分析ばかりか，未だ実在していない戦術の生成・構築にとって，従来の戦術研究での方法とは異な

る新たなパラダイムを提示することになり，実際の指導場面を支えることになるのである。戦術を原理論的にアプローチすることの意義は，まさに，このことに見出し得るのである。

4．おわりに

　或る対象を学問的方法によって研究するとき，そこに「〇〇学」が成立することになるが，「〇〇学的方法」が体得され研究遂行の前提となっている限り，「バスケットボール」が対象になったとしても何ら問題はない。

　「バスケットボール学」が「学」と呼ばれ得るようになるには，如何にわれわれ自らが主体的に選択し設定した課題であっても，事象を合理的に説明することができ，現実に対する適切な対応能力も発揮して社会的信頼を得なければならない。この課題に応えるには，通常，見過ごされがちな問題を問題として自覚し，しかるべき解決の道を探って，混乱した現状をきちんと論理化して説明することが必要であり，そうした基本的な課題を引き受けて理論的な解決を提示していかねばならない。「哲学的方法」はそうした役割の先頭を走っているのである。

　しかし，実際には，哲学に限らず「〇〇学的方法」の体得そのものが非常に困難な課題である。しかも，「バスケットボール学」が成立するか否かは，すべてのこの「〇〇学的方法」が準備されているかどうかにかかっているのであるから，方法こそが死活的重要性をもってくることになる。したがって，「バスケットボール学」を体系づけていく上で「〇〇学的方法」の体得は不可欠になるが，そこでは，われわれが熟知する身体訓練の場合と同様，訓練なしにはいかなる上達も見込めないという原則が貫徹しているのである。

文献

アリストテレス：出隆訳（1968）形而上学．アリストテレス全集第12巻．岩波書店．
内田義彦（1971）社会認識の歩み．岩波新書．
内山治樹（2004）バスケットボールにおけるチーム戦術の構造分析．スポーツ方法学研究，17（1）：25-39.
内山治樹（2007）スポーツにおける戦術研究のための方法叙説．体育学研究，52（2）：133-147.

内山治樹（2009）バスケットボールの競技特性に関する一考察：運動形態に着目した差異論的アプローチ．体育学研究，54（1）：29-41．
内山治樹（2012）バスケットボールにおけるルールの存在論的構造：競技力を構成する知的契機としての射程から．筑波大学体育科学系紀要，35：27-49．
内山治樹（2013）コーチの本質．体育学研究，58（2）：677-697．
カッシーラー：生松敬三・木田元訳（1989）シンボル形式の哲学（一）．岩波書店．
佐藤臣彦（1993）身体教育を哲学する－体育哲学叙説－．北樹出版．
佐藤臣彦（1995）体育学・スポーツ学における人文学的研究の方法．体育の科学，45（1）：66-71．
谷徹（2002）これが現象学だ．講談社現代新書．
戸坂潤（1966）科学論．戸坂潤全集第一巻．勁草書房，p.138．
西田幾多郎（1953）哲学概論．岩波書店，p.14．
フッサール：立松弘孝訳（1968）論理学研究Ⅰ．みすず書房．
ポパー：大内義一・森 博訳（1971）科学的発見の論理．恒星社厚生閣．
丸山圭三郎（1981）ソシュールの思想．岩波書店，pp.92-116．
レヴィ＝ストロース：荒川幾男訳（1972）構造人類学．みすず書房．

12. バイオメカニクス

　本章は「バイオメカニクスでバスケットボールを研究するとは」について，できるだけ多くの方々に理解していただけるように考えながら構成した。現在，バイオメカニクスを勉強する時間をなかなか取ることができない方や理系の学問がどうしても苦手という方も，まずは最後の【まとめ】だけでもいいので目を通していただきたい。

1．バイオメカニクスとは

$$\text{Bio} + \text{Mechanics} = \text{Biomechanics}$$
　　（生体）　（力学）　　（バイオメカニクス）

　バイオメカニクスは，生体による運動のメカニズムを力学的に解明しようとする学問である。特にスポーツ・バイオメカニクスは，様々な運動を対象として巧みな運動の特徴や傷害発生の機序を明らかにしようとする研究領域であり，その研究成果が指導法，用具の開発といった実学分野に活かされることも多い。このような研究を進めるうえでは，力学・生理学・解剖学といった学問の基礎知識を活用していく必要がある。

　バイオメカニクスの特徴としてまず挙げられるのは「スポーツ動作を定量的に記述できる」という点であろう。複数の人間がある同一のスポーツ動作を観察・体験した際の評価には必ず個人差が生じる。さらに，その評価を聞いた側の受け取り方も十人十色である。このような個人差はスポーツ指導を行う際，しばしば過誤を引き起こす原因となる。その点，バイオメカニクス的な手法によって運動を分析すると，多くの場合は数値という絶対的な指標で運動を評価することができる。数値で説明したからといって選手の運動技術が必ずしも向

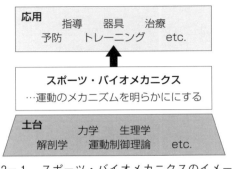
図12-1　スポーツ・バイオメカニクスのイメージ

上するわけではないが、人間の主観による分析・評価よりも再現性が高いのは確かであろう。次の大きな特徴は、データの解析によって「運動の仕組み」を明らかにできる点である。外部から観察しても分からない内部での力学的現象を数値化することで、ある運動の成り立ちや熟練者の運動の特徴を明らかにすることができる。このように、バイオメカニクスによって運動の客観的記述を行い、様々な解析を施しながら解釈することで、指導法やトレーニング法のような現場での応用に貢献できる知見を得ることができるのである。

2．スポーツ・バイオメカニクス研究の進め方

　スポーツ・バイオメカニクス研究の進め方は他の分野と共通する部分が多い。まず、スポーツや運動に関する事象について問題意識・疑問を持つところがスタートとなる。疑問点が明確化されたら、当該テーマの先行研究を調査する必要がある。この調査によって、自身が知りたい内容が明らかになっておらず、バイオメカニクス的手法を用いて解決が可能である場合、実験方法の設定を進めていく。その後は実験によるデータ収集を行い、得たデータを分析・解釈して、最終的に学会大会や論文等で得られた成果を発表する。研究成果の公表は、それをヒントとした指導法に繋がったり、新たな研究の糸口となったりすることが期待できるため、非常に大事なプロセスである。これからバスケットボールのバイオメカニクス研究をスタートする方々には、データの分析・解釈で満足せず、現場にその知見を還元するためにも共通の学術的・競技的興味を持つ人々に積極的に研究結果を発信していただきたい。

3．データの収集

スポーツ・バイオメカニクス分野では非常に多くの手法を用いて，身体運動の分析・評価が行われる．以下に，2大アプローチ法とその具体例を紹介する．

3．1　運動学（Kinematics）

運動学とは，運動の原因である力は考慮せずに身体や物体の形状や位置，そしてその変化についてデータ取得・分析をおこなうアプローチ法を指す．この方法によって得られたデータのことをキネマティックデータと呼ぶ．キネマティックデータを分析することによって，「誰が速いのか」「関節をどの程度の範囲で動かしているか」といった問いに対し，定量的に答えを示すことができる．キネマティックデータを取得する代表的な方法を以下で紹介する．

3．1．1　ビデオカメラ画像のデジタイズ

ビデオカメラ等で取得した運動の画像のある点の座標位置を得ることをデジタイズと呼び，多くの場合専用のソフトウェアを用いてデジタイズする．事前に，または動作中の映像に位置や長さが既知のポイントを映しこみ，キャリブレーションを行うことにより，映像上の点から実空間上の座標位置を得ることができる．特殊なカメラを必要としないため，試合会場での撮影や解析ではこの方法がとられることが多い．

3．1．2　光学式モーションキャプチャシステム

赤外線カメラなどを利用し，反射マーカーの位置を自動認識できるシステムである．自身でデジタイズ作業をすることなく身体各部位のキネマティックデータを取得することができる．精度の高いデータを容易に取得することができるが，システムが比較的高価で，測定範囲が限られているという限界がある．

3．1．3　加速度計

運動における加速度変化を電気的信号で得ることが出来る．位置の変化率を表すのが速度，そして速度の変化率を表すのが加速度である．加速度計では位置や姿勢といった情報を得ることはできないものの，簡便に「運動の激しさ」

を計測できるという特長がある。近年では非常に小型の加速度計も普及しており，実際のスポーツ中の加速度を計測することが可能になっている。

3．1．4　電気ゴニオメータ

関節の角度変化を電気信号に変換できる装置であり，計測したい関節に装着して運動を行うことで関節角度の変化を検出できる。キャリブレーションの必要があったり，身体部位の座標が取得できなかったりと制限はあるものの，モーションキャプチャシステムと比べると比較的安価で関節のキネマティックデータを取得できる手法である。

3．1．5　赤外線深度画像

深度画像を分析することで，マーカーを貼付することなく人間の関節角度を推定することができる。Microsoft 社によって開発された Kinect は本来テレビゲーム用として開発された3万円程度で購入できるセンサであるが，投げる・踊るなどの動きの判定を可能にしており，スポーツ科学や医学分野での応用も始まっている。

3．1．6　自動トラッキングシステム

2017年シーズンまで，NBA では SportVU というシステムが使われてきた。アリーナのハーフコートに3台ずつ合計6台のカメラを設置し，毎秒25回各プレイヤーとレフェリーのコート上での位置，ボールについてはコート上での位置と高さを記録する。収集されたデータはそのままではただの位置情報のため，STATS 社のサーバーに送られ特殊なソフトウェアによって特定のルールに従って加工された上で，90秒以内にレポートとして各チームに提供される（NBA.com より）。

3．2　動力学（Kinetics）

動力学とは，身体運動の原因となる力についてデータ取得・分析をおこなうアプローチ法である。この方法によって得られたデータのことをキネティックデータと呼ぶ。キネティックデータを分析することによって「どれくらいの力を発揮しているのか」「どの関節に関わる筋肉を優位に使っているのか」と

いった問いに対し，定量的に答えを示すことができる。キネティックデータを取得する代表的な方法を以下で紹介する。

3．2．1　フォースプラットフォーム

物体に作用する力を測定するセンサをフォーストランスデューサという。スポーツ・バイオメカニクス分野で最も一般的なトランスデューサはフォースプラットフォーム（通称：フォースプレート）という地面反力（地面に加えた力の反作用：図12-2）を測定できる装置である。一般的な体重計に乗って身体を動かすと，表示される体重が変動することは経験された方が多いだろう（静止している際の地面反力を体重と呼んでいるのである）。フォースプレートは運動中に変動する地面反力（垂直方向だけでなく，前後・左右も）を時系列で記録できるため，多くのバイオメカニクス研究で用いられている。

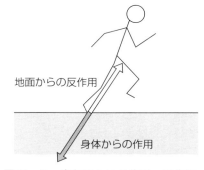

図12-2　走行における作用・反作用

3．2．2　圧力分布センサ

フォースプレートでは力を大きさ・方向・作用点をもった1つのベクトルとして測定する。しかし，実際の人体の場合，地面に接している面（足裏など）にかかる力は部位によって異なる。圧力分布センサは，接地面の圧力分布を測定できる装置であり，フォースプレートだけでは分からない，接地面の部位別データを得ることができる。

3．2．3　生体内トランスデューサ

身体のある部位に作用する力を明らかにする場合，非侵襲的な手法で得られたデータを利用して間接的に推定することが多い。しかし，例えばバックルトランスデューサという装置を外科的処置によって人体に挿入することで，腱や靭帯にかかる力を直接測定することができる。近年では倫理的な観点からこのような侵襲的な手法が人間に対して実施されることは少なくなっている。

4．データの解釈

先述したデータをそのまま観察するだけでも，運動のメカニズムの解明や運動の改善につながる可能性はある。しかし，一般的には以下に紹介するような分析を行い，運動の仕組みについての解釈を進めていくことが多い。

4．1　逆ダイナミクス

身体運動は「各筋による力発揮」→「筋が作用する関節による回転運動」→「それらの関節運動が組み合わさった全身運動」という過程を経て生じる。その過程を利用し，関節で作用していた力や筋力を推定する方法を逆ダイナミクスと呼ぶ。つまり「運動・外力データを測定」→「各関節が発揮する回転力（トルク）を推定」という実世界での身体運動とは逆の過程を踏みながら身体が発揮した力の詳細を明らかにしていく手法である。また，筋骨格モデルを用いることによって，各筋が発揮した力を推定することも可能である。

4．2　順ダイナミクス（シミュレーション）

逆ダイナミクスが身体運動の過程を遡るのに対し，シミュレーションは実世界と同様の順で進められる。人体の運動器をシンプルに表した身体モデルに予め設定した筋出力を入力すると，関節運動が生じ，運動の結果が決定する。運動の結果を最適化するようにシミュレーションを繰り返して，優れた運動制御のヒントを得たり，様々な知見から推定された巧みな運動に必要な力発揮パターンの有効性を検証したりする際に用いられる手法である。

4．3　筋電図

筋肉が活動する際に生じる微弱な電流を測定する神経生理学的手法である。最も一般的に用いられるのは対象とする部位の皮膚に非侵襲的な電極を貼付する表面筋電図である。筋に直接挿入する針筋電図という手法も存在するが，侵襲性が問題視されあまり用いられなくなってきている。筋電図法は各筋肉が活動する強度・タイミングを比較的容易に測定できる手法であるが，筋間，被験者間の活動強度の比較をおこなうためには，最大筋力発揮時の放電量で規格化するなどの工夫が必要である。また，表面筋電図の場合どうしてもターゲット

とする筋付近の別の筋の活動も含まれてしまう点，脂肪が多い部位の筋活動の測定には適さない点などの問題点を考慮しておく必要がある。

5．バスケットボールに関連したバイオメカニクス研究

ここでは，バスケットボールに関する事象のバイオメカニクス的研究を大きく「基礎動作の研究」と「競技動作の研究」とに分け，いくつかの研究事例をあげながら解説していく。

5．1　基礎動作

この章でいう基礎動作とは，バスケットボールに限らず多くのスポーツや日常動作に関係する動作を指す。例えばランニング，ジャンプ，カッティングなどがこれに当てはまる。

例えばInaba et al.（2013）は，複数の距離に横方向への跳躍動作を遂行した際のキネティクスを比較し，距離（離地速度）の変化には股関節の外転よりも伸展の力発揮が強く影響していることを示した。この研究の結果はサイドステップの素早さには股関節伸展の出力が重要であり，股関節外転動作の役割は跳躍方向の調節に過ぎないことを示唆している。バスケットボールの現場では，素早いサイドステップを行おうとする際に強く開脚（股関節外転）する指導が見受けられることもあるが，股関節の伸展を強調した方がパフォーマンスの向上が期待できるかもしれない。

飯田ら（2015）は台上から落下して速やかに跳躍するドロップジャンプを研究モデルとし，着地動作とジャンプを切り替える可能性の有る条件の地面反力データをバスケットボール選手と陸上競技選手で比較した。その結果，動作が確定している条件と不確定で切り替えが無かった条件では競技間で有意な差は認められなかったものの，着地からジャンプに動作を切り替えた際のジャンプパフォーマンス（跳躍高／接地時間）はバスケットボール選手の方が有意に優れていることを示した。この研究結果からは，バスケットボールやバレーボールのような対人スポーツで選手たちが達成している周辺状況に適応的なジャンプ動作には，動作の切り替え能力の習熟度が関連しているものと推察される。

このように基礎動作のメカニズムをバイオメカニクス的に解明することは，

バスケットボールに限らず幅広い競技者の運動能力改善につながる可能性がある。また，様々な種目間での比較を行うことによって，各競技の特異性を明らかにすることもできる。

5．2　競技動作

本章の競技動作とは，実際のバスケットボール競技中に用いられる競技特異的な動作を指す。バスケットボールの技術そのものを研究対象とするため，得られた知見は直接的に指導現場に還元できる可能性がある。

5．2．1　シュート

バスケットボールの特性上，シュート動作の巧みさは競技成績に直結する非常に重要な要素である。そのため，種々のシュート動作がバイオメカニクス研究の対象となってきた。

Brancazio（1981）は実験的な手法は用いずにバスケットボールのシュート技術において把握していくべき物理学理論について投射角度，投射速度およびボールスピンの影響という視点から解説している（図12-3：投射角度・投射速度，図12-4：ボールスピン）。

また，先行研究の中にはシミュレーションによって「良いシュート」を明らかにしようとしたものも多い。Hamilton and Reinschmidt（1997）は，シュートの投射条件（投射スピード，投射角度，バックスピンの回転数）を変化させ，2次元平面上でのボールの軌道の変化およびシュート結果をシミュレートした。その結果，バックスピンをかけてリング後方に近い方を狙った方が良いという見解を提供している。またSilverberg et al.（2003）およびOkubo and Hubbard（2006）は，3次元のモデルを構築し，両研究ともバックスピンがあった方がシュートの確率が高くなることを示している。さらに，Tran and Silverberg（2008）はバックスピンの回転数は1秒当たり3回程度が最適であることを示唆している。このように複数のシミュレーション研究が行われているが，シュートの成功率を向上させるためにバックスピンをかけることが重要であるということは一致した見解として存在しているようだ。

高速ビデオカメラにより実際のシュートによるボールの軌道を分析した試みも見受けられる。例えば元安ら（2011）は，パフォーマンスレベルからみたバ

スケットボールのフリースローにおけるボール到達位置について分析を行い，ボールの到達位置の偏りは前後成分の方が左右成分より大きいこと，そしてパフォーマンスレベルが高い選手では前後方向のバラつきが小さいことなどを示している。栗原ら（2016）はフリースローとコーナーからのショットを比較すると，フリースローの成功率が高く，リングに当たってから入るショットがフリースローの方が多い事がその要因となっていると述べている。

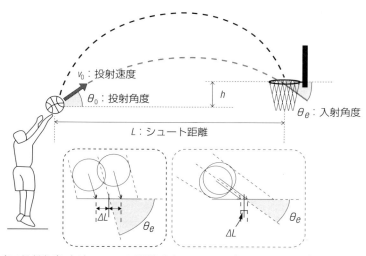

入射角度は投射角度（θ_0）シュート距離（L），リリース高からリングの高さまでの距離（h）から下記の通り求めることができる。

$$\theta e = \arctan(\tan\theta_0 - \frac{2h}{L})$$

入射角度が大きい時の方がシュートが入る軌道の範囲（ΔL）が広くなることがわかる。したがって，入射角度を大きくする，すなわち，投射角度を大きくすることはシュートの成功率を高めるうえで一つの重要な考え方であると言える。しかし，入射角度を大きくすると，それに伴ってリリーススピードも大きくしなければならず，結果的に再現性が低下する可能性がある。Branoazio（1981）はそれを考慮して、最適な投射角度"mimimum-speed angle θ_{0m}（速さ最小の角度）"を提案している。これは、下記の式を用いて求めることが可能である。

$$\theta_{0m} = 45° + \frac{1}{2}\arctan(\frac{h}{L})$$

例えば、スリーポイントシュート（$L=6.75$m）で、地上から2.5mの高さでボールをリリースしたとすると（h＝3.05－2.50＝0.55m），$\theta_{0m}=47.3°$となる。同じシュートでリリース高が2.0mだった場合、$h=1.05$mとなり，$\theta_{0m}=49.4°$となる。

図12－3 投射角度及び入射角度が，シュートが入る軌道の範囲に及ぼす影響を示した概念図（Brancazio, 1981より作図）

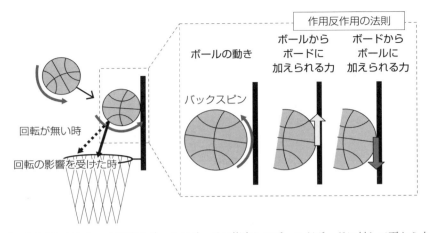

バックスピンがかかった状態でボールがボードに衝突してボールがボードに対して下から上に向かう力を加えた場合、反作用でボードからボールには上から下に向かう力が加わり、跳ね返る角度の変化が起きる。同時に、スピードの低下も起きるため、ボールがリングに向かいやすくなると考えられている。

図12－4　ボールの回転の影響（Brancazio, 1981より作図）

　動作分析システムを用いて人間の身体各部位のバイオメカニクス指標とシュート結果の関係を検討した研究も多い。元安（2011）によると、フリースローの成功率の高い選手は、リリース時の肘関節伸展角度、股関節伸展角度が大きく、動作の再現性が高いとされている。Button et al.（2003）は各身体部位の動作のバラつきが少ない被験者が必ずしもシュートの成功率が高いわけではないことを示し、肘と手首の関節が互いに補償し合って、投射条件の微細な変化に対応するように動作が成り立っているとの見解を示している。

　さらに、Rojas et al.（2000）は、ディフェンスがいる条件といない条件でシュート動作がどのように変化するかを検討し、相手がいるとリリース角度が増大することや動作に変化が起きることを報告している。この研究は、ディフェンスがいる状況を想定せずにシューティング練習をしてしまうと、実際にディフェンスにマークされた場合に動作が変わってしまい、シュート成功率が下がってしまうことを示唆している。

　Okazaki et al.（2015）は"A review of basketball jump shot"というタイトルでジャンプショットおよびフリースローに関わるこれまでの研究結果のレビューを行っている。この論文では、先行知見を①ボールの軌道、②シュート

動作の各局面，③その他の要因の三つの視点から整理している。③には，身体的特徴，経験，ゴールの高さやボールのサイズ，疲労，距離などが含まれる。これまでの研究内容を網羅的に把握できるため，ジャンプショット・フリースローの科学的な分析に興味がある方は参照することをおすすめする。

また，これまでに研究対象となったシュートは，フリースロー，ジャンプショット，レイアップショットが中心であるが，フローターシュートのようなその他のシュートについても研究は散見される（町田ら，2016）。

5．2．2　ディフェンス

ディフェンス動作はオフェンス側の運動に対して予測・反応をおこない遂行されるため，「優れたディフェンス動作」を一義的に明らかにすることは難しい。ただし近年では，藤井慶輔氏（現理化学研究所　研究員）が動作分析やシミュレーションを用いてバスケットボールにおけるオフェンスとディフェンスの"駆け引き"について研究をおこなっている（Fujii et al., 2014; Fujii et al., 2015）。これらの研究のテーマは主にスポーツ心理学領域に含まれるものではあるが，用いられている手法はバイオメカニクス研究と同様のものである。

5．2．3　その他

以上のような動作自体の分析を主題とする研究の他にも，シュート練習の頻度と動作の関係（中大路ら2012），男子ジュニア日本代表選手の身体的及び体力的特徴（Ohya et al. 2016），トップバスケットボール選手の身体能力の特徴（Sergej et al., 2006）等を明らかにしたバイオメカニクス研究と関連性の強い研究も多く存在する。

6．課題と展望

ここまでの内容で，バイオメカニクス的手法によってバスケットボールに関連する動作を分析することは多方面に有益であることは理解していただけたと思う。しかしその一方で，バイオメカニクスによる研究の限界・課題を理解しておくことも肝要であり，今後の展望を考えるヒントとなるだろう。

6．1　計測による動きの制限

モーションキャプチャの反射マーカーや表面筋電図を利用する場合，体表に計測装置を貼付し動作を遂行しなければならない。また，フォースプレートを競技スペース程度の広さまで設置できる実験環境を持つ施設は非常に稀であり，限られた狭いスペースの中でデータを取得する必要がある。このような実験室条件での測定の場合，通常の競技中とは異なった動作パターンに変化してしまう可能性があるため，このような条件下でも競技に有益な情報を入手できるように研究プランを立てることが重要である。

6．2　統計処理と一般化

生体を対象とする研究分野の大部分がそうであるように，バイオメカニクス分野でも得られたデータは統計処理にかけられ「統計的に意味があるのか」「多くの人に当てはまる事象なのか」を検証して結論を出すことが多い。また，熟練者の平均動作から標準動作モデルを作成して，熟練者に共通するパターンから動作のコツを見つけ，反対に逸脱度から課題や重要なポイントを明らかにする方法も提案されている（Ae et al., 2007）。このような統計処理や優れた動作の一般化によって，優れた動作の根底にある重要な仕組みを理解することはもちろん重要であるが，特殊な動作パターンを持つ選手の特徴や上達へのヒントを見過ごさないように留意することも忘れてはならない。

例えば，トップアスリート1名の動作をバイオメカニクスの観点で解析しその仕組みを理解することは，たとえ統計的処理を経なくても，指導現場に還元できる知見と成り得る。また，個人間での比較だけでなく個人内変動に着目することも重要であり，例えば「上手くできた動作」と「失敗してしまった動作」の比較によって技術向上に貢献する知見を得ることができる可能性が有る。

6．3　即時的なフィードバック

スポーツにおいては"Here and Now"の指導，つまり選手へのフィードバックをその場その時に行うことが動作の上達に重要であるとされている。しかしながら，従来の多くのバイオメカニクス手法はデータ取得から分析を行い，結果をフィードバックするまでに相当の時間を必要としてきた。今後バイオメカニクスを指導現場に活用していくためには，極力即時的なフィードバッ

クが可能になるように測定システムや解析方法を工夫していく必要があるだろう。最近では即時的なフィードバックが可能なセンサ内臓バスケットボール（94Fifty Sensor Basketball）なども開発されている。研究用途で用いる際には精度の確認は必要ではあるが，このようなツールを使用していくことも現場でのバイオメカニクスの活用には有益であると考えられる。

6.4　コスト

　バイオメカニクスの実験の遂行には非常に費用と時間がかかる。例えばモーションキャプチャシステムは，安価なものでも数百万円，高価なものだと数千万円と非常に高価であり，複数の高速ビデオカメラを設置する専用の実験室なども必要となる。また，実験室のセッティングや事前のキャリブレーションなど，データ取得に多大な時間と人手が必要となる。このような実施上の制限のため，一般の指導者・競技者にはバイオメカニクス的手法が普及していないのが現状だ。前述したKinectなどの比較的廉価な測定装置は，当然測定精度は従来のシステムより劣るが，単純な動作の比較や大人数の測定には適しており，工夫次第で現場での普及可能性をもつツールである。

7. まとめ

　本章ではバイオメカニクスという学問の概要，研究の進め方，バスケットボールを対象とした先行研究の紹介，課題と今後の展開について解説をおこなってきた。

　バイオメカニクスは人間の運動の仕組みを力学的な手法を用いて客観的に分析する学問領域であり，バスケットボール競技における動作もその研究対象とされる。分析をしたい運動における身体・ボールの運動の様子や作用している力などを算出することで，良い動きや効率的なトレーニングへのヒントを得ることができる。

　これまでに研究対象とされてきた動作はバスケットボール競技に多く見られる跳躍やセットシュートやレイアップシュートなどが多い。研究の結果，これまで感覚的に定説となっていた事柄が科学的に証明されたり，逆にこれまで常識だとされてきた考え方が覆されたりなど，競技力の向上のために活用可能な

知見が多く発見されている。その一方で，研究対象はバスケットボールにおける動作のほんの一部で，まだまだ多くの動作は取り上げられていない"未開の地"となっている。

また，これまでのバイオメカニクス研究は研究者が実験室環境で行なっているものが大多数を占めているが，研究者と比較にならないほどの人口を有する現場の指導者や競技者がバイオメカニクスによる運動の解析を実施できるようになれば，有益なデータを大量に取得・蓄積でき，さらに多くの動作のメカニズムが解明されていくと期待される。

このようなバイオメカニクスの現場への普及を実現するためには，研究者や技術者が測定上の制限やコストといった障壁を取り除き，現場の指導者や競技者が利用しやすい環境を整える必要がある。また筆者は，科学的な動作分析の意義を現場の指導者・選手に強くアピールしていくことが重要であると考えている。そのためには研究者が競技現場や講習会，学会などの様々なジャンルのバスケットボール関係者が集まる場に足を運び，能動的に現場と研究との信頼関係を築いていく必要があるだろう。

文献

飯田祥明，中澤公孝（2015）バスケットボール選手の不確定状況下におけるドロップジャンプ能力．バスケットボール研究（1）: 11-18.

金子公宥（2006）スポーツ・バイオメカニクス入門―絵で見る講義ノート．杏林書院

栗原俊之，功刀銀馬，伊坂忠夫（2016）バスケットボールにおけるシューティング角度がボール到達位置に及ぼす影響．バスケットボール研究 2: 23-31.

中大路哲，山田なおみ，福田厚治（2012）スリーポイントショットの成功率に影響を及ぼす要因―女子バスケットボール選手の場合― コーチング学研究 25（2）: 157-165.

町田洋介，内山治樹，吉田健司，池田英治，橋爪純，柏倉秀徳（2016）バスケットボール競技におけるフローター・シュートのメカニズムと有用性に関する研究．体育学研究 61（1）: 301-318.

元安陽一（2011）バスケットボールのフリースロー成功率に及ぼす関節運動の影響，上智大学体育 44: 5-12.

元安陽一，栗原俊之，勝亦陽一，金久博昭，倉石平，川上泰雄，福永哲夫，矢内利政（2011）パフォーマンスレベルからみたバスケットボールのフリースローにおけるボール到達位置 スポーツ科学研究 8: 155-165.

ロバートソン，ゴードン（著），ハミル，ジョセフ（著），カーメン，ギャリー（著），ウィトルシー，ソーンダーズ（著），コールドウェル，グラハム（著）: 阿江通良訳，木塚朝博訳，川上泰雄 訳，森丘保典訳，宮西智久訳，藤井範久訳，榎本靖士訳，岡田英孝訳

(2008) 身体運動のバイオメカニクス研究法. 大修館書店

Ae M, Muraki Y, Koyama H, Fujii N. (2007). A biomechanical method to establish a standard motion and identify critical motion by motion variability: With examples of high jump and sprint running. Bulletin of Institute of Health and Sport Sciences, University of Tsukuba, 30: 5-12.

Brancazio PJ. (1981) Physics of basketball. American Journal of Physics.; 49 (4): 356–365.

Button C, MacLeod M, Sanders R, Coleman S. (2003) Examining movement variability in the basketball free-throw action at different skill levels. Research Quarterly for Exercise and Sport. 74 (3): 257-269.

Fujii K, Shinya M, Yamashita D, Oda S, Kouzaki M. (2014) Superior reaction to changing directions for skilled basketball defenders but not linked with specialised anticipation. European Journal of Sport Science. 14 (3): 209-16.

Fujii K, Yamashita D, Kimura T, Isaka T, Kouzaki M. (2015) Preparatory Body State before Reacting to an Opponent: Short-Term Joint Torque Fluctuation in Real-Time Competitive Sports. PLoS One. 29; 10 (5)

Hamilton GR, Reinschmidt C. (1997) Optimal trajectory for the basketball free throw. Journal of Sports Science. 15 (5): 491-504.

Inaba Y, Yoshioka S, Iida Y, Hay DC, Fukashiro S. (2013) A biomechanical study of side steps at different distances. Journal of Applied Biomechanics. 29 (3): 336-345.

Ohya T, Hakamada N, Inaba Y. (2016) Anthropometric and physiological characteristics of junior Japanese elite male basketball players. Japanese Journal of Elite Sport Support, 8 (2): 53-61

Okazaki V, Rodacki A, Satern M. (2015) A review on the basketball jump shot. Sports Biomechanics. 14 (2): 190-205.

Okubo H, Hubbard M. (2006) Dynamics of the basketball shot with application to the free throw. J Sports Sci. 24 (12): 1303-1314.

Rojas F, Cepero M, Oña A, Gutierrez M. (2000) Kinematic adjustments in the basketball jump shot against an opponent. Ergonomics. 43 (10): 1651-1660.

Silverberg L, Tran C, Adcock K. (2003) Numerical analysis of the basketball shot. Journal of Dynamic Systems, Measurement, and Control, 125 (4), 531-540.

Tran C, Silverberg L. (2008) Optimal release conditions for the free throw in men's basketball. Journal of Sports Science. 26 (11): 1147-1155.

13. 方法学

　本稿は「方法学」において，主に実際のバスケットボールのプレーを計測・分析する手法について紹介する。この「方法学」というカテゴリは，体育学・スポーツ科学における体育（スポーツ）方法学という分類に基づくものであるが，多くの読者にとっては他分野から見た位置づけが曖昧と感じられる可能性があるため，まずは簡単に方法学と本稿の位置づけに関して紹介する。

1．方法学と本稿の位置づけ

　もともと体育（スポーツ）方法学は，様々な運動の具体的な指導方法を提示する学問として確立され，現在では実践知・経験知を内包した広義の意味を持つ「練習と指導に関するコーチングにおける理論」の領域と考えられてきた（青山, 2012）。そのため1990年に体育方法専門領域を母体として誕生した「日本スポーツ方法学会」は2009年に「日本コーチング学会」と名称を変更した。この方法学の特徴は，他の学問領域と異なり，独自の研究方法論を持たない点である。なぜなら既存の科学方法論を用いた瞬間に，他の体育領域との差異を見つけることはほとんど不可能になるからである（青山, 2012）。つまり，方法論自体に独自性があるというよりは，研究課題（本書でいうとバスケットボール）に独自性があり，適切な方法論を探究していく分野と言える。

　実際，日本コーチング学会（旧日本スポーツ方法学会）が発行する「コーチング学研究」（旧「スポーツ方法学研究」）という雑誌には，バスケットボールの研究に限ると，スタッツ記録や独自の指標を人が記録し，それらの頻度などを用いて戦術などを評価する研究が多く見られる（例えば（大神ら, 1992））。スタッツ記録にあるアシストやリバウンドのように，ある基準の元に特定のプレーの頻度を人が数えるこれらの方法は，現在では日米のプロリーグなどでクラウド

ソーシングの力を借りて，アドバンスドスタッツと呼ばれるシュートの状況などを細かく人手で分類する手法としても運用されている (Knaus, 2015)。その他には，実際のゲームではなく特定の状況に限定して，動きを計測する研究や（例えば（岩本ら, 1990）），特定のプレーの習熟過程を明らかにする研究も多く見られる（例えば（内山ら, 1996））。

　その一方で，現在では計測技術の発達により，選手の位置・加速度・心拍情報など様々なデジタルデータが人手を掛けられず集められるようになってきた。従来の頻度を人の目で数える手法に比べこの手法の利点は主に3点ある。1つは記録が自動化されるため，多くの人手を必要とせず，原理的には複数の場所でもほぼリアルタイムにデータが得られる点である。2点目はこのデータが動きの過程を示す点である。バスケットボールのように同じ局面でも正解（例えば得点）が複数ある状況であれば，得点などあるプレーの結果だけを見て評価するのではなく，その過程の動きをできるだけ反映できるデータが必要となる。3点目は客観性であり，誰が利用しても同じ現象であれば同じ結果を得られる点である。そのため判別したいプレーの基準やそのアルゴリズムを途中で修正したい場合でも，再分析が容易である（人手で頻度を数えていると途中で観点の追加・修正ができない）。現在（2017年）の指導現場では，人手で記録されたデータの方が一般に信頼性が高いと考えられているが，今後も測定・分析技術は発達し続けることは確実であり，（何十年後になるかはわからないが）これらのデジタルデータは指導現場で使いやすくなっていくと予想される。筆者の専門がこれらのデータの分析方法論ということもあり，必ずしも「バスケットボール学入門」に相応しい内容ではないかもしれないが，（新たな技術に関して興味がある）学生などの読者に対して，将来への期待の意味も込めて，本稿では計測手法と基礎研究としての分析手法例に関して紹介する。

2．トラッキング・センサデータの計測技術

　2017年現在でバスケットボールのゲーム中でも計測可能なデジタルデータには，主に位置情報，（加速度などの）慣性情報，心拍情報などがある。本稿では加速度・心拍など特定のセンサを用いて計測されたデータをセンサデータ，それ以外にカメラなどからセンサを使わずに得られた選手の位置情報などをト

ラッキングデータと呼ぶことにする（あくまで本稿での定義であり，人によってはトラッキングデータにセンサデータを含める場合もある）．

　まずトラッキングデータの1つである位置情報を得る計測手法に関しては，複数存在するため経緯を追って紹介する．2000年ごろまでは主にビデオカメラの動画像に人手で点を打つデジタイズと呼ばれる作業を行い，コート座標系に変換することでコート上の位置情報を得ていた（例えば（松本ら，1998））が，手作業のため非常に時間がかかっていた．一方で反射マーカーを選手に装着した，モーションキャプチャーによる計測（例えば（Fujii et al., 2016））は上記と比べると作業時間を短縮するが，反射マーカーが選手の動きを阻害する点や，高価な専用カメラが必要であるという点に困難があった．また，GPSを用いた測定はサッカーやラグビーなどの屋外スポーツで現在利用されているが，原理的に屋内で計測することが難しい．そこで無線センサとの交信により位置情報を得る無線システム（Leite et al., 2014）や，NBAにおいて2013-2014シーズンから導入したSportVUなどの位置認識システム（Lucey et al., 2014）は，最初のシステムの設置にコストが掛かるものの，従来手法に比べ測定以降の人的コストは低く簡易に大量の位置データが取得できるため注目を浴びている．例えば後者のシステムは，NBAの全30チームのホームアリーナに6台のカメラを設置し，各プレーヤーの位置情報を25Hzで記録して90秒以内にレポートをオンラインで各チームに配信できる（Lucey et al., 2014）．導入費用の問題は，自動化されたシステムが技術の発達や競争により広く普及されることによって，今後徐々に解決していくと考えられる．

　センサデータの代表例としては，心拍や（加速度などの）慣性情報などが挙げられるが，上記の位置計測システムよりも簡易・安価なため，現場でも選手のコンディショニングをモニターするツールとして広く利用され始めている．まず心拍（McInnes et al., 1995）に関しては，現在ではワイヤレス心拍計を胸部や手首（ゲーム中は胸部が一般的）に装着し，Bluetoothにてモバイル端末に送信するような形式で記録されるものが一般的であり，簡易に計測・記録が可能である．慣性情報としては，現在では安価になった加速度・角速度・地磁気などの代表的な慣性センサを，多くの球技では身体接触が少ない首の後ろの部分に装着して計測するのが現在のところ一般的である（藤井ら，2015）．

　次のセクションではこれらのトラッキング・センサデータを用いた我々の分

析例について簡単に説明する。以下の例では，計測設備が十分に整っていないため，データ化の長所を最大限に活かした（例えば複数シーズン全試合などの）大量のデータを用いた分析ではないが，今後計測環境が充実するに従い大量のデータを得られた際にも適用できる方法であることを補足しておく（シーズン全試合ほどのデータ量を手作業で得ることは，自力だけではほとんど不可能のように思われる）。

3．例1　トラッキング（位置）データを用いた自動識別・戦略に関する我々の分析手法

　選手の位置データからは，選手個人のパフォーマンスだけでなく，チーム全体がどのように機能しているかという情報を得ることができる。しかし現在においても，球技などの集団スポーツにおいて，選手がチームメートと協働しチームワークが機能する様相は，未だ自動で識別すらできていない。近年の計測技術の発達は上記に示した通りであるが，これらの測定システムから得られた情報を用いて行われる分析として，移動距離・速度などのフィットネス指標（Sampaio et al., 2015）や，攻撃選手の得点期待値（Goldman and Rao, 2013）などの分析が行われている。しかし，これらの分析は選手間の相互作用を考慮せず，単に個人の位置データに基づく分析のため，チームプレーが機能する様相を捉えられているわけではない。

　一般にスポーツのチームプレーの多くは名前がつけられているが，同じ名前のプレーでも実際は相手に対応して動くため時空間的に全く同じプレーにはならず，分類することは難しい。情報工学的手法の1つである教師なし学習におけるチームプレー分類の研究としては，動画像処理の手法を応用して次の時刻の攻撃選手5人の軌跡を予測した研究（Wang and Zemel, 2016）や自然言語処理の手法を応用して各攻撃選手の2人ごとの相互作用から攻撃選手全員の動きをトピックとして分類した研究（Miller and Bornn, 2017）などがあるが，選手間の相互作用を効果的に定量化したとは言えず，チームプレーが行われたかどうかの解釈ができない。つまり，集団スポーツのチームプレーは一般に，別分野で有効な手法をそのまま用いるだけでは，自動識別が難しいと言える。

　バスケットボールの方法学の発展を考えると，まずチームプレーの自動識別

を研究することは一定の意義があると言えそうである。さらにチームプレーを識別した後，何かチームの戦略に関わるような解釈ができることが望ましいと言えそうである。そこで我々は，まずは最小限の人数で構成された攻撃チームプレーである，バスケットボールで守備を妨害するスクリーンプレーに関して，(1)自動識別する手法(2)ディフェンスの対処の戦略について明らかにした。

まず(1)これまでのスクリーンプレーの識別の研究では，ボール近くに限定されたピックプレーのみを，主に選手間の距離を特徴ベクトルとしたサポートベクターマシン（SVM）と呼ばれる情報工学的な教師あり分類手法の1つを用いて識別した（McQueen et al., 2014）。しかし，選手は様々な場所でシュートを打つための空間を作り出すために，ボールから離れた場所においてもより多様で同時多発的なスクリーン（オフボールスクリーン）を使用し，これは自動検出するのがより困難になる。

そこで我々は，全種類のスクリーンプレーを抽出するには先行研究の選手間距離だけでなく，選手個人の動きや地理的情報も重要であると考えた。そこでこの研究では，選手個人の動きと地理的情報を加えた特徴ベクトルを用いたSVMにより，あらゆるスクリーンプレーを自動的に識別する手法を開発した（藤井ら, 2017a）。詳しい手法は論文（藤井ら, 2017a）を参考にして頂くことにして，大まかな分析の流れを図13-1Aに示す。この研究では，STATS SportVUシステムで記録されたある実際の2試合の選手とボールの位置データを使用して，(a)アクションと呼ばれる時間的に余計な情報を削除したデータ分割を行い，(b)その後アクション毎に特徴抽出を行い，(c)教師あり分類手法によるスクリーンプレーの自動識別を行った。

(a)まずデータ分割では，図13-1Bに示されるスクリナーと2人のユーザー候補およびユーザー守備選手からなる，セグメント化された1829個の位置データセット（アクション）を自動検出した。詳しい手順は論文（藤井ら, 2017a）を参照するとして，簡単に言うと，スクリナーがユーザー守備選手候補に近づくところ（シュート時刻を除く）を自動抽出し，スクリーンが起こる可能性のあるシグナルと定義した。アクションの時間幅は，スクリナー候補とユーザー守備選手候補が最小距離となったシグナルの前後0.5秒として定義した（図13-1B）。この全てのアクションについて，複数の競技経験者がスクリーンであるか否かのラベリングを行いこれを教師データとした。この研究のデータ

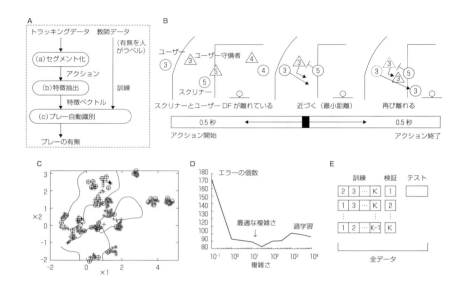

(A)機械学習による教師あり分類における分析の流れ。
(B)セグメント化に関する概念図。スクリーンプレーは，○が攻撃選手で△が守備選手を示す。
(C)サポートベクターマシンにおける2クラス分類の例（見やすさのためスクリーンプレーのデータではなく，ある2次元のデータ：x1, x2であることに注意）。黒曲線は2クラスを分類する超平面と呼ばれ，この超平面付近のデータ（丸印）をサポートベクトルという。
(D)複雑さと識別エラーの関係。Cの超平面はいくらでも複雑にできるが，複雑にしすぎると新規のデータ（Eの検証データ）に対してうまく予測できなくなる過学習とよばれる状況になる。そのため最適な複雑さがサポートベクターマシンには存在する。
(E)訓練・検証・テストデータの概念図。Dの過学習を防いで最適な複雑さの超平面を求めるために，K分割交差検証法と呼ばれる方法で，K個の組み合わせの訓練データで訓練し，対応する検証データでエラーを数え検証する。この検証データの成績で決められた超平面の複雑さを用いて，今度は全く新しいテストデータを用いて，この機械学習モデルをテストする。以上より全データは図13－1Eのように振り分け用いられることになる。

図13－1　機械学習によるスクリーンプレーの教師あり分類の流れ

セットでは，全てのアクションに含まれるスクリーンプレーの割合は24.7%（451/1829）であり，この検出方法では十分にスクリーンプレーを自動識別したとはいえない。そこで次に，以下の特徴ベクトルを作成し，SVMによる分類を行った。

(b)特徴抽出では，先行研究の特徴ベクトル（McQueen et al., 2014）に加え，各選手の移動距離と地理情報を加えた合計65次元の特徴ベクトルを使用した（詳細は論文（藤井ら, 2017a）を参照）。そして(c)識別にはソフトマージンSVM（図13－1C）を使用した。訓練セットとして1218アクションを用いて，交差検証と呼ばれる方法により，最適なモデルの複雑さを求めた（図13－1C－E）。こ

の理由は，訓練データに適合しすぎて新規のデータ（検証データ）を説明できない，過学習と呼ばれる現象（図13-1D）を防ぐためである．同様の理由でこの学習モデルの評価には，別に用意したテストセットとして611アクションを用いて評価した（図13-1E）．

以上の方法でSVMを訓練した結果，エラー率はオンボール13.0％，オフボール19.4％という値となった．オンボールスクリーンは，オフボールスクリーンと比較してパターンの数が限られているためエラー率が低く，以前のオンボールスクリーン識別器（McQueen et al., 2014）よりも正確であった（実際には，先行研究がエラー率を算出していなかったため異なる指標で比較した（藤井ら，2017a））．

一方でスクリーンプレーを自動識別しただけでは，実際のバスケットボールにおいて戦略を立てるために用いる情報としては限定的である．そのため2つ目の研究として，(2)ディフェンスの対処の戦略に関する研究を行った（Fujii et al., 2016）．この研究では，ハーフコートの5対5をモーションキャプチャカメラで撮影し選手・ボール位置データを取得し，全てのスクリーンプレーに関して，守備者の対処のパターンを定量的に3種類：(i)マンツーマンを維持，(ii)一瞬助けて戻るヘッジと呼ばれるプレー，(iii)マークマンを交代するスイッチに定量的に分類した（図13-2A，詳しくはFujii et al., 2016）．

一般に，スクリーンが有効に働いた時にはマンツーマンの守備が崩され，守備選手はマークする攻撃選手を交代（スイッチ）することによって対処する．しかし，このスイッチは連携を必要とし，またマンツーマンのルールが破られてしまうことから，スクリーンが有効でなければ，マンツーマンのままスクリーンを放置しておく（助けない）という方法も守備チームの秩序を保つために有効に働く．さらに，スクリーンが有効かどうかわからない，あるいはスイッチをしたくない時には，これらの中間にあたる，一瞬助けて自分のマークに戻るヘッジと呼ばれるプレーを行う．

上記の説明が妥当かどうかを検証するために，まずスイッチをするのが望ましい状況（スイッチ推奨局面）と，そうでない状況（スイッチ回避局面）を全てのスクリーンプレー（計139回）に関して分類した（図13-2B）．その結果，スイッチ回避局面では実際にスイッチの頻度が10％（6/63）と少なかったのに対して推奨されたスイッチは25％（19/76）と頻度が高く，スイッチ回避局面では

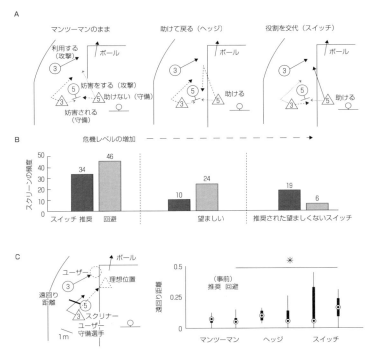

(A)バスケットボールの実測データから観察された,危機レベルに応じて柔軟に役割を変化させる3種類の守備のチームワークの概念図.
(B) 3種類の対処における,スイッチ推奨・回避局面ごとのヒストグラム.
(C)この様々な守り方を選択した基準となる危機のレベルに関しては,攻撃者と守備者の位置関係により遠回り距離として定量化された.
＊は有意差を示す.

図13−2　スクリーンプレーへの守備の対処とその頻度,およびスクリーンの効果

代わりに一瞬助けて戻るパターンが32％(24/76)と,スイッチ推奨局面の16％(10/63)に比べて頻度が高いことが明らかになった.一方,スクリーンを放置したパターンでは,スイッチ推奨・回避局面別の頻度に大きな差は認められなかった.このことから,頻度という大局的な観点で見れば,守備チームが事前戦略と対応した頻度で対処行動を行っていたことが示唆された.守備チームはスクリーンという攻撃戦術に対して対処する術を持っており,有効な攻撃を行うためには,この守備チームの対処を崩す必要がある.

次に「スクリーンの有効性」を定量化するために,スクリーンを受けた守備選手がスクリーン(攻撃選手の壁)を遠回りする距離を予測し定量化した(詳

しくは Fujii et al., 2016)。その結果，スイッチ回避局面でのスイッチは，遠回りする距離が大きいことが明らかになった（図13-2C）。このことは，望ましくないスイッチに関しては，物理的な障害（攻撃選手の壁）があったことによりスイッチせざるを得なかったことが示唆された。逆に攻撃チームの観点から見ると，スイッチせざるを得ない状況を作り出すことはシュートを打つためのスペースを広げる機会と考えることができ，この研究では数が少なかった（6回）ので定量的に示すことは出来なかったが，今後大量のデータを分析することで望ましくないスイッチを引き起こすプレーの法則などが明らかになることが期待できる。

現在これらのトラッキングデータを簡単には利用できないが，測定システムができたらという仮定で，今後確実に導入されるだろうと期待しながら，未来を先取りして我々は研究を行っている。現在の現場でビデオを撮って利用しやすいように専用ソフトを用いて分割して，それでコーチ・選手に見せるというような利活用のサイクルがあるように，将来は，測定・分析・利用という形がほとんどリアルタイムでできれば，直接的にこれらのトラッキングデータの分析が利用できると期待される。

4．例2　センサ（加速度・心拍）データを用いた激しさと負荷に関する我々の分析手法

次に，センサデータを用いた2つの基礎的な我々の研究について紹介する。センサデータはトラッキングデータよりも精密な個人の情報を得ることができるが，その反面，個人間の相互作用（協調や競争）は捉えにくくなるデータの性質があり，そのため個人の運動の分析に用いることが多く，その場合は必ずしも選手全員でなくてよい。このような特性を持つセンサデータを用いてどのような分析ができるだろうか。例えば，バスケットボールに限らず多くの球技や格闘技などのスポーツにおいて，競技レベルが上がるに従い，競技特有の身体接触や加減速などの動きの激しさが増すため，選手の身体に蓄積される物理・生理的負荷が大きくなるということが経験的に知られている。この多くのスポーツにおいて勝敗に関わる変数を定量することは，競技の理解及び競技力向上に大きく貢献するため，スポーツ科学やスポーツの現場において重要性

が高いと考えられる。バスケットボールやサッカーなどの先行研究においては，動作の出現頻度の分析（Taylor, 2003, McInnes et al., 1995）や，映像解析やGPSによる選手の移動距離や移動速度を算出した報告（論文（Cummins et al., 2013）などに総説がある），心拍数などの測定から生理的負荷を推定した報告（McInnes et al., 1995, Abdelkrim et al., 2007, Matthew and Delextrat, 2009）などが代表的である。これらの研究結果から，試合中にはダッシュ・ジャンプ・ターン・身体接触などの短時間で高強度の運動と，低強度の運動が不規則に繰り返されることが明らかにされている。

しかし，高強度運動と考えられるジャンプや急加速，急減速，さらには身体接触を伴うプレーなどは，移動距離や移動速度の指標では過小評価されてしまう可能性が高く，物理量としては加速度が適切であることから，近年慣性センサなどで計測されている（Montgomery et al., 2010, Barron et al., 2014）。しかも，これらの運動は相手と競争する際に特に生じる運動であり，プレーの成功（動きの結果）の要因となる，動きの過程（Fujii et al., 2015b, Fujii et al., 2015a）となると考えられるため，この「動きの激しさ」が実際の試合においても重要な要因であると考えられる。この実際の試合中に起こる動きの激しさを考慮した選手の物理・生理的負荷を理解することができれば，現場で普段コーチが選手のプレーの質を判断して日々の練習やトレーニングを立案する際において，手助けとなるデータが得られると考えられる。

そこでまず我々は，1つ目の研究として，この計測された加速度がどのような特性を示すかを明らかにするために，バスケットボールのハーフコート5対5中の加速度を，慣性センサ（3選手）と光学式カメラシステムによって測定した（藤井ら, 2015）（図13-3A）。ワイヤレス慣性センサは簡便かつ正確に加速度を計測できるが，動きやその場所まではわからないため，トラッキングシステムなどにおけるプレー判定を併用することが必要である。この研究ではまず簡便な評価指標の候補として慣性センサから取得された加速度のピーク値を検討した（図13-3A）。その結果，多くの方向で移動速度とは関係なく中央値が20 m/s^{2}以下のピーク加速度が観察された一方，（上下）高速度で上方向への加速運動の時に，50m/s^{2}以上の高い加速度が確認された（図13-3B）。この観察された動きの特徴が望ましいのか改善すべきなのかは選手本人やコーチが現場において判断すべきことであるが，客観的に動きの加減速を定量化できたこと

13. 方法学

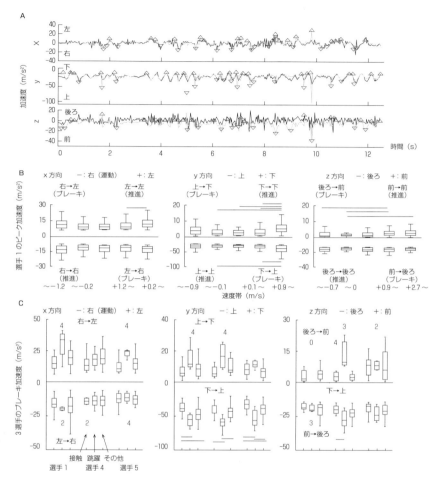

(A)ある1選手ハーフコートオフェンス時の加速度データ（黒：光学式カメラ，灰：慣性センサ，上三角：極大値，下三角：極小値）。加速度に関しては位置データの二階微分でも算出できるが，このセンサを用いた計測の方が正確だと考えられている（藤井ら，2015）。
(B)各速度帯における，選手1のピーク加速度の箱ひげ図（箱は中心が中央値でエッジが25・75%点であり，ひげは外れ値でないと考えられる最大・最小値）。速度帯（横軸）を頻度により5つに分類した（そもそも運動の特徴として，高速度の運動は低頻度で，低速度の運動は高頻度で起こる）。ピーク加速度は，正と負の値を1つのパネルで図示している。図中の右→左（ブレーキ）などの表記は，加速度と速度の関係が，同じ時刻なら今の速度に対して，加速度は未来の速度を示すことから，速度→加速度（例えば左上の図なら，右に高速度で左のピーク加速度なので，右→左）と表記する。さらに，速度と加速度の方向が一致していれば，ピーク加速度は推進加速度，不一致ならブレーキ加速度であることにも注意。図中の横線は有意差（p＜0.05）を示す。
(C)各プレーにおける，各選手・各方向のブレーキ加速度の箱ひげ図。図中の右→左などの表記の意味は，Bと同じである。ピークが記録された数が4以下の場合は統計的分析を行わなかったが，その場合の数を図中に示した。

図13－3　加速度データの分析例

は現場にとって意義があると考えられる。

次にトラッキングシステムから得られた位置データを用いて自動プレー判定システムを独自に構築し，接触と跳躍を判定してプレーごとにピーク加速度を分類した。その結果，跳躍時には下方向から上方向のブレーキ（衝撃含む）で全員の中央値が$55m/s^2$以上とかなり高い加速度が認められたが，この方向には跳躍以外（例：ボールキャッチ前の小さな跳躍）も全員の中央値が$38-47m/s^2$程度の高い加速度が確認された（図13-3C）。このことから，トラッキングシステムでは測定しにくい下肢の伸展・屈曲運動が，「動きの激しさ」の評価のためには重要であることが示唆された。この加速度ピークには衝撃（外力）が含まれるため解釈には注意を要するが，この準備動作のような低い移動速度だが動きの激しさを定量することは，急激に方向転換する動きの過程を動きの激しさとして評価する際には非常に重要であり，ピーク加速度がバスケットボールにおける動きの激しさを評価する新しい指標の候補になる可能性が示唆された。

次に2つ目の分析例として，（数は少ないが）実際のゲームで計測した我々の研究（藤井ら,2017b）を紹介する。上記で定量された動きの激しさや，それによる物理・生理的負荷は，高い競技レベルの相手との試合と比べて初めて計測できると考えられる。なぜなら，激しい身体接触や加減速が不規則に起こる状況を（練習などで）意図的に作ることは難しく，試合でも相手の競技レベルが相対的に低いとプレーがしばしば予測できるため，運動出力も効率的になってしまうことが予想されるからである。より具体的に，例えば高い競技レベルの相手との試合において，相手を振り切る（相手に付いていく）ために練習場面よりも素早く動き出したり，切り返したり，あるいは高くジャンプしたり，強い身体接触が必要な局面を考えてみる。そのような激しい攻防を繰り返していくと，普段の練習やトレーニングでは考えられないほどの負荷が蓄積され，試合の後半にはいつものプレーができなくなった（そして多くの場合負けた），ということが複数の競技で経験として感じられることである。しかし，この経験的仮説を実験で検証することは上記で説明したように難しく，実際の試合において異なる競技レベル相手における比較を行う必要があるが，未だ定量的に明らかになっていなかった。

そこでまずは，負荷が蓄積していないと考える試合前半において，運動出力

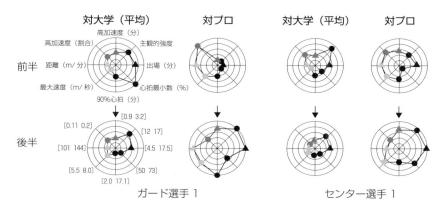

ゲーム中の2選手の加速度・心拍における各変数のレーダーチャート。対大学は2試合の平均値を示し，対プロは1試合のデータを示す。図左下の大括弧に囲まれた数値は，各変数の全員における最小値と最大値を示し，これを基準にレーダーチャートの最も外側が最大値を，最も内側（の円周）が最小値を示すように変数の標準化を行った。各変数の求め方は報告書（藤井ら，2016b）を参照のこと。計3試合とサンプルが少ないが，2選手とも対プロの後半で，対プロの前半や対大学の後半に比べてレーダーチャートが大きく広がり，多くの物理・生理的負荷が増大していることがわかる。

図13－4　ゲーム中の2選手の加速度・心拍における各変数のレーダーチャート

と心拍などの生理的応答が異なる競技レベル相手に対してどのように異なるかを検討することをこの研究の第1の目的とした。そして第2の目的として，経験的仮説である，高い競技レベル相手に後半で負荷が蓄積して何らかの運動出力や生理的応答が見られる，という仮説を検証した。

　この研究では，実際の試合中の選手の運動出力として加速度をワイヤレス慣性センサから，移動距離・速度をビデオカメラから（デジタイズ作業を経て），生理的指標として心拍数をワイヤレス心拍計から同時に計測した。分析は，身体運動・生理的応答の各変数を試合の前半・後半でそれぞれ算出し，異なる競技レベルの相手チームとの試合において検証することによって，試合中の物理・生理的負荷の包括的理解を試みた（詳しい方法・結果は報告書（藤井ら，2017b）を参照）。

　試合前半においては，相手の競技レベルが高いと運動出力のレベルを高める傾向があったものの，生理的応答に関しては相手の競技レベルに関係ない傾向にあったことが示された（図13-4上部，変数の詳細は報告書（藤井ら，2017b））。しかし試合後半においては，移動距離・速度は対プロにおいても高いレベルを維持していたものの，出場時間あたりの高加速度の頻度は4名中3名で低下し，

心拍最大後の最小値は2名中2名が増加（心拍の回復が低下）したことが明らかとなった（図13-4下部）。計測した選手数が少ないため今後はより多くの試合を計測する必要があるが，これらの指標が高い競技レベルの相手の時に生じる物理・生理的負荷を示す指標になりうる可能性が示唆された。

5．今後の展開とまとめ

　本稿では，トラッキング・センサデータを用いた我々の分析に関して簡単に紹介したが，未解決な問題が山ほど残されている。上記の具体的な分析についてさらに詳細を明らかにしていく方向性はもちろん，別の問題意識から新たな研究課題を設定し解いていくこともできる。また今後も新たな種類のトラッキング・センサデータが利用可能になっていくことが予想され，その分析方法を考えることも興味深い。例えばトラッキングデータでは，2017年のMITの会議で紹介された選手の姿勢をビデオと位置情報から推定するシステム（Falsen and Lucey, 2017）は，実際の選手のスリーポイントのフォームの違いを分析しており，単なる選手の位置情報よりも多くの情報を提供できる。またセンサデータでは，例えばフットセンサなどは（バスケットボールで著者は知らないが）別の方向性で研究が進められており，心拍情報や体幹の慣性情報とは異なる，運動に関する重要な情報を提供できる。

　最終的には，それぞれのトラッキング・センサデータには得意・不得意なところがあるため，組み合わせて利用し，現場の人々が使えるような表現を考え，伝えていく必要がある（それは研究例1の最後にも書いたように，リアルタイムに近いシステムが理想である）。そのためには，この本における「バスケットボール学」でも様々な分野の研究者が存在し，（理想的には）それぞれが協力しあい「バスケットボール学」を創り上げていくように，現場の人々の協力はもちろん，新たな計測・識別・分析技術を持つ人々との協働も必要である。特に方法学では対象がバスケットボールというだけで，他は何も手法を限定しないことから，その手法は時代とともに変遷していくべきだと思われるが，それは他分野との協働から生まれてくると考えられる。著者個人の立場としては，その他分野の発展にも貢献しうるテーマをこのスポーツが提供することでその協働がより促進していくものと考え，様々な分野をつなぐ研究活動を行っている。

文献

青山清英（2012）体育方法学およびコーチング学に関連する名称は統一できるのか？（体育方法専門分科会は体育・スポーツの原点を求めてどのように進化すべきか？，体育方法，シンポジウム，専門領域企画）．日本体育学会大会予稿集，(58)．

岩本良裕，加藤敏明，古村溝（1990）バスケットボールにおける構えの研究（1）：ディフェンスの構えについて．スポーツ方法学研究，(3)：49-54．

内山治樹，大神訓章，小野秀二（1996）バスケットボールにおける非利き手ドリブルシュートの習熟過程の分析—運動形態の発達とラテラリティ現象との関連に注目して．スポーツ方法学研究，(9)：25-37．

大神訓章，志村宗孝，浅井慶一，日高哲朗，内山治樹（1992）バスケットボールゲームにおける選手の攻撃能力の数量化とそれに基づくゲーム分析の試み．スポーツ方法学研究，(5)：69-78．

藤井慶輔，河原吉伸，稲葉優希，元安陽一，山本裕二（2017a）集団スポーツの位置情報データを用いた機械学習による複数人協力プレーの識別．第31回人工知能学会全国大会．

藤井慶輔，小山孟志，山本裕二（2017b）球技のゲーム中に選手にかかる運動・生理的負荷の包括的理解．研究助成報告書．公益財団法人ミズノスポーツ振興財団．

藤井慶輔，小山孟志，陸川章，山田洋，山田憲政，山本裕二（2015）ワイヤレス慣性センサを用いたゲーム中の動きの激しさの評価—光学式カメラによる自動プレー判定システムを併用して—．バスケットボール研究，(1)，33-46．

松本浩和，若吉浩二，小野桂市（1998）大学バスケットボールゲームおよび練習の運動学的評価と指導への応用．スポーツ方法学研究，(11)：95-102．

ABDELKRIM, N. B., EL FAZAA, S. & EL ATI, J. (2007) Time–motion analysis and physiological data of elite under-19-year-old basketball players during competition. *British journal of sports medicine*, (41): 69-75.

BARRON, D. J., ATKINS, S., EDMUNDSON, C. & FEWTREIL, D. (2014) Accelerometer derived load according to playing position in competitive youth soccer. *International Journal of Performance Analysis in Sport*, (14): 734-743.

CUMMINS, C., ORR, R., O'CONNOR, H. & WEST, C. (2013) Global positioning systems (GPS) and microtechnology sensors in team sports: a systematic review. *Sports Medicine*, (43): 1025-1042.

FELSEN, P. & LUCEY, P. (2017) "Body Shots": Analyzing Shooting Styles in the NBA using Body Pose. *MIT Sloan Sports Analytics Conference*.

FUJII, K., ISAKA, T., KOUZAKI, M. & YAMAMOTO, Y. (2015a) Mutual and asynchronous anticipation and action in sports as globally competitive and locally coordinative dynamics. *Scientific Reports*, (5).

FUJII, K., YOKOYAMA, K., KOYAMA, T., RIKUKAWA, A., YAMADA, H. & YAMAMOTO, Y. (2016) Resilient help to switch and overlap hierarchical subsystems in a small human group. *Scientific Reports*, (6).

FUJII, K., YOSHIOKA, S., ISAKA, T. & KOUZAKI, M. (2015b) The preparatory state of ground reaction forces in defending against a dribbler in a basketball 1-on-1 dribble subphase. *Sports Biomechanics*.

GOLDMAN, M. & RAO, J. M. (2013) Live by the Three, Die by the Three? The Price of Risk in the NBA. MIT Sloan Sports Analytics Conference.

KNAUS, R. (2015) *THE NUMBERS GAME, Play-by-Play* [Online]. Available: http://www.rotoworld.com/articles/nba/52414/401/play-by-play [Accessed 11th June 2017].

LEITE, N. M., LESER, R., GONCALVES, B., CALLEJA-GONZALEZ, J., BACA, A. & SAMPAIO, J. (2014) Effect of Defensive Pressure on Movement Behaviour During an Under-18 Basketball Game. *International Journal of Sports Medicine*, (35): 743-748.

LUCEY, P., BIALKOWSKI, A., CARR, P., YUE, Y. & MATTHEWS, I. (2014) How to get an open shot: analyzing team movement in basketball using tracking data. MIT Sloan Sports Analytics Conference.

MATTHEW, D. & DELEXTRAT, A. (2009) Heart rate, blood lactate concentration, and time–motion analysis of female basketball players during competition. *Journal of sports sciences*, (27): 813-821.

MCINNES, S. E., CARLSON, J. S., JONES, C. J. & MCKENNA, M. J. (1995) The physiological load imposed on basketball players during competition. *Journal of Sports Sciences*, (13): 387-397.

MCQUEEN, A., WIENS, J. & GUTTAG, J. Automatically recognizing on-ball screens. (2014) MIT Sloan Sports Analytics Conferenc..

MILLER, A. C. & BORNN, L. (2017) Possession Sketches: Mapping NBA Strategies. *MIT Sloan Sports Analytics Conference*.

MONTGOMERY, P. G., PYNE, D. B. & MINAHAN, C. L. (2010) The Physical and Physiological Demands of Basketball Training and Competition. *International Journal of Sports Physiology and Performance*, (5): 75-86.

SAMPAIO, J., MCGARRY, T., CALLEJA-GONZ LEZ, J., S IZ, S. J., I DEL ALC ZAR, X. S. & BALCIUNAS, M. (2015) Exploring game performance in the national basketball association using player tracking data. *PloS one*, (10): e0132894.

TAYLOR, J. (2003) Basketball: Applying time motion data to conditioning. *Strength and Conditioning Journal*, (25): 57-64.

WANG, K.-C. & ZEMEL, R. (2016) Classifying NBA offensive plays using neural networks. MIT Sloan Sports Analytics Conference.

14. 翻　訳

　「万学の祖」といわれる古代ギリシアの哲学者アリストテレスの学問分類では，まず「理論学」と「実践学」が分類される。前者には「自然学」や「数学」や「形而上学」が含まれ，後者には行為の学として「倫理学」や「政治学」が含まれ，制作の学として「弁論術」や「詩学」が含まれる。「理論学」では，時と場所によらずに普遍的に当てはまる法則や原理が探求されるのに対して，「実践学」では，個別的な場面に適用可能である蓋然的な原理が求められる。こうした理論と実践に対して，「論理学」は思考の道具としてあらゆる学問に共通するものとされた（図14-1）。

　本書においては，「医科学」「バイオメカニクス」「運動学」「心理学」「生理学」など，多くはバスケットボールの実践にかかわる学について入門的な記述がなされている。それに対して，本章で扱う「翻訳」はあくまで母語で物事を理解できるようになるためのひとつの「方法」であり，先の区別に関連させて考えれば，全ての学問に共通に資する方法と言えるだろう。つまり，どの学問においても，外国語で書かれた文献の正確な理解にたどり着くためには，正確な翻訳が必要になるのである。

　筆者は，幸運なことにこれまで10冊の翻訳に携わることができた。専門である哲学や倫理学に関連する書籍もあるが，半数以上を占めるのはバスケットボール関連書籍である。そのなかには，コーチが自らのコーチング哲学を語った書籍や，選手の伝記や，バスケットボールの戦術やスキルに関連する書籍がある。しかし，この冒頭においてひとつ断っておかなければならないのは，筆者は「プロの翻訳家」ではないという点である。専門的な訓練を受けたわけではないし，翻訳で生計を立てているわけでもない。大学院で古代ギリシア哲学を研究するなかで，指導教授の先生からは研究演習の場で古典ギリシア語の翻訳について多くを学ばせてもらったのは確かである。しかし，とりわけバス

(1) 一般向き公刊：対話篇（アカデメイア時代）キケロの記事があるが散逸して断片のみ現存
(2) 研究資料：砂漠から『アテナイ人の国制』のパピルス発見（1880年）
(3) 講義草稿：前1世紀、ロドスのアンドロニコス（リュケイオン第10代・最後の学頭）編集
アリストテレス全集→Bekker版（1831）へ

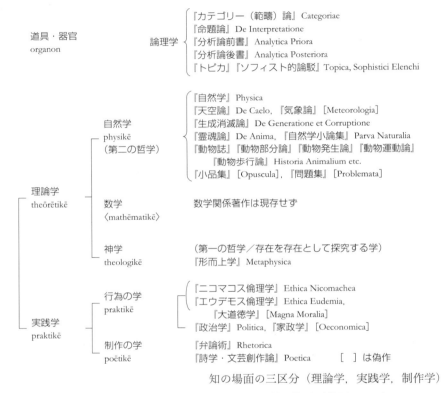

図14－1　アリストテレスの著作とその学問体系（荻野，2016）

　ケットボールの翻訳については翻訳作業を通じてさまざまな方法を独学に近い形で学んできただけにすぎない。それゆえ，以下で筆者が述べることも専門的な翻訳家の方々からさまざまな異を唱えられるかもしれない。翻訳の技法については章末の文献表にある優れた書籍を参照いただきたい。それに対して，翻訳にかかわる一つの入門的な方法として筆者が述べるようなやり方もあるというくらいに考えていただければ幸いである。

尚，本節では主に英語の翻訳を念頭に置いている点をお断りしておく。近年ヨーロッパのバスケットボールが日本でも鑑みられるようになってきており，本来であればバスケ強豪国が使用するスペインやフランスやドイツなどの諸語も考慮に入れるべきかと思うが，筆者がこれまで翻訳してきたバスケットボール関連書籍は英語に限られるので，その経験と知識に基づいた記述に限定させていただく。しかし，その方法論については，他の諸外国語にも十分応用可能であると考えている。

1．バスケットボール研究関連の翻訳の種別

　バスケットボールの研究では，さまざまな場面で「翻訳」が用いられる。本書で扱われる全ての「学」において，諸外国の文献から知識を拝借しようとする場合には，「翻訳」という作業を避けて通ることができない。本書はバスケットボール学を主題としているので，その研究として考えられる翻訳は，(1)和文論文を執筆する際に部分的に外国語を引用する場合，(2)学術誌に掲載するために一本の外国語論文を翻訳する場合，(3)商業出版のために一冊の外国語書籍を翻訳する場合などであろう。その種別によって，翻訳の方法は若干変わってくると思われる。(1)の場合は，論文を読んでいる読者が実際に原文に当たる可能性が高いので多少読みづらくても意訳はしない翻訳が望ましい。また，(2)についても概ね同様のことがあてはまる。しかし(3)については，わかりづらい表現に突き当たった読者が原文を参照することを想定してはならない。商業出版をするというのは一つの完成した著作を世に送り出すことであって，その本を読むためにもう一冊原著が必要になるという事態はあってはならないことであると思う。それゆえ，(3)では，わかりづらく頭に入ってこないような直訳調は基本的に避けなければならないし，特に読みやすさについては妥協をしてはならない。商業出版の場合，編集者にその点はかなり指摘される。もちろん研究書の翻訳か，一般書籍の翻訳かで意訳と直訳の度合いが変わることは，言うまでもない。

1．1　翻訳書籍の出版への道筋

　読者のなかで実際に翻訳本を出版することを望んでいる人もいるかもしれな

い。バスケットボール関連の翻訳本を出版することにはバスケットボールの研究という面から見ても意義がある。研究図書であれ，一般書籍であれ，翻訳を出版することで，より多くの人たちが当該図書を「研究資料」として活用することができるからだ。その意味で正確な翻訳本を出すことは研究が前進することに大きく寄与するのである。

　そこで，どのような経緯を経て，筆者が最初の翻訳出版にこぎつけたのかをお伝えしておくことにしよう。もちろん，そこに至るまでにはさまざまな道筋がある。指導教授の先生に紹介をしてもらう場合もあるだろうし，自分の翻訳論文などを目にした出版社から依頼を受けることもあるかもしれない。しかし，筆者の場合は，いわゆる「持ち込み」だった。この点については，個人的な体験談に過ぎず，普遍性のある話ではない。しかも拙訳『ゴールドスタンダード』の「訳者あとがき」にも若干書いていることでもあるので，ごく簡単に済ませたい。

　もともと筆者はコーチＫことマイク・シャシェフスキー氏が率いるデューク大学を応援しており，デューク大学のバスケットボールを自分のコーチングに取り入れるように心がけていた。しかし，それはあくまで自分の知っているデューク大でありコーチＫだった。そうしたなかで，コーチＫの著作である *Beyond Basketball*（Business Plus, 2006）に行き着いた。英語で勉強していても，もちろん何となくは頭のなかに入ってくるが，結局自分が指導するときには日本語で伝えなければならない。そうなると，日本語でその著作の内容を把握することが必要になる。そこでそれほど長い著作ではなかったので，丸々一冊日本語にしてみることにした。ただ，そうして日本語になると，人間欲が出てくるもので，せっかくだから他の人たちにも読んでもらいたいという気持ちになる。そこで，『月刊バスケットボール』元編集長の島本和彦さんに相談をしたところ，「この本は絶対に出しておかなければならない本だ」とおっしゃっていただき，幸運にも，当時イースト・プレスの編集者であった松澤篤さんに持ちかけてくれた。そこから，実際に翻訳として完成させるまで時間を要したものの，お二人の力添えをいただいたおかげで，2011年３月に無事『コーチＫのバスケットボール勝利哲学』の出版にこぎつけることができた。筆者の場合は，「コーチＫ」という日本でもある程度知られた指導者の本であったことが功を奏した。

読者のなかにも「ぜひこの外国書を日本語で出版したい」と思っている方もおられることだろう。「持ち込み」を考えているなら，(1)なぜその訳書が日本で出版されなければならないのか，(2)出版された場合にはどの層の人たちにもっとも大きな影響を与えるのか，(3)その書籍を訳す力が本当に自分にあるのか，といった点をもう一度しっかりと考えてみて，余裕があれば(4)出版のあかつきにはSNSなどで宣伝を自分ですることができたり，知り合いでその手伝いをしてくれる人が周囲にいたりすること，なども考慮したほうがいい。こうした具体的な方策がなければ，「持ち込み」で翻訳書を出すことは不可能であると思われる。逆に，これらをクリアすれば，可能性はなくはないかもしれないという点をお伝えしておこう。

2．誤　訳

高校や大学で「倫理」や「哲学」の授業を取ったことがある人なら，「無知の知」という言葉を聞いたことがあるだろう。古代ギリシアの哲学者ソクラテスの言葉として記憶している人が多いだろうが，最近の倫理の教科書ではこの言葉は「無知の自覚」と言い換えられていることがある。なぜか。この「無知の知」はさまざまな誤解を産む言葉であり，誤訳ですらあるからである。納富（2017）の指摘によれば，(1)そもそもソクラテス自身は「無知の知」という言葉やそれに類する言葉を使用しておらず，また(2)哲学的な内容としてもある「知」に対する「知」，すなわち「高次の知」を否定しているゆえに，大きな間違いがあるという。「無知の知」は，自分の無知を「知っている」という積極的な主張に読めるが，ソクラテス自身は「自分は善美の事柄について知らないから，その通り知らないと思っている」としか言っていない。「無知の知」を持ったソクラテスは，多くの一般の人びとにとって，人間的な知恵で最高のものを手に入れた「知者」と思われているかもしれない。しかし，最高の知恵を持っている神と比せられれば，不完全な状態にとどまる人間は，自らが知らないこと（不知）を自覚しながら，それでも「善美の事柄」を知るように努力し続けなければならない。その意味で，「不知の自覚」は，到達点としての「無知の知」とは正反対の，いわば出発点なのである。「無知の知」という誤訳を使い続けることは，ソクラテスの真意を全く無視する傲慢な態度と言える。

「知」と「自覚」という，小さな違いかもしれないが，その違いが大きな誤解を生み出してしまう。このような事例からも明らかなように翻訳をする際には，その含意に細心の注意を払って言葉に向き合わなければならないのである。

これに対して，事実に関する誤訳としては，筆者がバスケットボール関連邦訳を読んでいて，「おやっ」を思うときがあった。例えば，フィル・ジャクソン『シカゴ・ブルズ 勝利への意識革命』における次の一節である。

> 「我々〔シカゴ・ブルズ〕は，1990-91年のシーズンを，決勝でデトロイトを破って楽勝し，61勝21敗というコンファレンス最高の記録で終えた」（183頁）

NBAのシーズンを理解している方なら違和感を感じただろう。そう，NBAにおいて「決勝」があるのは，プレイオフにおいてであって，「決勝」の後に「61勝21敗…の記録で終えた」のは明らかに不自然なのだ。原文では，beating Detroit in the final game となっているので，「〔レギュラーシーズン〕最終戦でデトロイトを破って」となる。確かに辞書では final game は「決勝」となっているので，それをそのまま採用すれば引用文のようになるのだが，この場合は NBA のシーズンシステムをしっかりと把握しておくことが必要だということである。現在では，NBA や NCAA に関しては Basketball Reference（http://www.basketball-reference.com/）というサイトを利用することで，チーム成績や個人成績のかなり細かい点まで（しかもかなり古い時代のものまで）調べることができる。試しにこのサイトを使って，引用文中の試合のボックススコアを調べると，例えば最高得点者がスコッティ・ピッペンであったことや，第一クォーターから28対18でブルズがリードしたことや，さらには相手チームのアイザイア・トーマスが8本中1本しか野投を決められなかったことなどを調べることができる。NBA関係の翻訳をする場合の「ウラ取り」作業には欠かせないサイトである（尚，NCAAについては http://www.sports-reference.com/cbb/ を参照）。「誤訳」を減らすために，ぜひ活用していただきたい。

そこで，もう一文ご紹介しておきたい。

> 「1994年，私（＝フィル・ジャクソン）は，イースタン・コンファレンスの

準決勝の第7ゲームでニューヨーク〔・ニックス〕に敗北を喫した。……それは，私にとってつらい時だった。四年間で初めてプレイオフに出られなかったのだ」(同上，253頁)

　これもNBAのシーズンシステムを知っている方々からすれば「？？」となるだろう。プレイオフのイースタン・カンファレンス準決勝で試合をしているのに，「四年間で初めてプレイオフに出られなかった」と言っているからだ。原文では，the first time we had been knocked out of the playoffs in four yearsとあるので「四年間で初めてプレイオフで敗北を喫した」とならなければならない。やはりこれもブルズの当時四年間のプレイオフでの成績を確認すれば誤訳の芽を摘み取ることができる。
　こうした一連の訳業から言えることは，(a)ノンフィクション作品の場合には事実もできる限り調べるようにする，(b)その際に役立つ書籍やWebサイトを活用する，という点であろう。
　もちろん，筆者の訳書にも誤訳が見られるかもしれないし，実際に版を重ねる際に修正した誤訳もある。それでも，翻訳をする以上は，原著者の意図をしっかりと理解し，出来るだけ誤訳が起こらないように細心の注意を払わなければならない。研究資料という観点からみれば，誤訳がないことが重要であるのは言うまでもないだろう。

3．よりよい翻訳を行うために

　では誤訳をなくし，よりよい翻訳を行うためにはどうすればいいのだろうか。その点を「実際的な方法」から「心構え」までいくつか見ていくことにしたい。

3．1　原著者に語の意味や含意を確認する
　現代の翻訳においては原著者が存命の場合がある。わざわざこのように言うのは，筆者が専門に研究している哲学者のアリストテレスはもちろん存命ではなく，わからない箇所があっても本人に確認することなど不可能であるから，「語の意味や含意を尋ねられるものなら尋ねたほうがいい」と考えてのことである。拙訳『シュート大全』のときにはアダム・フィリッピー氏が丁寧に質問に

答えてくれたし,『イレブンリングス』の際には共著者のヒュー・ディールハンティー氏が基本情報から心理学用語などの細かいニュアンスまで解説してくれた。他の著作でもできるかぎり原著者に確認するように心がけてきた。連絡を取る方法としては(1)出版社を通じて原著者に連絡をとってもらう方法と,(2)SNSを通じてメッセージを送って「原文について確認させてもらえないか」という旨をお伝えする方法がある。他にも(3)第三者を通じてコンタクトを取るという方法もあるだろう。フィリッピー氏の場合は(1)の方法を入り口にして,またディールハンティー氏の場合は(2)の方法でツイッターを利用した。最初はかなり驚かれたが,出来る限り理解を試みたがどうしても意味が確定できない箇所があることを伝えると,熱意が伝わったのか,文章の背景まで教えていただいた。多くの原著者は,英語と全く違った「日本語」という言語に自分の文章が訳されることを喜んでくれるので,失礼のないようにファーストコンタクトを取った後で,色々と原文のことについて質問をしてみるといいだろう。もちろんこれは単行本翻訳のみならず,論文の翻訳においてもあてはまると思われる。

3.2　過去の映像を見て確認する

　NBAやNCAAやオリンピックの有名な試合などはDVDやブルーレイが販売されているので,そうした映像を見ることで,内容を確認することができる。プレーについて書かれた文章は細かい点までニュアンスを掴むのが困難な場合があるので,映像資料があれば確実に参考にしたほうがいい。また,YouTubeを使って確認することもできる。その場合,チーム名,人名,日付,関連すると思われる用語などを入力し検索すると,すぐに該当する試合映像を見つけ出すことができる。また,直接関係がある試合のみならず,関連するドキュメンタリーを見ることで,当時の状況を映像で把握することができるので,翻訳をする際に役立つということもある。翻訳の細かいニュアンスを正確に描写するためには,文章そのものの理解のみならず,その背景も理解しておく必要がある。それゆえ,試合やその後のインタビューの映像及びドキュメンタリーは大変参考になるだろう。

　また,映像を確認することで,氏名の発音を確認できるというメリットもある。例えば,シラキュース大学のJim Boeheimコーチが「ジム・ボヘイム」と日本語で表記されているのを見たことがあるが,映像を確認すれば,正確に

は「ベーハイム」であることがわかるだろう。また，セルティックスの黄金時代を支えた"Red" Auerbach（レッド・アワーバック）は，ドイツ語読みで「アウエルバッハ」と表記されている時代があったことを聞いたことがある。しかし，これも映像で確認すれば明らかなように「アワーバック」が正しい表記ということになる。

3．3　当該分野を専門とする人に読んでもらう

　この専門家に読んでもらうという作業を入れることで，先の翻訳事例で起こったような制度的な知識の不足に基づく誤訳を極力減らすことができる。例えば，拙訳『イレブンリングス』では，スポーツライターの宮地陽子さんに日本語への翻訳にあたり数々の助言をいただいた。そのおかげで翻訳の精度を高めることができた。また拙訳『マイケルジョーダン　父さん。僕の人生をどう思う？』ではシカゴ・ブルズについては国内随一の見識を持つ大西玲央さんにチェックをしていただいた。大西さんに正確な情報を指摘していただき，細かいニュアンスまでチェックしてもらったことで，間違いを減らし，訳文の質を高めることができた。

3．4　他の人に音読をしてもらう

　読みやすい日本語を目指すうえで気をつけている点がある。一般的な翻訳論とは別に，筆者が意識しているのは，(1)リズム，(2)ひらがな，(3)言葉づかいである。

　黙読をした段階で日本語の文章として問題がないように感じているものでも，他の人に音読してもらったのを聞くと，どこか違和感を覚える場合がある。リズムが重要になってくる類いの翻訳を行う場合，この音読をしてもらう作業は必須であると思う。家族か身近な人に音読をお願いするといいだろう。

3．5　一人称を考える

　細かいニュアンスにこだわり，正確な描写を求めるならば，一人称をどのようにするかも重要である。研究論文ということについて言えば，そこまで神経質になる必要はないが，選手やコーチの自伝や評伝については，物語の形式で執筆されており，人物の直接の発言が記されているので，一人称に気をつけな

ければならない。英語の場合は全員の一人称が「I」であるが，日本語をすべて「私」で統一したら，明らかにおかしな事態に陥ってしまう。例えば，悪童として名高いデニス・ロッドマンの一人称が「私」であれば，どこか本人の雰囲気とかけはなれたものになってしまうし，厳格な雰囲気を醸し出すマイク・シャシェフスキーの一人称が「俺」であったら，同様の印象を受けるだろう。それゆえ，その本人の性格から鑑みて，どのような一人称が適切かを考えてもらいたい。ただし，ひとりの人物だからといって必ずしも同じ一人称で統一する必要はないと思われる。例えば，拙訳『マイケル・ジョーダン 父さん。僕の人生をどう思う？』では，場面によって一人称を使い分けた。ジョーダンがチームメイトと話すときは「俺」を使用して，メディアのインタビューなど公式な場では，「僕」と「私」を使った。その場合，ジョーダンのキャリアの前半では「僕」を使用し，一度目の引退から復帰した段階（1995年）で一人称を「私」に切り替えた。野球の世界で辛酸を舐めたことで，ジョーダン自身の人柄も醸成されており，より成熟した彼の姿を印象づけるためだ。ただ，ジョーダンのように有名で，その性格もよく知られている人物の場合はよいが，一度しか登場しない人物については苦労することがある。

3．6　粘り強さや疑い深さを涵養する

　翻訳に必要な心構えとして，1つに「粘り強さ（perseverance）」が挙げられる。これは，文章がわからない場合などに，分からない箇所に食らいつくことが重要で，その中でも「絶対に理解できる」と信じることが重要であると思う。なぜなら，意味が理解できない文章に出会ったときに，自分の能力ではなく，むしろ「この文章はもともと分かりにくいものだ」というように考えるようになってしまうからである。もう1つに「疑い深さ（skepticism）」も重要である。これはすでにある程度完成している訳文を読み返す場合に欠かすことができない。「この文章で本当にいいのか」「ここは誤訳ではないのか」「もっと良くできるのではないか」と疑いの目を持って文章に接することで，翻訳を洗練することができるようになる。ただし，入稿前にはあまりにも「疑うこと」が身に染み込みすぎて，翻訳はもちろん私生活についても色々なことを疑って，心配になってしまうことがあるから，その点は気をつけなければならない。訳者校了した後，訳書が書店に並ぶまでいつも何かが心配になってしまうものである。

4．翻訳に役立つツール

　大学入試や TOEIC や TOEFL のようにさまざまなツールを一切使えない試験とは違い，翻訳ではツールを上手く使いこなすことが重要になる。そして，上手く使いこなせる限り，便利ツールは多くあるだけよい。そこで，以下では筆者が重宝しているツールをご紹介することにしたい。

4．1　辞書類

　外国語を翻訳するうえで各人が使用する頻度が最も高いのは「辞書」であろう。個人に合ったものを選ぶことが重要である。ちなみに筆者は『レクシス英和辞典』（旺文社）を好んできた。

　また，文章が単調にならないようにするためやより正確な言葉を使用するために，類語辞典も大変貴重である。また，選んだ言葉がどうもしっくりこないときに類語辞典を眺めることで，より的確な表現に出会うこともあるだろう。紙版の辞書に加えて，最近では Web 上で多くの類語辞典を活用することができる。筆者は Weblio 類語辞典（http://thesaurus.weblio.jp）を重宝している。

4．2　英辞郎

　現在翻訳作業をする人は大半がパソコンで作業をするわけであるから，ぜひともおすすめしたいのがデータベース「英辞郎」である（http://www.eijiro.jp/）。筆者自身はもともと紙の辞書を好んでいたが，理系の弟に勧められて「英辞郎」を使ってみた。翻訳をパソコン上でしているので，辞書を引くために体勢を変える必要がないことで，大幅に時間を短縮できるというメリットがある。また，それだけでなく，「英辞郎」は複数の単語やイディオムの意味を調べるときにその真価を発揮する。さらに，スラングなども幅広く収録していることが役立った。バスケットボール関連の翻訳においてはスラングに出会うことが多々あるからだ。もちろん，これだけ全て事足りるということではないが，大いに助けられている。「英辞郎」にはオンラインサービス版と ROM 付き書籍版があり，筆者は前者の有料版である英辞郎 on the WEB Pro（月額300円）を使用している。尚，英和見出し項目数は205万（Ver.151／2017年10月2日時点）とのこと。筆者がこれほど「英辞郎」を勧めるのは，翻訳において多く

の恩恵を得られたからであり，いわばその感謝の意を示したいからである。

4.3　文法書

翻訳をするうえで「辞書」だけでは理解が届かない場合に必須であるのは「文法書」である。文法書といえば，高校生のときに『総合英語 Forest』シリーズにお世話になった方々も多いのではないかと思うが，翻訳をするにはやはりこれでは心許ない。筆者自身は，『ロイヤル英文法―徹底例解』（旺文社）を長年愛用してきた。他にも多数の文法書があるので自分に合った物をぜひ見つけていただきたい。

4.4　その他の図書

文章を洗練するうえで筆者が重宝しているのは，小内一（編）『てにをは辞典』（三省堂）である。とてもユニークな辞書で，単語を引くことでその言葉がどういう「てにをは」と使用されるかを確認することができる。自分の感覚だけに頼らず，先人の優れた文章を参考にすることができる点で大変有用である。

筆者が先輩から進めていただいて，とても有益だと感じたのは，別宮貞徳『裏返し文章講座―翻訳から考える日本語の品格』（ちくま学芸文庫）である。この本のおかげで，自分の日本語の文章をしっかりと見つめ直すことができた。

また，実際に書籍を出版するとなれば「校正」をしなければならなくなる。その際に役に立ったのは日本エディタースクール（編）『校正記号の使い方』（日本エディタースクール出版部）である。実を言えば，筆者は，校正記号について全く知らずに独自の方法で校正をして，編集者を困らせたことがある。しかし，校正の仕方を教わる機会などなかなかないので，最も基本的なやり方を本から学び，それをしっかりと活用するしかないように思われる。

4.5　朗読CD

筆者がこれまで訳してきた原著書の多くには朗読CDが販売されていた。中には，iTune Storeで「オーディオブック」を購入できるものもあった。この朗読音声にはさまざまな利点がある。(1)通勤や通学時間中に聞くことで空き時間を利用して書籍の内容を把握することができるという点（つまり時間の有効活用），(2)文章の雰囲気を掴むことができる点，(3)人名のカタカナ表記を考え

るのに役立つ点, (4)ある程度翻訳が出来た段階で朗読音声を聞きながら邦訳を確認することで誤訳や訳し落としなどを確認できる点である。(3)について言えば, コーチKことマイク・シャシェフスキー (Mike Krzyzewski) ほど有名な人物であれば, 文字通りに発音してはならないことはわかるが, 伝記本などで一度だけ登場する人物の場合に全く読み方が想像できないことがある。そのときに朗読音声があれば, 少なくとも大まかな読み方は把握することができるのである。

文献
　本書は「入門」書であるから、翻訳に役立つ基本的な参考文献を挙げておくべきだろう。そこで、章全体の文献も含めて、下記に区分を設けたうえで記載することにしたい。

〈文法書〉
江川泰一郎（1991）英文法解説. 金子書房
綿貫陽・須貝猛敏・宮川幸久・高松尚弘（2000）ロイヤル英文法―徹底例解. 旺文社

〈辞書類〉
小内一編（2010）てにをは辞典. 三省堂
小野秀二・小谷究監修（2017）バスケットボール用語事典. 廣済堂出版
オックスフォード大学出版局編（2015）オックスフォード現代英英辞典 第9版. 旺文社
中村保男（2002）新編 英和翻訳表現辞典. 研究社
中村保男編（2008）英和翻訳表現辞典 基本表現・文法編. 研究社
野村恵造・花本金吾・林龍次郎編（2013）オーレックス英和辞典 第2版新装版. 旺文社
花本金吾・野村恵造・林龍次郎編（2005）レクシス英和辞典. 旺文社

〈翻訳や日本語文章に関する著作〉
安西徹雄（1995）英文翻訳術. ちくま学芸文庫
講談社校閲局編（2013）日本語の正しい表記と用語の辞典 第三版. 講談社
高橋太郎（2005）日本語の文法. ひつじ書房
中村保男（2003）英和翻訳の原理・技法. 日外アソシエーツ
日本エディタースクール編（2007）校正記号の使い方 第2版. 日本エディタースクール出版部
原沢伊都夫（2012）日本人のための日本語文法入門. 講談社現代新書
別宮貞徳（2009）裏返し文章講座 翻訳から考える日本語の品格. ちくま学芸文庫

〈その他の文献〉
荻野弘之・桑原直己（2016）西洋哲学の起源. 放送大学教育振興会
ガンドルフィ, ジョルジオ編：佐良土茂樹訳（2013）NBA バスケットボール コーチングプ

レイブック．陸川章監修．スタジオタッククリエイティブ
ジャクソン／ディールハンティー：中尾真子訳（1997）シカゴ・ブルズ 勝利への意識革命．PHP 研究所
ジャクソン／ディールハンティー：佐良土茂樹・佐良土賢樹訳（2014）イレブンリングス 勝利の神髄．スタジオタッククリエイティブ
シャシェフスキー／スパトラ：佐良土茂樹訳（2011）コーチKのバスケットボール勝利哲学．島本和彦監修．イースト・プレス
シャシェフスキー／スパトラ：佐良土茂樹訳（2012）ゴールドスタンダード 世界一のチームを作ったコーチKの哲学．スタジオタッククリエイティブ
納富信留（2017）哲学の誕生：ソクラテスとは何者か．ちくま学芸文庫
フィリッピー，アダム：佐良土茂樹訳（2012）バスケットボール シュート大全．スタジオタッククリエイティブ
レイゼンビー，ローランド：佐良土茂樹・佐良土賢樹訳（2016）マイケル・ジョーダン 父さん。僕の人生をどう思う？．東邦出版

15. 歴史学

　スポーツ史学の研究は、親科学である歴史学の研究方法にもとづいて行われる。したがって、ここではバスケットボールを対象としたスポーツ史学の研究方法として、その親学問である歴史学の研究方法を説明する。なお、以下では「バスケットボールを対象としたスポーツ史」を「バスケットボール史」として説明を進める。

1. 学問体系

　スポーツ史学は、スポーツ、およびスポーツにかかわる諸現象を歴史的に研究する学問領域であり、直接的にはスポーツ科学のなかの一専門分科学として位置づけられるが、同時に歴史学を親学問とする一般史に対する特殊史にも位置づけられる。こうした位置づけにあるスポーツ史の研究領域は、ある特定の時代や地域、分野を限定せずに全時代、全地域、全分野を通して総合的に扱う「通史」や「世界史」といった一般研究領域と「スポーツ競技種目史」、「スポーツ思想史」、「スポーツ人物史」、「スポーツ用語史」、「スポーツ産業史」などといった個別研究領域に分類され、バスケットボール史は個別研究領域のなかの「スポーツ競技種目史」にあたる。

　さらに、バスケットボール史もまた、スポーツ史を分類するように一般研究領域と個別研究領域に分けることができ、一般研究領域にはバスケットボールの通史や世界史があり、個別研究領域にはバスケットボールの人物史、技術史、戦術史、法制史、施設史、用具史、教育史、思想史、学説史、医療史、用語史、産業史、修練史などが含まれる。

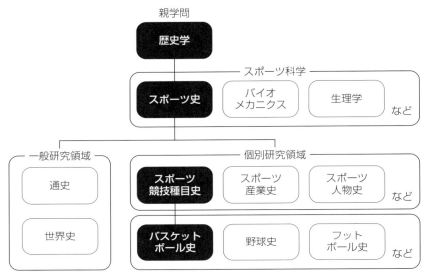

図15−1　バスケットボール史の位置づけ

2．研究対象

　バスケットボール史の研究対象は，バスケットボールとバスケットボールに関わる諸現象である。バスケットボールというゲームを成立させるには，プレイするプレイヤー，ボール，ゴール，場所があればそれでよい。このミニマムに必要な要件が，バスケットボールを形成する。どこかのアウトドアコートで行われる遊びのバスケットボールであれば，これでゲームが成立する。しかし，どこかのチームと練習試合をする場合には，コーチが事前の準備をし，保護者や友人たちも応援に駆けつけるだろう。加えて，移動のための交通手段やプレイヤーの飲み物からテーピングバッグにいたるまでさまざまなものが関わってくる。さらに，リーグの公式戦となれば，正規に登録されたプレイヤー，公認の審判，規定の用具，公認のコートといったような条件が加わる。どうしても勝ちたい一心の緊迫したゲームになると，プレイヤーたちのバッグにはお守りのキーホルダーがつけられていたりして，ゲームへ入る前にそれを握りしめ，お祈りまでることがある。このように「お守り」や「お祈り」もまたバスケットボールに関わる諸現象であり，研究テーマや問題意識によってバスケットボール史の立派な研究対象となる。

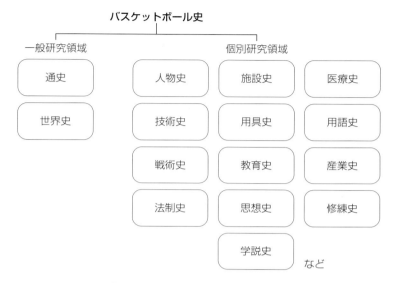

図15−2　バスケットボール史体系

3．テーマの設定

　バスケットボール史の研究を行うにあたって，まず大まかなテーマを設定しなくてはならない。歴史学は，今日発生した問題を解決する手がかりを過去に求めるものであることから「現状認識」や「今日的意義」が強く問われる。したがって，バスケットボール史においても今日のバスケットボールを認識し，そこから発せられる問題からテーマを設定する必要がある。それでは，まずどのように現状を認識することができるのだろうか。我々は今日のバスケットボールから離れ，過去のバスケットボールに触れることで，必然的に今日のバスケットボールに対して鋭い感覚を持つことができる。したがって，今日のバスケットボールを認識するために，バスケットボールの通史にあたることが有効となる。アメリカにおけるバスケットボールについては『バスケットボールその起源と発展』，日本の場合は日本バスケットボール協会の記念誌『バスケットボールの歩み』が詳しい。次に，バスケットボール史の今日的意義についてであるが，そもそもスポーツ史学はバイオメカニクスや生理学などと異なり，今日のスポーツに対して直接役に立つ学問ではない。バスケットボール史も今日のバスケットボールに対して直接役に立つものではないが，前述したと

おり過去のバスケットボールに触れることで今日のバスケットボールに対して鋭い感覚を得ることができる。つまり，バスケットボール史を研究することで現在のバスケットボール競技を知るための手がかりを得ることができ，さらには未来のバスケットボール競技を展望することができるといえる。また，バスケットボールの技術史の今日的意義について，谷釜が詳細に検討しており「技術の持つ歴史性が把握できること」，「技術を変化させる要因を特定できること」，「指導の方向性を確認できること」を見出している。

さて，歴史学において過去を丸ごと全体として復元することは今のところ不可能とされている。競技として限定されているバスケットボール史であってもバスケットボール史全体を認識することは不可能であることから，テーマとしてバスケットボール全体を扱うのではなく，限定された時代，地域，分野を扱うことになる。こうした研究テーマの範囲のうち，時代区分として近代や現代，明治期，大正期，昭和初期などというような，一般的に定着したものを用いるだけでなく，研究者独自の視点でバスケットボール史に妥当な区切りを設定することも可能である。例えば，『バスケットボールの歩み』では国内におけるバスケットボールの展開といった視点から1891〜1920年を揺籃期，1921〜1930年を伝播期，1931〜1944年を定着期，1945〜1963年を復興期，1964〜1980年を発展期と時代を区分している。

4．先行研究の検討

研究のおおまかなテーマが決定すると，次に自身のテーマに近い先行論文を収集し，検討する。他の競技種目史と比較してバスケットボール史の論文は多い。論文検索サイトで「バスケットボール　史」や「バスケットボール　過程」などと検索するとバスケットボール史の先行論文を多く検索することができる。ただし，論文検索サイトに登録されていない地方学会の学会誌などがあることに注意しなくてはならない。また，検索された論文のなかで引用されている先行論文があるので，これらの論文も収集する必要がある。さらに，先行研究の検討では学会誌や紀要に掲載されている論文だけでなく，バスケットボールの歴史に関する記述がある書籍や各団体の記念誌も検討の対象となることから，これらも収集する必要がある。

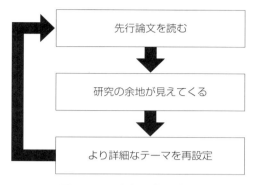

図15-3　先行研究の検討

　次に，こうして集められた先行研究を検討する。先行研究の検討にあたっては，研究の目的，自身のテーマとの関係からその研究で何が明らかになり，何が明らかになっていないのかを明確にすることで，これから取り組もうとする研究のオリジナリティ（独自性）が担保でき，さらには，これから取り組む研究が，従前の研究の蓄積の上に成り立つ研究であることを確認することができる。また，先行研究の検討により研究の具体的なテーマの設定が可能となる。実際には，先行研究を検討することで，従来の研究の到達・不足点を把握し，詳細なテーマの再設定をするといった作業が繰り返されることとなる。

　上述したとおり，他の競技種目史と比較してバスケットボール史の論文は多い。ただし，そこであげられている学説は，その時点での一般的合意であるにすぎず，将来にわたる正当性を主張できるものではない。つまり，バスケットボールに関するあらゆる研究テーマが，これからバスケットボール史を学ぼうとする者に，等しく開かれているといえる。

5．史料探索

　先行研究の検討により具体的なテーマが決まったら，史料を探索し，リストを作成する。バスケットボール史の史料とは，対象とする時代や地域のバスケットボールやそれをとりまく事柄を知るための媒介となる手がかりや証拠である。こうしたバスケットボール史の史料は多様であり，書籍や雑誌，新聞などといった文字史料だけにとどまらない。実際に，史料としてボールやシュー

表15−1　バスケットボール史研究に関する史料分類

史料分類	媒体	史料の具体例
文献史料	文字	指導書 雑誌記事 新聞記事 記念誌 メモ書き ルールブック スコアブック 大会プログラム カタログや広告のキャッチコピー　など
准文献史料	制止画	指導書の写真やイラスト 雑誌記事の写真やイラスト 新聞記事の写真やイラスト 絵葉書 スナップ写真　など
	動画	試合や練習を撮影したVTR など
非文献史料	記憶	インタビュー資料　など
	音声	ラジオの実況中継　など
	施設・用具 （現物）	ボール シューズ ウェア ゴール コート　など

※谷釜尋徳（2015）バスケットボールの技術史研究に関する一考察，バスケットボール研究，（1）：93を参考に作成

ズといった用具も用いられている。

　さて，史料のリストを作成する手始めとして，国会図書館のホームページの検索で「バスケットボール」もしくは「籠球」などの用語で検索すると数多くの書籍を検索することができる。また，研究テーマによっては「施設」や「用具」などの用語で検索をすることも必要になる。さらに，スポーツは社会の中で営まれていることから，バスケットボールの歴史を対象とするにも，史料の範囲はおのずと「バスケットボール」を飛び越える場合がしばしばである。国会図書館の検索では発行年を限定して検索することができるので，対象とする年代を入力して検索すると便利である。こうして検索された書籍のなかから，自身のテーマに関連する書籍をリストに入れていく。リストには，最低限，発

行年，書籍名，著者，発行所，全ページ数，所蔵機関といったデータを盛り込んでおく必要がある。国会図書館のホームページの検索でヒットした書籍の所蔵機関は「国会図書館」となる。こうして，他のサイトでも検索をかけていく。日本では，「日本体育大学図書館」，「芦屋市立図書館」，「秩父宮記念スポーツ博物館・図書館」などのホームページがおすすめである。また，先行論文で引用されている史料もリストに加える。さらに，書籍だけでなく当時の雑誌や新聞なども史料の対象となる。自身が対象とする時代，地域で発行されていた雑誌や新聞を調べ，リストに加える。雑誌は「昭和館」などにも多く所蔵されている。

こうした自身での史料探索の方法に加え，図書館のレファレンスサービスを利用することで，史料探索の作業は大きく加速する。図書館のレファレンスサービスでは，図書館員による史料探索の補助を受けることができる。

6．史料収集

史料がリストに加えられたら，次にリストに加えられた史料の収集にあたる。まずは，自身が所属する大学図書館に所蔵されている史料をコピーする。コピーにあたっては，著作権に注意する必要がある。著作権が保護される期間は，個人の著作物の場合「著作者の死後50年を経過するまで」，団体名義の著作物の場合「著作物の公表後50年を経過するまで」とされている。したがって，著作権が保護される期間にある史料は全文をコピーすることができない。コピーできるのは本文の半分までとされている。

自身が所属する大学図書館に所蔵されておらず，他の図書館に所蔵されている史料は，自身が所属する大学図書館に依頼し，取り寄せてもらう。しかし，こうした協定を結んでいない図書館や貸出の対象となっていない史料もあるので，そのような場合には，目的の史料を所蔵する図書館に足を運ぶしかない。とくに古い文献は貸出の対象となっていない場合が多い。

こうした史料収集において心がけることは，先行論文で引用されている史料も必ず収集することである。史料を原典について確認もせずそのまま引用することを「孫引き」と言い，きわめて無責任な行為として非難される。引用や参考にする史料は必ず手元に収集する必要がある。

ここまで文献史料の収集方法としてコピーをあげてきたが，バスケットボールが考案された1891年以降の史料であっても，史料の痛みが激しく，コピーに耐えられないものが存在する。こうしたものは，図書館の了解を得てカメラで撮影することもある。また，コピー可能な史料であっても，コピーの際には丁寧に扱うことを心がける。

7．史料批判

　史料収集により，研究テーマに関連する史料を手に入れることができても，収集しただけの史料は自然科学でいうところの生データのようなもので，そのままでは使用することができない。そこで，収集された史料を批判する作業を行う。

　史料批判は，外的批判と内的批判とに分けられる。外的批判とは，史料がいつどこで誰によって作られたのか，模造ないし借用したものではないかなどの点について吟味することである。さらに，ある書物がある著者による真実の著書であることが確かめられたとしても，著者がこの書物で伝えることが必ずしも歴史的事実であるとは限らない。つまり，著者が事実をねじ曲げて自身の都合の良いように記述していたり，勘違いをして事実と異なることを記述しているかもしれない。そこで，内的批判では史料の内容である陳述はどの程度に信頼できるかについて他の史料と付き合わせて吟味し，歴史的事実を明らかにする。いわば外的批判とは史料の陳述の外側からの批判であり，内的批判は陳述の内容に立ち入っての批判である。

　バスケットボールは既に印刷技術が発達していた1891年に考案されたことから，史料として刊行物を用いることが多い。こうした編集されて公刊になった史料は，通常，編集者によって外的批判がなされたものとみてよい。ただし，外的批判では史料が模造ないし借用したものではないかを検討する必要があることから，日本で刊行されたバスケットボールの刊行物は厳密な外的批判を行わなくてはならない。なぜなら，バスケットボールが移入された当初の日本で刊行されたバスケットボールの指導書は，アメリカの文献を訳したものであるにもかかわらず，それを明記していないものが多いからである。つまり，外的批判が厳密になされないと，指導書のなかで紹介されている技術や戦術が日本

で生み出されたとする誤った判断をしてしまう恐れがあるのである。

8．解釈と執筆

　歴史学では史料批判までの過程において個々の史料の史実を確定する作業を「認識」と呼び，その後「解釈」と呼ばれる作業を行う。「認識」の過程を経て確定された個々の史実は，断片的なものであり，「解釈」の作業によって史実の欠落部分を補い，まとまりのある叙述を作成していく。「解釈」の作業では，ある現象を境に設定し，その前後の「変化」を時間軸に乗せて説明し，変化の因果関係を史料によって確かめる。つまり，史料を年代順に並べるだけでは研究とは言えないのである。さらに，史実の欠落部分を補う説明は，誰もが納得するような合理的なものでなくてはならない。こうした「解釈」の作業が終了すると，最後に一篇の意味のある物語として論文を執筆することとなる。論文の構成は，一般的に序論，本論，結論の3部で構成される。序論では研究の動機，先行研究批判，研究対象，研究課題，研究方法などを述べる。本論では，研究テーマに即して考察の内容を展開する。結論は，この研究をとおして明らかになったことを簡潔に述べる。もし，やり残したものがあれば「今後の課題と展望」として述べる。

　論文を執筆するうえで，史実が確定できていない，因果的説明がつかない場合には「わからない」と述べるか，あるいは「これはあくまでも仮説である」ことを明記する必要がある。これは歴史学の限界でもあり，最も基本的な特徴でもある。根拠があることと，根拠がないことは，きちんと区別しなければならず，そのうえで，根拠がないように見えることについて，ほかの史料や先行研究を読みなおし，新しい史料を探し，新しい解釈を考えることによって，本当に根拠がないと断定できるか否かを問いつづけなければならない。研究者にとって，「わからない」部分があることは恥ではなく，むしろ史料に基づき「ここまではわかった」「それから先はわからない」と明言することが大切な成果となる。自分が見つけられなくても，あとに続く研究者が根拠を見つけるかもしれない，ということを考えて論文を執筆しなければならない。

文献

アーノルド，ジョン・H著：新広記訳（2003）歴史，岩波書店
稲垣正浩，谷釜了正編（1995）スポーツ史講義，大修館書店
カー，E.H.著：清水幾太郎訳（1962）歴史とは何か，岩波書店
岸野雄三（1973）体育史—体育史学への試論—，大修館書店
岸野雄三（1975）スポーツ科学とスポーツ史，体育学研究，19（4・5）：167-174.
岸野雄三編（1987）最新スポーツ大辞典，大修館書店
小田中直樹（2004）歴史学ってなんだ？，PHP研究所
斉藤孝（1975）歴史と歴史学，東京大学出版
佐藤卓己（2009）ヒューマニティーズ歴史学，岩波書店
渓内譲（1995）現代史を学ぶ，岩波書店
谷釜尋徳（2015）バスケットボールの技術史研究に関する一考察—日本を対象とした研究の場合—，バスケットボール研究，(1)：87-98.
中井信彦（1973）歴史学的方法の基準，塙書房
中尾堯，村上直，三上昭美（1992）日本史論文の書きかた，吉川弘文館
永原慶二（1978）歴史学叙説，東京大学出版
日本バスケットボール協会編（1981）バスケットボールの歩み—日本バスケットボール協会50年史，日本バスケットボール協会
ネイスミス，J.著，水谷豊訳（1980）バスケットボールその起源と発展，日本YMCA同盟出版部
福井憲彦（2006）歴史学入門，岩波書店
堀米庸三編（1973）歴史学のすすめ，筑摩書房
前川峯雄，猪飼道夫，笠井恵雄編（1972）現代体育学研究法，大修館書店
望田幸男，芝井敬司，末川清編（1991）新しい史学概論［新版］，昭和堂

16. 競技現場における科学の活用

　各種競技に関する研究は数多くあり，現在においても様々な視点から日々研究が進められている。こうした研究の成果と指導現場とを繋げる必要性が重要視されており，（財）日本体育協会は指導者育成事業のなかでスポーツ医・科学における研究成果と現場の融合を図っている。バスケットボール界においてもこの例に漏れず，競技に関する研究が進められており，研究と指導現場を融合させる必要性が訴えられている。

　それでは，バスケットボールの指導現場において研究成果を活用することができているのであろうか。筆者は高校からバスケットボールを始め大学を卒業後，12年間プロフェッショナルバスケットボールプレイヤーとして，また，その間の8年間を日本代表選手として活動してきた。その競技生活のなかでトップレベルのコーチによる指導を受けてきた。また，現在では，コーチとして日本代表に携わることもあり，トップレベルの指導現場を目の当たりにしている。日本代表やプロフェッショナルチームにおいては専門のアナリストがおり，彼らはコーチ達と連携しながらスタッツ分析やゲーム分析を行い，数多くのスタッツの中から勝敗因として重要な項目を抽出し，その場面の映像をプレイヤーに提供している。そして，こうした情報をもとにコーチはゲームプランを組み立て，ゲームプランをもとに練習も構成される。このように，トップレベルのゲームや練習の場面ではスタッツ分析やゲーム分析等の研究成果が活用されており，アナリストが分析する際の一指標が研究成果であろう。ここにおいて研究と指導現場との融合をみることができる。

　また，日本代表やプロフェッショナルチームでは専属のストレングス＆コンディショニングコーチがついてトレーニングが実施される。ここでは生理学やバイオメカニクスなどの研究成果が活用されている。生理学やバイオメカニクスなどの研究についてはバスケットボールに特化した研究でなくとも十分に

バスケットボール選手のトレーニングに活用でき，セット数，レップ数，重量，実施時間，休息時間等が研究成果をもとに設定される。

さらに，アスレティックトレーナーが担当する医科学の分野も研究成果が大きく関わっていることが容易に想像できるであろう。こちらもバスケットボールに特化した研究以外の成果が活用されることが多い。

一方で，コーチが担当するコート上での指導現場についてみると研究成果が活用されているとは言えない状況であり，情報をコーチがどう活用するかが問われている。筆者自身が過去に出会ったコーチから研究成果をもとにバスケットボールを指導された記憶はなく，実際に「このような研究結果がでているからこうしよう」といった声かけはされてこなかった。もちろん，コーチ達はアナリストからの情報を得て指導に還元していたし，なかにはプレイヤーには分からない部分で研究成果をもとに指導をしていたコーチもいたのかもしれない。しかし，日本のトップレベルの現場に身を置くものとして研究とコート上での指導の融合を感じたことは未だかつてない。アナリストやストレングス＆コンディショニングコーチ，アスレティックトレーナー，栄養士，医師等が扱う内容と比べてコーチがコート上の指導において扱う内容は研究成果を活用することが困難であり，コート上の指導を研究対象とすること自体も難しい。しかしながら，少なからずコート上の指導において扱う内容についての研究も進められており，成果が残されている。研究者はこうした研究成果を指導現場に還元していくべきであるし，コーチも研究によって明らかにされた情報を掴むべきである。

忙しいコーチにとって研究により明らかにされた情報を獲得する作業は大きな負担となるだろうが，コーチが研究成果を指導現場で活用できるようになると，指導現場で起こっている幾らかの問題を解決することができる。コーチング学の研究成果を知れば体罰は起こり得ないだろうし，生理学の研究成果を援用すれば無茶苦茶な走り込みやトレーニングをしてプレイヤーを怪我させることもなくなるだろう。方法学や歴史学の研究成果を得れば，流行りの戦術や技術に流されることもなくなるだろう。コーチはプレイヤーのために自身で研究によって得られた情報を掴み，指導現場で活用していかなくてはならない。そして，研究者は多くの経験あるコーチの知識，仕事を客観的証拠と照らし合わせて形に残し，研究成果をわかりやすく現場に還元する方法を見出さなくては

ならない時期にきているといえる。コーチと研究者とが別の世界で生きるのではなく，お互いに交流を深め，意見交換をしていくことが重要である。この意味において，バスケットボールに特化した学会が設立されたことは意義深い。また，今後はコーチでありながら研究者でもあるといったハイブリットな者が数多く出てくることにも期待したい。

索　引

【人名索引】

アリストテレス……154-155, 160, 203-204, 209
猪飼道夫……16
大谷武一……15
大森兵蔵……3, 20, 22
カッシーラー……164
カント……161, 168
ソクラテス……150, 207
成瀬仁蔵……2-3, 20, 22-23
フィル・ジャクソン……208
フッサール……153
プラトン……150, 152
ヘーゲル……159
ポパー……158-159
マイク・シャシェフスキー（コーチK）……206, 212, 215
マイケル・ジョーダン……113, 211-212
丸山圭三郎……152, 161-162
吉井四郎……12, 17-19, 21
ライプニッツ……153
李想白……8-11, 13, 20, 23
レヴィ＝ストロース……113, 163
F.H. Brown……2, 5-7, 20
J. Naismith……3-4, 20, 22

【事項索引】

ア

アイデンティティ……118, 119, 125-126
アイトラッキング分析……134
アウトナンバーゲーム……93
アスレティック・アイデンティティ……125
アダプテッド・スポーツ……35-37, 39-41, 43
圧力分布センサ……175
ア・プリオリ……153
ア・ポステリオリ……153
アミノ酸……70-71
アミノ酸スコア……71
安静時代謝量……85-86
位置情報……174, 188-189, 200
1要因分散分析……130-131
一般化……96, 161, 163-164, 182
一般妥当性……14, 23
移動距離……135-137, 190, 192, 196, 199
移動速度……137, 196, 198
因果の説明……225
因果律の把握……154, 158
インターバルトレーニング……141-142
インタビュー……42, 61-62, 67-68, 104, 107-109, 113-121, 1332, 210, 212
インタビュー調査……42, 104, 107, 113-

231

117, 119-120, 124, 127
インピーダンス……………………………81
ウエイトトレーニング………………143-145
動きの激しさ…………………195-196, 198
疑い深さ……………………………………212
運動学……………19, 22-23, 39, 57, 173, 203
運動学習……………………………………131
運動形式……………………………………166
栄養…………………………69, 76-79, 125, 143
栄養アセスメント………………………77
栄養素……………………69-75, 78, 84, 87
エネルギー消費量………75, 78, 82-86, 138
横断研究………………………………51-52
横断調査……………………………129-130
オープンクエスチョン…………………131
オッズ比………………………………50, 51
オリンピック東京大会（1964）…1-3, 17-18, 21
オリンピックベルリン大会（1936）…11, 20
オリンピックメルボルン大会（1956）
　………………………………………16-17, 21
オリンピックローマ大会（1960）
　………………………………………16-18, 21
オリンピックロサンゼルス大会（1932）
　……………………………………………11

カ

外延………………………………158, 162
解釈………35, 109, 118, 126, 131 154, 163, 172, 176, 190-191, 198, 225
外傷・障害調査…………………………47
外傷統計…………………………………47
外傷予防……………………………48, 53
階層性……………………………162-163, 166
外的批判…………………………………224
解糖系……………………………………141

介入研究……………………46, 48, 53-54
概念………15, 36-37, 78, 128, 132, 149-151, 154-155, 157, 161-162, 165
概念問題……………………………157-158
外発的動機づけ…………………………125
学習指導要領…………………89-91, 93, 99
覚醒水準…………………………………126
学問史……………………………………1, 2, 22
学問体系……………………1, 2, 19, 204, 217
学問知（エピステーメ）………………155
加速度………85, 139, 174, 188-189, 195-199
加速度計法………………………………85
価値論的アプローチ……………………163
活動強度指数……………………………85
活動時代謝量………………………82, 84
観察研究………………………………46-48
慣性センサ……………………189, 196-197
間接熱量測定法…………………………84
観念性……………………………………161
技術知……………………………………155
基礎代謝量…………………………82-84
キネティクス……………………………177
キネマティクス……………………173-174
機能………64, 66, 70, 73, 97, 101-102, 127, 149-150, 165, 168, 190
客体性……………………………………158
逆ダイナミクス…………………………176
客観性……120, 132, 149, 155-156, 158-159, 163, 165, 167, 188
キャリアトランジション………………125
キャリパー………………………………81
球籠遊戯……………………………………3
キューワード……………………………126
競技特性………141, 157-158, 161-162, 165-166
教材………2, 4-5, 14, 20-22, 92-93, 97-98
筋電図……………………………16, 176, 182

232

筋パワー 142-144
筋力 16, 18, 21, 72, 80, 142-144, 176
空間 42, 60, 153, 155, 167-168, 191
空気置換法 80
グラウンディッド・セオリー・アプローチ 115
グリコーゲン 72-73, 139-141
グルコース 72, 141
クレアチンリン酸 139
クローズドクエスチョン 131
クロス集計 106-107
経験知 154-155, 187
経験的方法 157-159
形式 94, 105, 115-116, 161, 164, 166, 168, 189, 211
系統的レビュー 54
ゲーム能力 167
血圧 128
血液検査 77, 82
結論 76, 109-110, 131, 155-156, 166, 168, 182, 225
研究対象 6, 15, 36-37, 43, 57, 89, 102-103, 109, 116, 123, 125, 157, 160, 178, 181, 183-184, 218, 225, 228
現象 18, 22, 46, 60, 69, 95, 114-115, 152, 157-158, 161-168, 172, 188, 193, 217-218, 225
現状 1, 13, 87, 151, 155, 169, 183, 219
検証可能性 156-157
検証可能な系統的且つ合理的認識 160, 163
現状認識 219
現状批判 150-151, 165
厳密学 153
原理論 150-151, 154, 163, 165, 167-169
構築主義 114-115
コーチ 7-8, 59, 61, 76-77, 111-112, 123, 127-128, 137-138, 145, 154, 195-196, 203, 210-211, 218, 227-229
コーチング学 228
ゴール型 90, 93-84, 96
国立体育研究所 6, 8, 11-12
五大栄養素 70
コツ 57-59, 124, 131, 182
ゴニオメータ 174
コホート 50
コホート研究 46, 50-51
今日的意義 219-220

サ

再現可能性 157
最高心拍数 137
差異性 161-163
最大酸素摂取量（VO_2max） 78, 80, 138-141, 145
サイドステップ 177
差異論的アプローチ 162-163, 166
サポートベクターマシン 191-192
酸素 73, 84, 139
酸素消費量 85-86
酸素摂取量 139
脂質 70-72, 75, 78, 84, 139-141
13秒以内 168
シミュレーション 123, 176, 178, 181
史料 2, 40-42, 221-225
史料収集 223-224
史料探索 221, 223
史料批判 224-225
水素 73, 84
睡眠 144
スクリーンプレー 191-194
スタッツ 187-188, 227
ストレス 123, 127-128, 135
スノーボール・サンプリング（雪だる

ま式標本法)	107, 117
スポーツ医学研究会	10
スポーツ医事協会	10
スポーツ運動学	22, 57-59, 66-67
スポーツ科学	2-3, 6, 10, 15, 18, 21-22, 35, 39-40, 102, 174, 187, 195, 217-218
スポーツ競技種目史	217-218
スポーツ経営学	22, 101-104, 109, 113
スポーツ史学	22, 217, 219
スポーツ生活史	118-119
スポーツメンタルトレーニング	129-130
生活史調査	114-115, 118-119
制作学	160, 203-204
精神障がい者バスケットボール	38
生体電気インピーダンス法	81
精密学	153
生理的負荷	195-196, 198-200
セルフトーク	126
先行研究	1, 39, 42, 76-78, 103, 109, 118, 172, 178, 183, 191-193, 196, 220-221, 225
前後比較研究	46, 53
センサデータ	188-189, 195, 200
戦術	7-9, 12, 16, 20, 59-60, 63-54, 91-94, 96-97, 102, 146, 152-153, 157, 161-165, 167-169, 187, 194, 203, 217, 219, 24, 228
戦術行為	59, 68, 162-165, 167-168
相関分析	130-131
相互主観性	159
想像変容	61-62, 65
相対危険度	50
ソーシャルサポート	125
測定可能性	157
速度	142-144, 173, 190, 197, 199
組織風土	127

タ

存在論	153-154, 160
体育教師	154
体格指数（BMI）	49, 144
対象性	162
大日本体育協会	13
大日本バスケットボール協会	3, 8-9, 10, 13, 20
単純集計	106-107
炭水化物	70-75, 84, 139
炭素	73
たんぱく質	70-75, 84
チーム戦術	16, 58, 137, 167-168
チームワーク	190, 194
窒素	73, 78
知的障がい者バスケットボール	38
調査研究	12, 17, 21, 23, 81, 128-130
著作権	223
定性的研究	104
定量的研究	104
テーマの設定	102, 123, 219, 221
デジタイズ	173, 189, 199
哲学的研究	149-150, 155-159, 163
デフバスケットボール	38
動感	58-59, 67
動感意識	59, 66-67
動機づけ	123, 125, 130-131
統計処理	60, 182
統計的サンプリング	116
糖質	70-72, 139
投射角	178-179
投射速度	178
動的秩序	167-168
動力学	174
独立変数	130-131
トライアンギュレーション	113, 132

索　引

トラッキングシステム……… 174, 196, 198
トラッキングデータ………… 189, 195, 200
トランスデューサ……………………… 175
ドロップアウト………………… 125, 127
ドロップジャンプ……………… 143, 177

ナ

内的批判………………………………… 224
内発的動機づけ………………………… 125
内分泌・免疫…………………………… 128
内包……………………… 39, 162, 187
流れ…… 10, 14, 61-65, 68-69, 168, 191-192
二酸化炭素……………………………… 84
二次研究…………………………… 46, 54
二重エネルギーX線吸収法…………… 80
二重標識水法……………… 78, 84, 86
24時間思い出し法…………………… 78-79
日本体育学会…………… 15-17, 21, 39, 101, 103
日本体育協会………… 13, 15, 18, 22, 111, 227
日本体力医学会……………………… 15, 21
日本籠球協会…………………… 3, 13, 20
乳酸性作業閾値……………………… 142
2要因分散分析……………………… 130-131
認識……9, 16, 23, 78, 89, 92-93, 112, 120-121, 152, 154-155, 160, 163, 165, 167-168, 173, 189, 219-220, 225
粘り強さ………………………………… 212
脳波……………………… 104, 124, 128

ハ

パーソナリティ………………………… 128
バーンアウト…………………………… 125
バスケットボール学……… 1, 22, 151, 154-156, 161, 169, 188, 200, 205
バックスピン……………………… 178, 180
ハワイ2世チーム……………… 3, 13-14, 21
半構造化インタビュー調査…………… 117

反省的エヴィデンス……………… 60, 66-67
皮脂厚法………………………………… 81
ビタミン………………………… 70-71, 73, 75
ピックプレー…………………………… 191
批判…… 89-90, 98, 112-113, 119, 127, 150-152, 165, 224-225
ヒューマンカロリーメーター………… 84
フィードバック……… 43, 123-124, 182-183
フォースプラットフォーム、フォースプレート……………………… 172, 182
複合性…………………………………… 161
複合的構成体…………………………… 167
複線経路・等至性モデル……………… 132
物理的負荷……………… 195-196, 199-200
ブドウ糖………………………………… 72
プライオメトリクス……………… 143-144
フリースロー……… 12, 128, 144, 179-181
フローター……………………………… 181
フロー理論……………………………… 125
並立性………………………… 162-163, 166
法則…………………… 164, 166, 195, 203
方法…… 4-5, 18, 22-23, 35, 38-39, 41-43, 49, 57, 61, 65-67, 78, 80-81, 84-85, 89, 94, 101, 104, 106-109, 1113-117, 119-120, 123, 129-130, 137, 149, 151-152, 154-158, 160-164, 167-169, 173-176, 182, 187, 190, 192-193, 199, 203-205, 209-210, 214, 223, 228
方法学……………… 39, 187, 190, 200, 228
方法論… 39, 40, 57, 60, 112-113, 129, 132, 151-152, 154, 158, 187-188, 205
ボールスピン…………………………… 178
ボールを操作する技能…………… 91-92
ボールを持たない動き…………… 91-93
本質…… 60-62, 65-67, 149, 152, 154, 156, 160-165, 167
本質学…………………………………… 153

本質観取 ……………… 57, 60-61, 65-68
本論 …………………………………… 225

マ

マインドフルネス瞑想 ……………… 126
孫引き ………………………………… 223
ミネラル ………………………… 70-71, 73
ミネルヴァの梟 ……………………… 159
無限遡行 ……………………………… 158
無酸素系 ……………………………… 139
無線センサ …………………………… 189
メタ解析 ………………………………… 54
メタ認知 ……………………………… 131
メタ理論 ……………………………… 160
メッツ …………………………………… 86
メンタルトレーニング ……… 125, 129-130
モーションキャプチャー ……… 189, 193
モーションキャプチャシステム …… 173-174, 183
目標達成理論 ………………………… 125

ヤ

有酸素系 ………………………… 139-141
優先順位 ……………………………… 168
要因加算法 ………………………… 78, 85

ラ

ランダム化対照試験 …………………… 53
リーダーシップ ………… 102, 123, 127
理性の真理 …………………………… 153
量的調査 …………………… 112-114, 120
理論学 …………………………… 160, 203-204
理論知 …………………………… 154-155, 160
理論的サンプリング …………… 116-117
倫理審査 ………………………………… 37
歴史学 ……… 1, 17, 21, 38-40, 70, 217-220, 225, 228

レファレンスサービス ……………… 223
連合関係 ……………………………… 162
連辞関係 ……………………………… 162
論理的根拠（rationale）………… 153, 159
論理的な考え方（logic）………… 153, 156
論理的方法 …………………………… 157-159
ワンハンドシュート ……………… 14, 21

ABC

ATP（アデノシン三リン酸）…… 73, 139, 141
Before-After Study …………………… 53
BIA（Bio-electrical impedance analysis）
 …………………………………………… 81
BMI（Body Mass Index）…… 49, 80, 144
BMR（Basal metabolic rate）………… 82
Case Control Study …………………… 50
Case Report …………………………… 48-49
Case Series …………………………… 49
clinical question …………… 46, 50, 54-55
Cohort Study ………………………… 50
Cross Sectional Study ……………… 51-52
DIT（Diet-induced thermogenesis）… 82
DLW（Doubly labeled water）…… 84, 86
DXA（Dual energy X-ray absorptiometry）
 …………………………………………… 80, 82
Evidence Based Medicine（EBM）… 46, 55
fMRI …………………………………… 124
GPS ………………………… 137, 189, 196
HIIT（High Intensity Interval Training）
 …………………………………………… 141
Injury Survey ………………………… 47
Kinect …………………………… 173, 183
KJ法 …………………………… 108-109, 132
meta-analysis ………………………… 54
METs（Metabolic equivalents）… 85-86

Observational study······47
PAL (Physical activity level) ······86
PICO ······55
RCT: Randomized Controlled Study
　　······53-54

relative risk ······50
SportVU ······174, 189, 191
systematic review ······54
TEA (Thermic effect of activity) ······82
t検定 ······131

著者一覧

谷釜　尋徳（日本におけるバスケットボール研究の歴史）
　東洋大学　教授
　同大学バスケットボール部（女子）ヘッドコーチ
　博士（体育科学）

金子　元彦（アダプテッド・スポーツ）
　東洋大学　准教授

中山　修一（医科学）
　JR東京総合病院　主任医長
　日本バスケットボール協会　スポーツ医科学委員

中瀬　雄三（運動学）
　東京成徳大学　助教
　同大学バスケットボール部（男子）　アシスタントコーチ

亀本　佳世子（栄養学）
　帝京大学　助手

北澤　太野（教育学）
　天理大学　講師
　同大学バスケットボール部　部長
　博士（教育学）

佐野　昌行（経営学）
　日本体育大学　准教授
　博士（体育科学）

千葉　直樹（社会学）
　北翔大学　教授
　博士（体育学）

門岡　晋（心理学）
　金沢星稜大学　助教
　同大学バスケットボール部（女子）　部長

著者一覧

岩見　雅人（生理学）
　東京農工大学　助教
　同大学バスケットボール部　顧問
　博士（体育科学）

内山　治樹（哲学）
　筑波大学　教授
　同大学院博士前期課程体育学専攻　専攻長
　日本バスケットボール学会　会長
　元U-23日本代表（女子）　監督
　博士（体育科学）

飯田　祥明（バイオメカニクス）
　南山大学　講師
　同大学バスケットボール部　部長
　博士（学術）

稲葉　優希（バイオメカニクス）
　国立スポーツ科学センター　研究員
　博士（学術）

藤井　慶輔（方法学）
　理化学研究所　研究員
　博士（人間・環境学）

佐良土　茂樹（翻訳）
　日本体育大学　特別研究員
　同大学バスケットボール部（男子）コーチ育成担当
　博士（哲学）

小谷　究（歴史学）
　流通経済大学　助教
　同大学バスケットボール部　ヘッドコーチ
　博士（体育科学）

網野　友雄（競技現場における科学の活用）
　元日本代表
　白鴎大学　助教
　同大学バスケットボール部（男子）　監督
　栃木ブレックス　アンバサダー

バスケットボール学入門
(がくにゅうもん)

発行日	2017年11月25日　初版発行
	2018年3月16日　第2刷発行
編　者	内 山 治 樹・小 谷　　究
発行者	野 尻 俊 明
発行所	流通経済大学出版会
	〒301-8555　茨城県龍ヶ崎市120
	電話　0297-60-1167　FAX　0297-60-1165

Ⓒ Haruki Uchiyama, Kiwamu Kotani, 2017　　Printed in Japan/アペル社
ISBN978-4-947553-76-8 C3075 ¥1500E